本书受兰州理工大学"马克思主义理论研究文库"出版计划资助出版

MAKESI JINGJIXUE RENWEN GUANHUAI
SIXIANG YANJIU

马克思经济学人文关怀思想研究

王海霞　著

光明日报出版社

图书在版编目（CIP）数据

马克思经济学人文关怀思想研究 / 王海霞著. -- 北
京：光明日报出版社，2016.11
ISBN 978-7-5194-2218-9

Ⅰ.①马… Ⅱ.①王… Ⅲ.①马克思主义政治经济学
—研究 Ⅳ.①F0-0

中国版本图书馆CIP数据核字(2016)第249395号

马克思经济学人文关怀思想研究

著　　者：王海霞			
责任编辑：李壬杰		责任校对：谷晓倩	
封面设计：人文在线		责任印制：曹　净	

出版发行：光明日报出版社
地　　址：北京市东城区珠市口东大街5号，100062
电　　话：010-67017249（咨询），67078870（发行），67019571（邮购）
传　　真：010-67078227，67078255
网　　址：http://book.gmw.cn
E－mail：gmcbs@gmw.cn　Lirenjie111@126.com
法律顾问：北京德恒律师事务所龚柳方律师

印　　刷：北京市媛明印刷厂
装　　订：北京市媛明印刷厂
本书如有破损、缺页、装订错误，请与本社联系调换

开　　本：710mm×1000mm　1/16			
字　　数：253千字		印　　张：15.5	
版　　次：2017年1月第1版		印　　次：2017年1月第1次印刷	
书　　号：ISBN 978-7-5194-2218-9			

定　　价：48.00元

前　言

经济学从开始形成起就蕴含着"人文关怀"意蕴，经济学家不仅仅研究成本与收益的比较和资源的合理配置，也研究着人性、习惯、道德操行，注重研究经济活动中的人文关怀，只是后来所谓的主流经济学偏离了经济学先圣们开始的那个起点，使经济学逐步忽略或淡化了对人的问题的关注、重视和研究，完全将关注点放在了经济活动中利益的最大化方面，导致经济学难以对现实经济问题和人类社会的进步作出积极回应，经济学也难以对经济的良性健康发展发挥有效引导作用。

与西方主流经济学不同，马克思经济学闪耀着浓郁的人文关怀精神。对人的关注与关怀是贯穿马克思经济学发展全过程的内在主线。马克思在经济学研究中确立了重视人的价值的研究方向，采用了注重政治、文化等人文因素同经济的互动和注重制度分析的研究方法，以"现实的人"为研究对象、以人及其劳动为社会发展的动力、以人的发展程度作为衡量社会发展的尺度、以实现人类解放和发展为最终归依。马克思将经济学作为理解人类社会、人的活动规律、人类道德和人类精神现象的学问，把实现人的自由全面发展和大多数人的幸福作为经济学的目标，展现了对于创造美好和谐人类社会的渴望，充分表达了对人的终极关怀，包括对人的生命的尊重、人的权利的保障、人的社会价值的实现等。马克思经济学对西方主流经济学的超越，核心在于在唯物史观方法论基础上将人文关怀因素回归到了经济学的研究视野，在经济学研究中注重和力陈"人文"因素的配置，实现了经济学科学性与人文性的统一。

面对西方工业文明发展带来的困境，面对新自由主义发展中，资本主义国家不断再现马克思经济学揭示的资本主义的现实矛盾和问题，一个在经济学界争议不休的问题再次被提出，这就是经济学该不该回归"人文关怀"，特别是走向人类的终极关怀。在经济学的困惑和争论中，一方面是西方主流经济学引导下的资本主义社会日益复杂的社会经济问题难以求解，导致对资本主义发展模式的质疑，对其"普世价值"产生越来越多的信任危机；另一方面是马克思经济学指导下的中国特色社会主义经济建设取得的成就，让中国在国内和国际上都发生了巨大变化，印证了马克思经济学的科学性及其现实价值。

从我国的实际情况看，改革开放后，我国重视西方经济学而忽视马克思主义经济学的倾向有所发展；也有人认为马克思经济学只是一种意识形态，已经时过境迁，无法满足我国经济改革和建设的需要。出现这种现象的原因是多方面的，不可忽视的一方面就是，许多人缺乏对马克思经济学完整而准确的认识和理解，原因在于在马克思经济学的传播过程中，主要关注其理论内容，对其中蕴含的人文关怀精神和研究方法重视不够，甚至在一定程度上被遮蔽了起来，没有得到充分的解读和阐释，不仅使马克思经济学的理论形象受到影响，也使人们对马克思经济学产生了认识上的偏差和误解。要坚持马克思主义经济学的指导地位，需要对马克思经济学进行全面完整的阐释，用科学解释取代狭隘甚至是错误的结论，才能使人们走出认识中的误区，更好地坚持和发展马克思主义经济学。因此，研究经典作家的著作，全面解读、阐释马克思经济学基本原理的科学性及其借以建立的人文关怀精神的思想基础，展示马克思经济学与西方经济学的本质区别，揭示其具有强大生命力和精神感召力的根本原因，科学把握马克思经济学在理论上的定位，具有重要的理论意义。同时，研究马克思经济学的人文关怀精神，对于坚持马克思主义政治经济学的指导地位，更好地发挥其指导作用，在经济理论与我国经济建设实践的结合中形成新的理论成果，发展具有中国特色的社会主义政治经济学，开拓马克思主义政治经济学的新境界，丰富人类经济思想宝库的内容，也有重要的学术价值。

从实践来看，在人文因素对经济发展起着日益重要作用的今天，研究马克思经济学的人文关怀精神，在经济发展中坚持其基本原理和方法论，对于努力推进我国经济健康持续良性发展，实现社会的全面进步，以及在社会主义初级阶段对于人的自由全面发展这一最高价值目标的实现，均有着深刻的现实意义。

目　录

马克思经济学的人文关怀精神研究

在马克思经济学乃至他的整个学说中，对人的问题的关注、对人的本质的探讨以及对人类解放的追求始终处于最重要的地位。无论是青年时期马克思在受黑格尔理性的人和费尔巴哈人本主义影响时对异化劳动和人的本质的异化的批判，还是后来马克思在摆脱了思辨哲学的束缚、建立了唯物主义历史观之后注重从实践性、社会性即注重从生产关系方面去考察人的生存方式，还是再到后期马克思创立科学共产主义学说，寻求无产阶级和全人类的解放，他都把促进人的全面自由发展放在核心的位置上。从马克思经济思想的发展史中，我们可以深深感受到浸蕴其中的，不仅是他那种彻底的科学精神，而且更重要的是他那博大深刻的人文关怀精神。

第一章　经济学的人文性探析

经济学是研究以人为中心展开的社会经济活动规律性的学问，离开了对人的关注，离开了对人与人关系的研究，就背离了经济学研究的初衷。经济学是价值理性导向的学问，注重合理性和应然性判断和评价是经济学方法论的本质特征，突出人文关怀是经济学的本质要求。可以说，经济学研究不强调人文关怀，不以价值理性为导向，就不是真正意义上的经济学。

纵观人类经济思想的发展历史，不难发现，经济学从其最初的源头开始，就深深浸透着对人的关注和关怀，经济学的先圣们不仅在计算着财富的增长，比较着成本与收益，也在实实在在地研究着人性、习惯、道德操行。从古希腊时期人类经济思想最早的提出者色诺芬，到柏拉图、亚里士多德，到文艺复兴时期的重商主义者，再到古典经济学的最杰出代表亚当·斯密，在他们的经济思想中，从来就没有脱离过对人自身的关怀和对美好和谐的理想社会的追求。但后来西方的主流经济学逐渐背弃了经济学的人本传统，稀缺性、资源配置、成本收益、供给需求、效益最大化等术语成为经济学的主题词，甚至成为人们的日常生活用语。从边际效用学派，到凯恩斯，再到萨缪尔森，主流经济学研究的视角就这样一步步偏离和忽略了现实的、真实的人。经济学的研究逐步忽略和淡化了价值理性，而"工具理性"弥漫和笼罩着经济学，现代经济学在引入数量分析方法从而促进了自身发展的同时，也使其自身走上了异化的道路，经济学被形式化、数量化和功利化。经济学对数学手段的过分运用和对功利目标的片面追逐，拉开了经济学与现实经济生活的巨大距离，也使经济学与以研究人为核心的其他社会科学越来越疏远。

一、人文主义对古典经济学的影响

人文意识是和人类历史是同时起源的。人类从动物世界中分离和提升出来以后，随着实践活动的开展，人的意识逐渐发育转变为人类的自觉意识，这是人文意识的起源。这时期的人文意识表现为对自然的反应，对自身的思考，对群体关系的认识。

人文主义学说起源于古希腊。公元前5世纪中叶以后，希腊在希波战争中获得胜利，奴隶制经济进一步繁荣，雅典的奴隶制民主政治得到进一步发展，达到高峰期；随着平民地位的提高、个人主义的成长，以及解决实际问题的需要，忽略了人类活动和创造性的自然哲学已经不能满足社会的需要，并导致反对旧思想方法运动的出现，民主、平等的人文意识，以及强调人理性力量的人本思想得到颂扬。如古希腊智者学派代表人物之一普罗泰戈拉提出了"人是万物的尺度"这一著名命题。普罗泰戈拉留传下来的最主要的哲学名言就是在《论真理》中说的："人是万物的尺度，存在时万物存在，不存在时万物不存在。"他的这句哲学名言在当时具有反传统的意义。在当时的希腊，传统观念是以神为万物的尺度，事物存在还是不存在，是好还是坏都是由神决定的。普罗泰戈拉在怀疑神的存在以后，提出要让人取代神的地位，他说："至于神，我既不知道他们是否存在，也不知道他们像什么东西，有许多东西是我们认识不到的；问题是晦涩的，人生是短促的。"[①]普罗泰戈拉虽然还不是一个无神论者，但他的话在当时起到了"解放思想"的重大作用，提出"人是万物的尺度"这一命题，为人们提供了一个新的思维方法：即研究客体应该联系主体去研究，认识自然界应该联系人和人类社会去认识。黑格尔说："普罗泰戈拉宣称人是万物的尺度，就其真正意义说，这是一句伟大的话"，"主体是能动的，是规定者……这是一个伟大的命题"。[②]

普罗泰格拉提出"人是万物的尺度"，主张用"人"取代"神"作为判断是非善恶的标准，用是否对人有利和是否符合人性作为评价执政好坏的依据，反映出人文主义的精神本质，具有唯物主义的精神，为民主制提供了理论根据。

普罗泰格拉提出的这个命题不仅体现着对"神"的否定，而且还体现着把国家、法律、道德等理解为"人为约定"的产物的思想。普罗泰戈拉说："所谓正义与非正义，荣誉与可耻，虔诚与亵渎，事实上是法律使然的，是各个城邦自己这样看的""凡一国视为公平正义者，只要它信以为然，那就是公平正义的。"[③]这种观点后来在伊壁鸠鲁、卢克莱修等人那里得到了进一步的发展，对近代资产阶级哲学的产生起到了深远的影响。可见，"人是万物的尺度"这一命题，在打击了唯心主义神学史观的同时，还包含着"人本主义"的思想萌芽，这在当时是一个了不起的进步。

普罗泰戈拉提出让人取代神的地位，在希腊哲学史上无疑具有重大的意义。把人从自然界、动物界分离出来，把人看作是万物的核心和衡量万物的标准，强调以人为中心，从人的观点出发衡量一切事物，这无疑是对人的尊重和

---

① 北京大学哲学系外国哲学史教研室《古希腊罗马哲学》[M]. 北京：商务印书馆，1961：138

② ［德］黑格尔.《哲学史讲演录》第 2 卷 [M]. 北京：商务印书馆，1978：2

③ ［古希腊］柏拉图.《泰阿泰德篇》[M]. 北京：商务印书馆，1963：172、167

地位的提高。这样的认识是朴素的，也是本质的。

欧洲文艺复兴时期是人文主义发展的重要时期。与中世纪对照，文艺复兴在意识形态领域内带来了一系列巨大的变化。最突出的变化是关于人的价值观念的转变。在中世纪，对人的定位是自卑、消极、无所作为的，人在世界上的意义不足称道。文艺复兴发现了人和人的伟大，确信了人的价值和创造力，提出人要获得解放，个性应当自由。重视人的价值，要求发挥人的聪明才智及创造性潜力，反对消极的、无所作为的态度，提倡积极冒险精神。所以，文艺复兴的重大历史意义在于它促使欧洲从以神为中心过渡到以人为中心，唤醒了人的觉悟，使人们把重点从来世转移到现世；唤醒了人们积极进取的精神、创造精神以及科学实验的精神，从而在思想方面为资本主义制度的成功和确立开辟了道路。

人文主义者颂扬尘世欢乐和幸福，认为人有通过劳动追求荣誉和财富的权利，文艺复兴运动使得这种思想渐入人心。中世纪基督教的一个基本信条就是守贫，反对盈利赚钱。教会认为商人的盈利性经营性活动危害了宗教的拯救性形象，商人和银行家都是不劳而获，是罪过，要遭受道义的谴责，所以财富和金钱在那时成为禁忌。可是随着商品经济的发展，意大利的佛罗伦萨出现了一批富商和大银行家，人们对财富的观念也发生变化，认为私人积聚财富可以提高人们劳动积极性；财富掌握在有道德的人手里，对国家是有利的。而对一般人来说，贫穷是可怕的，它会造成各种犯罪。贫穷不只是由于缺少金钱，更主要是由于缺少智慧。有智慧的人虽然贫穷，但不一定变成坏人。15世纪，意大利的剧作家阿尔贝蒂说："神也和人一样鄙视穷光蛋。"道德应当体现在财富上。"不要藐视财富，而要防止贪婪。物质丰富之后，我们就会生活得愉快、自由。"阿尔贝蒂提出人应从贫穷中摆脱出来，贫穷不仅不能满足肉体生存的需要，并且还会压抑精神的发展。他针对买卖和信贷旨在赚钱，所以是下贱的职业的观点说道："销售只不过是交换，你为买主的需要服务，你就获得了为酬谢你的辛劳的报偿，你得到的是高于你付出的东西的价格的差额。这样，你真正出卖的不是商品本身，而是你的劳动，你把商品交换成钱，你得到超出批发价格的部分是为了支付你的劳动。"他把劳动作为价格的一部分，非常现实地解释了商业利润的来源，为商人获取商业利润找到了依据。意大利人文主义者帕尔米耶里认为："没有钱花的人既不是自由的人，也不会风度翩翩。有道德的人应当追求财富，使自己能够过上好日子……只要不损害别人，凭熟练的技艺增加自己财富的人是值得称赞的。"他还进一步认识到，私有财产的过分发展是贫富不均的根源。致富要用正当的手段获得，应当使财富服务于国家社会和救济贫民。人的天性应当是把劳动创造的一切供全体人民使用。意大利知名的学者、哲学家布拉乔利尼的思想集中体现了人文主义的主要特征，他写了一篇对话《论爱财》，提出"渴望金钱有利于社会的发展，也是人的自然本性，而且还有益于社会文明。金钱为国家的发展提供了重要的动力。金钱是国家的力量所在，赚钱应视为国家的基础和根本"。人文主义者布鲁尼针对禁欲主义者宣扬财富的本质是罪恶的观点，提出财富本身并没有好坏的属性，它只不过是完成某种行为的工具。阿尔贝蒂认为，人的尊严寓于劳动中。他说："有的人不愿勤学技艺，不愿努力工作，不愿在完成艰巨的任务中汗流浃背，那他又怎么可能赢得像别人那样的威望和尊严呢？"在他看来荣誉就是道德在其他人心中的反响，让其他人把你的行为当作范例，因此，荣誉是道德的社会闪光。

中世纪的后期，资本主义萌芽在多种条件的促生下，于欧洲的意大利首先出现。资本主义萌芽是商品经济发展到一定阶段的产物，商品经济是通过市场来运转的，商品经济的发展需要人的自由，需要一场新的提倡人的自由的思想运动。在这种历史条件下，一些先进的资产阶级学者重新反思人、神与自然的关系问题，呼吁人们重温希腊时期的人文文化，从中世纪神权桎梏下解放出来。他们用各种形式批判了宗教对人精神的束缚，表现了人的精神觉醒，对人的价值、尊严、智慧和力量有了新的认识。新兴的资产阶级正是在这种精神的指引下创造了近代资本主义世界。

从历史发展来看，"人文"是一个内涵极其丰富的概念，"人文"与人的价值、人的尊严、人的独立人格、人的个性、人的生存和生活及其意义、人的理想和人的命运等密切相关。文艺复兴时期，随着社会经济和社会结构的变化，人文主义者的伦理观念、财富观念与中世纪比较有了很大的不同。文艺复兴和启蒙运动促进了资本主义经济发展，也对古典经济学的形成和发展产生了重要影响，为古典经济学的人文特征奠定了基础。

二、古典经济学的人文思想

亚当·斯密作为古典经济学奠基人，在强调人的自利性的同时，也强调了人文关怀——他利的意义。斯密在1759年发表了《道德情操论》，在他的这部影响深远的成名作中，全面、系统分析了人类情感，揭示了人类社会赖以维系、和谐发展的基础，以及人的行为应当遵循的一般道德准则。他告诉人们：虽然自利是人的本性，但人们在追求自身利益的同时，要受到道德的约束，不能通过"损人"来"利己"。利己不损人是市场经济的最基本的要求，一旦突破了这一道德底线，小到决定一笔交易的成败，大到左右一家企业的沉浮，增加整个社会的交易成本，甚至影响经济系统的正常运行。斯密告诉人们市场经济应该是一个充满道德、诚信、良知与责任的经济，没有这些最基本的道德观念，无论怎样的经济繁荣，终将引发不可避免的灾难。

斯密在1776年又发表了《国富论》，他认为，经济社会中的人都是十分理性的，他们非常清楚自己的利益所在，并在自己的行为中时刻算计着所能获得的利益。但斯密认为，个体在经济活动中的自利行为一定会促进群体的发展，导致整体福利的提高，促进社会的发展。他论证了人的自利性有助于社会发展的原则。

《道德情操论》和《国富论》是亚当·斯密学术思想体系的两个有机组成部分。前者阐述的主要是伦理道德问题，后者阐述的主要是经济发展问题。亚当·斯密在《国富论》中所建立的经济理论体系，就是以他在《道德情操论》的论述为前提的。美国诺贝尔经济学奖得主米尔顿·弗里德曼曾说过："不读《国富论》不知道应该怎样才叫'利己'，读了《道德情操论》才知道'利他'才是问心无愧的'利己'"。

斯密的经济论和道德情操论的两个起点是利己心和同情心，他建立了一整套以情感共鸣为特征的道德伦理体系，开创性地构建了市场经济条件下经济运行的伦理准则。在斯密的理论体系中，利己心是经济论的起点，同情心是道德情操论的起点，"两心"是同一人性中的两个方面，强调利己心基础上的同情心，二者都是源于人类本性的原动力，能在"纯粹自由的"经济活动中在利己与利他统一的基础上创造财富。

在此之前，斯密的老师哈奇逊提出了"最大多数人的最大幸福"的口号，认为人类道德的标准是人们的幸福或功利，道德上的善恶由人的本性作出判断，无须神的启示。斯密对此表示赞同，也认为追求幸福、享受和欲望的满足是人类的本性使然，人们总是要永无止境地去追求最大的物质利益；不过，对于人类追求利益的主要推动机制，斯密倾向于"人性"，他认为人类追求利益的动因由自我改善的欲望所驱使，由理智所指导。在此基础上，斯密进一步提出了经济自由竞争的观点。他一再提醒人们：在自由经济的美好框架里，有一只"看不见的手"在组织和管理着社会经济，重商主义和政府对经济生活的干预是与"自由"相违背的。

斯密"自由放任"的经济观点突出反映了社会和谐的思想。他的这种思想是通过对"自然秩序"的描述表现出来的，而社会秩序之所以能"自然地"建立起来，正是因为有"看不见的手"在起作用，其中，（看不见的）"良心"是判断人的经济行为的"标尺"。他强调，良心是指"理性、道义、心中的居住者、内心的那个人，是判断我们行为的伟大的法官和仲裁人"，人们在对自身的行为进行评价时，良心的作用不仅十分重要，而且十分必要。斯密由此构建了一幅社会生活和谐有序，政治、经济、社会、个体协调统一的美好蓝图。在他看来，社会成员有仁慈、谨慎、自制的美德修养，整个社会奉行正义、自由等的伦理准则，那么，个人利益与社会利益必将实现协调统一，最终必能达到促进"公民幸福生活"的目的。

作为古典经济学的奠基人，斯密向来主张人是理性和情感的统一体，可以这样说，斯密的两本著作为自己的"自利人"加了一个约束条件，那就是"自利人"必须有"道德、情操"，需要遵守经济原则之外的道德规范、良知规范，即经济主体必须树立平等、契约、信用、规范的理性意识，遵循独立自主、契约自由、公平竞争、等价交换等理性规则。这样的观点在今天看来，正是一种难能可贵的人文追求。

除此之外，以配第、斯密、李嘉图为代表的古典经济学家通过创立劳动价值论，把价值的形成从自然领域转向人的领域，在经济学中把自然和人文两个因素沟通起来。配第提出了劳动价值论的命题，意识到了商品的价值来源于人类的劳动。斯密系统地论述了劳动价值论，指出创造价值的是生产商品的一般人类劳动。李嘉图则指出，生产商品的劳动量决定商品的价值。在价值源泉的问题上，他比斯密前进了一大步，明确指出劳动是价值的唯一源泉。尽管古典经济学家的价值理论存在很多争议，但把劳动者和商品价值联系起来，关注人，关注人的发展，这种人文关怀，使古典经济学具有基本的人文精神，不仅使古典经济学至今还散发着人性的光辉，也为马克思建立科学的政治经济学做了重要的准备。

与大卫·李嘉图同时代的法国经济学家西斯蒙第，从当时法国小资产阶级的利益出发，提出了他具有浓厚人本色彩的经济学说。李嘉图认为工业革命标志着社会生产力的飞跃发展。而只要有利于社会生产力的发展，牺牲小生产者和工人阶级的利益都是在所不计的。西斯蒙第反对这一观点。他始终关注着在资本主义制度下机器生产和分工的破坏作用，如资本和地产的集中、生产过剩的危机、小生产者的没落、无产阶级的贫困、生产的无政府状态、财富分配的极端不平等，等等，并从这些现象中发现了资本主义矛盾和危机的必然性。尽管他并不了解这些矛盾的性质，也不可能揭露这些矛盾的真正原因，因而也不可能对资本主义制度做出科学的分析，但他对社会最底层工人阶级的悲惨状况的同情和悲悯，至少表达了一种与当时主流经济学理论体系的不同声音。正如马克思在谈到西斯蒙第和李嘉图之间的区别时写道："如果说在李嘉图那里，政治经济学无情地做出了自己的最后结论并以此结束，那么，西斯蒙第则表现了政治经济学对自身的怀疑，从而对这个结束作了补充。"①

关于政治经济学的对象问题，西斯蒙第在《政治经济学新原理》开篇中指出，"政治学的目的是、或者应当是为组成社会的人类谋求幸福。它寻求使人类得到符合他们本性的最大福利的手段；同时，它也要寻求尽可能使更多的人共享这种福利的方法。任何一种政治科学都不应当忽视立法者努力奋斗的双重目的，即一方面要全面考虑人通过社会组织可能获得的幸福，另一方面要使所有的人共享这种幸福。"西斯蒙第认为，人创造财富的目的，是为了满足自己的愿望和需要，而不是为财富而创造财富。如果财富不能满足这种愿望或需要，那么不论它是通过怎样的劳动创造的，都不能算为财富。"只有增加了国

---

① 马克思恩格斯全集（第 31 卷）[M]. 北京：人民出版社，1998：445

民享受国民财富才算增加。"[①]"财富正是属于人而且为人所享受的。"[②] 西斯蒙第认为，这种单纯追求财富，无视人们的享受的做法，结果在英国造成了富者更富，贫者更贫。国家财富急剧增加了，而人民却更加贫困了。"为了物而忘记人的英国不是为了手段而牺牲目的吗？"[③] 所以政治经济学是关于人类谋福利的理论，这就为经济学明确提出了伦理标准，所以，西斯蒙第被誉为人本主义经济学的先驱。既然政治经济学是指导人类谋福利，增加人们对财富的享受，而人的享受或消费，是由他们的收入所决定的，所以西斯蒙第进一步提出，收入的分配问题应成为政治经济学研究的中心。

西斯蒙第密切地关注经济危机所带来的灾难，并驳斥了法国庸俗经济学家萨伊之流关于经济危机不过是偶然和暂时发生的现象的说法，指出"人们所受的各种灾难是我们社会制度不良的必然结果"。[④] 把经济危机看成是资本主义制度的结果是西斯蒙第的科学功绩，与马克思不同的是他仅仅把经济危机的根源归结为消费不足，而无法了解产生经济危机的真正原因是资本主义制度的基本矛盾。西斯蒙第关注工人阶级的贫困，指出资本主义制度下生产过剩危机的必然性，并尖锐地指出了资本主义生产的自相矛盾。正如马克思所评价的："一方面是生产力的无限制的发展和财富的增加——同时财富由商品构成并且必须转化为货币；另一方面，作为前一方面的基础，生产者群众却局限在生活必需品的范围内。"因此，在西斯蒙第看来，危机并不像李嘉图所认为的那样是偶然的，而是"内在矛盾的广泛的定期的根本爆发"。[⑤] 同时，西斯蒙第确立了政治经济学的研究对象不应该仅仅局限为物质财富，而是通过物质财富的创造和公平分配所带来的国民的享受和幸福。这些观点都闪烁着丰富的人文关怀的火花，至今都有现实意义。

西斯蒙第还提出了蕴含人文精神的消费理论。西斯蒙第认为人的需要及其满足程度是经济研究应该关注的首要问题，人比物质更重要。在他看来，斯

---

① ［法］西斯蒙第.《政治经济学新原理》[M].北京：商务印书馆，1977：45
② ［法］西斯蒙第.《政治经济学新原理》[M].北京：商务印书馆，1977：47
③ ［法］西斯蒙第.《政治经济学新原理》[M].北京：商务印书馆，197：9
④ ［法］西斯蒙第.《政治经济学新原理》[M].北京：商务印书馆，1977：530
⑤ 《马克思恩格斯全集》（第26卷Ⅲ）[M].北京：人民出版社，1974：55

密等古典经济学家只研究生产、抹杀或忽视消费的经济学无疑会使整个社会经济陷入混乱之中，这种抹杀实际上是颠倒了目的和手段，"亚当·斯密是以抽象的方式来看财富的，而不考虑财富与应该享用这种财富的人的关系"，[①]他又指责萨伊和李嘉图说，"他们根本不考虑人的问题，财富就是一切，而人是微不足道的"。[②]在生产和消费的关系中，西斯蒙第批评了萨伊那种生产主导的消费论，强调必须突出人的需要，生产应该是服从消费的，并为消费服务，生产只是手段，消费才是目的，"个人财富和公共财富的目的都是为了满足消费和消耗财富的享受，如果财富不让人享受，如果任何人都不需要它，那么它失去了价值，就不再是财富了。"[③]并进一步指出，消费不仅是生产的目的，而且也是生产的动力。此外，他还强调精神消费和分配公平是社会福利的重要内容。在西斯蒙第看来，人们的消费需求是千差万别和丰富多彩的。人们除了必须有物质产品的消费外，精神消费也很重要。精神方面的幸福，即使全国所有各阶级普遍得到的自由、文化、德行和希望的恩泽，是高级政治经济学研究的中心。而公平合理的财富分配是实现福利的重要基础，在这里，政府应该保证工人的生活工资与最低社会保障。西斯蒙第并不认为最大可能的总产量必将给人们带来最大福利，认为一个较少的产出，如果被合理的分配，也是可取的，"总产量达到一定水平后，立法者和慈善家就无需再那么关心绝对产量的增加与否，此时最重要的事情是，分享总产量的人数相对来说应该有所增加。"[④]

在追随亚当·斯密、大卫·李嘉图传统经济思想的古典经济学家中，穆勒一方面通过对斯密理论进行形式化处理，正式提炼出了奠定整个西方经济理论范式基础的自利经济人假说，另一方面又认为经济发展取决于道德等人类本性，依赖于各种制度和社会关系，所以，在他的著作中也体现出了一定的人文关怀思想。他认为，商品的生产规律"具有物质世界真理的特征：没有人为的选择或武断的结论。"至于财富的分配，则取决于"社会的法律与习惯"。它们完全属于"人类制度"的范畴。因此，根据穆勒的定义，现在政治经济学的研

---

① [法]西斯蒙第.《政治经济新学原理》[M].北京：商务印书馆，1977：479
② [法]西斯蒙第.《政治经济学新原理》[M].北京：商务印书馆，1977：457
③ [法]西斯蒙第.《政治经济学新原理》[M].北京：商务印书馆，1977：51
④ [法]西斯蒙第.《政治经济学新原理》[M].北京：商务印书馆，1977：270

究对象之一是能促进人类发展的适当制度。

在他的一个著名论断中，穆勒称"有些人认为人类的正常状态是为了生存要不断地争斗；构成社会生活生存常态的相互践踏、倾轧是人类最可期待的命运，而不是伴随工业进步的一个阶段产生的令人不快的病症。"而他自己并未被"这些人所坚持的理想生活所迷住"。相反，他预言了这样一个社会："没有人是贫困的，也没有人想比别人更富，也没有理由害怕别人咄咄逼人的进取会使自己被远远地抛在后面。"[①] 这种人道主义的向往和思想观点是人类的一种美好期盼，追溯其历史渊源可以一直追溯到柏拉图。

总体来看，由于受人文主义思想的影响，古典经济学理论关注人，关心人，在其理论体系中蕴藏着人文关怀的精神。

三、边际效用学派对人本传统的背离

边际效用学派包括以奥地利经济学家门格尔、维色尔和庞巴维克为首的奥地利学派，以法国经济学家瓦尔拉为首的洛桑学派和英国经济学家杰文斯（洛桑学派与杰文斯也被称为数理经济学派）。19世纪70年代，他们几乎同时提出了边际效用价值论。根据他们的观点，价值是主观的，是物对人的欲望满足的重要性，人对物品效用的主观评价是商品价值的源泉，价值量的大小也只取决于边际效用的大小，与社会必要劳动无关；而商品的市场价格则由买卖双方的竞争决定。边际效用学派全盘否定了劳动在价值创造中的决定性作用，在世界观上对古典经济学劳动价值论进行了革命。

边际效用学派反对德国历史学派的历史方法，认为经济活动中个人行为的最高原则是以最小代价追求最大限度的效用。在研究方法上他们提出了边际分析法，即增量分析法，并把边际分析与数学结合起来，把数学运用于经济分析，把效用最大化问题转化为理性的消费者在约束条件下的选择问题，

---

① Mill，John Smart，*Principles of Political Economy*[M].The Co-operative Publication Society 1899：26

这在主观形式上就放弃了对经济行为动机的考察，把注意力完全限于消费者的纯经济学的逻辑分析，结果根据一系列偏好公理，消费者被转化为理性行为的代名词。

边际革命开启了数学方法在经济学中广泛应用的大门。这一方面为经济学的发展带来了一种重要的分析方法和工具，极大地推动了经济学的发展和运用；但另一方面，一场现代经济学的危机也自此发端，经济学的研究转到私人领域并集中于个人最大化效用的研究，研究对象日益集中在人与物的关系层面上，限于稀缺性资源的配置，专注于事物表象之间的功能性分析，从而就把复杂多样的经济现象简单化了，经济学变成了一门有关个体领域里最大化计算问题的学问，对人类行为研究的经济学成了追求"客观"和"科学"的实证性学科，[①]越来越偏向于数理建模和实证分析。

其后，经济学的主流逐步背离了古典经济学家的学术精神和理论传统。经济学家们热衷于建立愈益精美的数理体系，而在他们的体系中，人被归结为数学符号，完全摆脱了社会人特性而无需考虑任何的市场伦理和道德问题，丰富多彩的社会经济生活也被简化为模式化的逻辑推理和数学计算。于是，现代经济学就逐渐蜕变成了一门视野日益受到限制和缩小的技术经济学，其研究对象主要局限于人与自然的关系层面，而逐渐失去了对真实世界的理解和关怀。经济学变得越来越"工具理性化"，缺乏哲学思维，缺乏人文精神。正如布坎南指出的：一旦我们在方法论上陷入求最大值的范式的约束，经济学就变成了应用数学或者说工程学，此时选择成了单纯的数学计算而不再需要"决策"。现代西方经济学可以解决物质资本的配置问题，但由于经济学失去了人文性而缺乏对社会经济行为主体之间真实互动关系的研究，并不能真正解决经济发展中的实际问题，纯粹的数理模型因远离社会实际而缺乏实践性，而且那些看似注重现实的实证、调查文章因缺乏本质探究而也无助于实际问题的解决。

边际效用学派对效用目标的纯粹化追逐，造成了经济学与现实经济生活的巨大距离感。那种在古典经济学里能够找到的伦理道德因素、文化传统、意识形态等"人文"的东西，在"效用函数"中完全消失，经济学变化成了只问

---

① 杨春学.《经济人与社会秩序》[M].上海：上海三联书店，上海人民出版社，1998：164，184

"投入"和"产出"，只问"投入产出比"的数量关系学了，对于投入产出背后的"人"的缘由和问题，则淡出了经济学家的视线。

四、新古典经济学对人文精神的坚持和背离

穆勒之后，古典经济学差不多已走到其尽头，新古典经济学构成了现代主流经济学的基础，其理论假设与主旨都离人文精神越来越远，但这并不意味着自此以后的人本主义经济思想就终止了，在很多经济学家的思想中仍闪耀着人文关怀精神的火花。

其中有独树一帜的是马克思的人文关怀经济思想。马克思指出，作为一门关于财富的科学，国民经济学在本质上是敌视和否定人的。马克思通过对"异化劳动"的批判，深刻揭示经济学以劳动主体性为根本的人本学性质，马克思的人文关怀精神贯穿于他的经济学理论的整个体系之中。

美国经济学家凡勃伦在其著名的《有闲阶级论》一书中对消费实践和偏好形成展开了详细论证，并对新古典经济学提出尖锐批评。凡勃伦认为，新古典经济学的功利性质使经济学忽略了对人和制度的分析，消费者变成了呆滞的个体，经济学变成了一种宿命论的和绝对无条件的学说，以至于他们不能对消费行为中的种种"非理性行为"给出合理的解释。他认为，应该以一种本能——习惯的心理学及其与人类思想倾向的相互作用来展开对人的行为分析。

凡勃伦及其以后的制度经济学家还强调，除了追求物质经济利益之外，消费者还追求安全、自尊、情感、社会地位等社会需要，消费者决策时，除了关注他自己的效用函数外，还要以其社会经验、他人消费的影响等为依据，因此，消费者的行为必然依赖于其生活的社会文化环境。

此外，还有边际革命之后在西方处于主流地位的马歇尔的经济学理论。马歇尔是在 1867—1868 年间读了约翰·穆勒的著作开始熟悉经济学的。穆勒著作中的人文关怀思想以及内含的广阔知识深深地影响了马歇尔，正如熊彼特写道的："马歇尔深受一种以感染力和凝聚力为历史基础的 19 世纪英国资本主义经济社会学的气氛"的影响，"把马歇尔引入经济学家阵营的并不是知识分

子的好奇心，是一种强大的动力把他从对伦理道德的思索推向了这个阵营，他的伟大使命就是减轻他所看到的英国贫困阶层的苦难。他的想法遭到一个充满那个时代的经济学家智慧的朋友的批驳，而正因为这一点才使他转向穆勒的《政治经济学原理》寻求启发。马歇尔的著作中另有迹象表明：他是从阅读《政治经济学原理》开始学习经济学的。"①

正因如此，尽管以穆勒为代表的古典经济学正遭受边际学派的强烈批判，但马歇尔却认为，虽然其分析在某些方面需要修改并予以重新解释，却并没有根本性的错误；而且，马歇尔将自己引导的新古典经济学谦称为偶尔革新，它只是对穆勒的发展而非对穆勒的革命。显然，正是基于古典经济学的思想渊源，马歇尔主张，"政治经济学和经济学是一门研究人类一般生活事务的学问，研究个人和社会活动中与获取和使用物质福利必需品最密切相关的那一部分。"在其撰著的《经济学原理》一书中更是明确指出："经济学是一门研究财富的学问，同时也是一门研究人的学问""也是研究人类在社会中活动的社会科学的一部分。"②

马歇尔的经济学中充满了对现实问题的关怀，在他看来，仅有理论是空洞的，而没有理论的经验调查是值得怀疑的，只有将理论和经验调查两者结合起来才能成为正确合理的经济学。

马歇尔对人类社会的关注也体现了其经济学不同于其他经济学家的独特性。马歇尔并不认同当时的庸俗化的古典经济学的观点，他指出，"李嘉图及其追随者在他们的议论中往往仿佛把人看成是一成不变的，他们对人的变异，从未大力研究。他们所熟悉的人是市民；而且有时由于表述的不慎，以致几乎暗示其他的英国人和他们所知道的市民完全相似"，特别是，"他们致命的缺点是他们不懂得工业上的常规和制度是极易变动的。"③马歇尔对李嘉图等人观点进行批评的原因，正是其思想具有现实的人文关怀精神。

---

① ［美］熊彼特.《从马克思到凯恩斯》[M].韩宏等译，南京：江苏人民出版社，200：78

② ［英］马歇尔.《经济学原理》(上卷) [M].朱志泰译，北京：商务印书馆，1964：23、79

③ ［英］马歇尔.《经济学原理》(下卷) [M].朱志泰译，北京：商务印书馆，1965：407、408

正是由于具有渊博的人文社科知识和对现实的人文关怀，马歇尔能够对经济学有更全面的认识，并得以创立一个具有综合性特点的真正学派。一方面，在研究对象上，马歇尔并不把经济学与其他社会科学截然分隔，反而认为经济学作为"研究人的学科的一个部分"是更重要的方面；为此，他特别重视宗教和经济对人类历史形成的影响，关注人类真实而全面的需求，关注人类的终极目标，而不是把伦理道德等因素撇开。另一方面，马歇尔也对人类的发展表达了充分的关注，他问道："一切的人初入世界都应有过文明生活的公平机会，不受贫困的痛苦和过度机械的劳动的呆板影响，这真是不可能的吗？"①马歇尔认为，这需要依靠人类本性的道德和政治的才能才可以解答，尽管我们期望"一门研究与人类福利有关的这一重要问题的科学已经引起历代许多最有能力的思想家的注意，到现在已发展成熟了。但事实上却是这样，科学的经济学家的人数，与要做的工作的困难相比，总是较少的；因此这门科学差不多仍在幼稚时代。这个事实的一个原因，就是经济学与人类的较大福利的关系被忽视了。的确，一门以财富为主题的科学，许多学者初看起来常是可厌的；因为那些尽力扩大知识范围的人，对于为占有财富而占有财富，是不大关心的。"②正因为如此，马歇尔告诫说，"我越研究经济学，越觉得对它了解太少……在近半个世纪后的今天，我比在开始的时候更能感觉到自己对它的无知。"③马歇尔在《经济学原理》中既表达了对人类经济自利性的偏爱，又表现出对人的崇高精神价值的向往，他留下了一句名言："经济学家就和所有其他人一样，必须关心人的最终目标。"

通过对比可以看出，由斯密奠基的整个古典经济学以及新古典学派形成之初，一直都未曾割断经济学与人文关怀的内在联系，人文精神或隐或显地寄寓于其理论体系之中。

但是，边际革命之后，情形还是发生了根本性逆转。成熟时期的新古典经济学深受逻辑实证主义思潮的影响，力图使经济学成为物理学等自然科学意

---

① ［英］马歇尔.《经济学原理》（上卷）[M].朱志泰译，北京：商务印书馆，1964：25
② ［英］马歇尔.《经济学原理》（上卷）[M].朱志泰译，北京：商务印书馆，1964：26
③ 转引自［美］熊彼特.《从马克思到凯恩斯》[M].韩宏等译，南京：江苏人民出版社，2003：92

义上的客观科学，将其定义为实证的、与价值无涉的学科，而其内容则被窄化为人与自然的关系，局限于对经济现象进行纯客观描述。自此，主流经济学便大肆应用新近发展起来的数学工具对古典经济理论进行形式化、精确化改造，经济学研究逐步遗忘和抛弃了经济与人文紧密结合的学术传统，而那些不具备技术检测要求、不能被数学模型量化处理的主观精神变量则逐步被排挤出了经济学的门户。经济学演变成了以财富的获取和占有为对象，以资源稀缺为出发点，以资源配置为核心问题的物本经济学。其主要任务是为资源配置的制度提供理论解释。保尔·安东尼·萨缪尔森所谓的经济学研究生产什么、如何生产、为谁生产，也不过是对这一任务的变通表达。将经济学的性质规定为是对物质财富的研究，把物质财富作为经济过程的主体，从而也是经济学的根本，这成为西方经济学"主流派"的基本思路。从古希腊以来到亚当·斯密时期始终坚守和洋溢的人文关怀的精神立场被逐渐消解，乃至丧失。这也成了现代经济学的一个致命缺陷。

五、经济学人本传统的回归

在主流经济学排斥、抛弃人文精神最为"暗淡"的环境下，早在20世纪初期，一些受主流经济学理论束缚较轻的经济学家即开始反思人文精神与经济发展的关系，尝试重建经济学的人文道德之维，一些个性鲜明的经济学家，以自己独特的研究视角、研究对象及方法在不断地拓展着经济学的研究疆域，丰富着经济思想的宝库。这些边缘经济学家的最大贡献与价值，莫过于在经济学形式主义和工具理性主义泛滥的今天，将经济学引回了古典经济学所坚守和弘扬的人本精神上。随着经济学的进一步发展，尤其是发展经济学和制度经济学的兴起和繁盛，涌现出了一大批具有人文关怀和忧患意识的经济学家，具有代表性的如舒马赫、缪尔达尔、代表性的制度经济学家、阿马蒂亚·森等。

（一）理查德·托尼主张的经济理想

美国经济学家理查德·托尼（1880—1962）主张人类平等，明确指出经济应服从社会目的。他反对贪婪的社会实利主义价值观，认为不管经济制度怎样变革，都不可避免由自我主义、贪婪和人类天生的喜欢争吵带来的社会问题。

在他的著作里，对 20 世纪 20 年代英国社会经济制度进行了分析和批判，对消费主义和实利主义进行了猛烈的抨击，尤其对产权论述较多。他批评所有者不参与管理的大公司，认为这样的产权失去了提供安全保障和产生创造性能量的功能。他提出的补救措施是将生产控制权交给那些真正进行建设性活动的人们，也就是工人们自己。

（二）舒马赫的人本经济思想

英国经济学家舒马赫（1911—1977）的思想对 20 世纪 70 年代以来的人本经济理论影响很大，其理论集中体现在其著作《小的是美好的》（1973）中。《小的是美好的》诞生于西方爆发能源危机之时，曾于 1973—1979 年间再版了 12 次，被翻译成 15 种文字，1984 年，我国商务印书馆引进该书。[①]

《小的是美好的》被看作是经济学对传统发展道路的彻底颠覆。书的第一句话就是"我们这一代最致命的一个错误就是，相信'生产的问题'已经得到解决。"在分析发展道路存在的问题时，舒马赫把批判的矛头指向在塑造现代世界中扮演了举足轻重角色的经济学。他痛切地指出，在面临发展的困境时，人们已经习惯于首先向经济学求助，但是经济学却一再让人们失望，"在为这个时代最具压力的问题提供解决方案上完全没有贡献。"

古典经济学家认为经济学的目的在于高效地配置有限的资源实现最大化产出；凯恩斯认为经济学的目的在于在政府干预下把落后于供给水平的需求刺激起来。舒马赫认为，这样的眼界都太狭隘了，经济学的目的应是增进人类

---

① ［英］E.F.舒马赫.小的是美好的 [M].李华夏译，北京：商务印书馆，1984

的幸福。而幸福的内涵太丰富了，物质只是其中的一部分，而且也不是越多越好。在舒马赫看来，西方世界引以为傲的经济结构，不外乎个人追求利润及进步，从而使人日益专业化，使机构成为庞然大物，带来经济的无效率、环境的污染和非人性的工作环境。因此，他倡导一种新的生产方式和消费方式。这种新的生产方式应该以人为主要资源，提高教育水平，珍重土地，更有效地运用工业资源，让科技充满人性。

舒马赫对经济学的批评是与20世纪中期以来对科学技术及其内在的工具理性批判一脉相承的，他还提出"元经济学"的概念，认为元经济学"包括两个部分，一部分处理人类的问题，另一部分处理环境的问题。经济学必须从对人类的研究中衍生出其他的目的和目标，从对大自然的研究中衍生出大部分的方法论。"① 他的这些设想是力图弥合支配社会行动的工具理性和价值理性之间鸿沟的一种尝试，充满着人文关怀。

舒马赫认为，人类所需的是一种信仰，信仰一种有意义的生活，而不只是追求自我保护和满足。在这个过程中人们应该认识到，这个星球上所有人的物质财富都极大丰富是不现实的，人类的存在应该是更有意义的，而不仅仅是追求物质财富。

（三）马克·卢兹的人本经济思想

作为人本经济思想史的总结，美国人本主义经济学家马克·卢兹先后写下了《人本主义经济学的挑战》和《经济学的人本化：溯源与发展》两本书，将西方人本经济思想加以系统化和科学化。把人本心理学而不是功利主义心理学作为建立经济学的基础，对主流经济学的假设和价值观进行批评，同时提出了他的人本主义的企业和社会制度设想。

马克·卢兹和肯尼思·勒克斯为人本经济学设定了四个前提假设：一是把人放在经济学研究的中心位置，设定"人类研究的对象就是人本身""衡量事物的标准就是人"，而人"在被看成生活在社会里的人"加以考察时才最有

---

① ［英］E.F.舒马赫.小的是美好的［M］.李华夏译，北京：商务印书馆，1984：5

意义；二是设定人性是复杂的，既有向善性又有向恶性，而利他主义所给予的品质至少是人性中最根本的方面，人的本性就是由这些积极的与消极的、崇高的与卑劣的品质构成的；三是设定人的潜质是生长和发展的，潜质的生长是指人性中积极的、创造性的一面在人身上的凸现，它是人性中崇高方面的展示；四是设定任何社会或文化任何时候都处于动态过程中，此乃人的潜质生长之关键，即时间及其变化对弄清人类行为与各种制度是至关重要的因素。人本经济学的目标，就是要使经济学人性化。

除此以外，日本左派经济学家山本二三丸在其《人本经济学》一书中加上副标题"经济学应有的科学状态"，使其人本主义是经济学研究的出发点和思维基础的观点凸显得更加明确。他还强调经济学应有的科学态度不仅仅是对经济进行实证的研究，而且要有益于人类的价值判断。

（四）缪尔达尔对平等和贫困问题的深刻剖析

20世纪40年代以来，随着发展经济学的兴起和发展，一种新的发展观开始被人们所广泛认同和接受。这种新发展观认为发展不仅仅是一个经济现象，而是包涵着经济、科技、社会、政治和文化等一切社会因素在内的综合的社会现象。在这种经济社会的综合发展中，人自身的发展是中心，人是经济社会发展的第一动力和最终目标，而物的发展只是社会发展的外在形式，是人的发展的手段和条件。发展经济学把人的发展当作社会发展的最高尺度，在经济学工具理性主义蔓延的今天，坚守着经济学的人本精神。瑞典经济学家贡纳尔·缪尔达尔便是发展经济学的重要代表之一。

缪尔达尔经济学研究问题的出发点就是现实世界中的经济问题，缪尔达尔穷其毕生精力，关注、研究和关心经济社会平等的问题，试图将被经济学界淡忘已久的平等观念重新引回经济学理论中。如对美国黑人问题的调查研究，对南亚和东南亚国家贫困问题的研究等。面对资本主义国家日益加剧的不平等现象，以及传统经济学的缺陷，缪尔达尔从社会、制度等因素对现实经济问题进行深入解剖，从而在制度经济学和发展经济学的发展中做出了卓越的贡献，在经济思想史上被尊为发展经济学的先驱之一。

缪尔达尔经济思想的阐述和表达首先从对主流经济学的批评切入。他指出，主流经济学只研究"是什么"的问题，而回避价值判断。他认为每个经济学命题都隐含着价值判断，因此，经济学的研究不能随便决定模型的价值前提，而应从经济成员的周围环境、社会文化和生活习俗中去寻找。同时，在研究方法上，他指出主流经济学太抽象，其假定脱离实际，对复杂的社会经济系统的抽象也过于简单化。他还批评传统经济学对"发展"的定义存在问题，因为它把国民生产总值及其增长速度看作是衡量发展的重要标志。他认为，"发展"的含义要广泛得多，经济发展只是整个社会文化发展过程中的一个组成部分，发展是整个社会、经济、文化等发展过程的上升循环累积运动。缪尔达尔特别关注发展中国家的经济发展问题。针对不发达国家的现状，他提出，应通过制度改革促进经济平等化；通过改变经济增长方式来改善农业生产效率极其低下的状况；通过有效的节育政策来控制人口快速增长以及所带来的严重后果；通过教育改革来提高人口素质并发挥教育对收入分配公平的积极影响；通过权力关系改革来消除不发达国家软政权对经济的不利影响。同时，发达国家应采取有效的形式援助不发达国家，而较好的形式是采取"发展援助"的办法，即采用最简单和成本最低的措施增加粮食生产、提供卫生等基础设施，给儿童以更好的教育机会等。缪尔达尔还特别关注到了国际贸易中的不平等问题。他认为，自由贸易由国内走向国际，制造了更大的不平等。缪尔达尔的这些观点和政策主张都体现了他立足于经济现实的本真精神和人文关怀，他所提出的建议主张也被发展中国家的实践证明为行之有效的对策。

（五）制度经济学家对经济学的人本传统的捍卫

除了上述经济学家之外，还有很多经济学家曾经或正在对当代主流经济学发起挑战，捍卫着经济学的人本传统。如美国经济学家约翰·肯尼斯·加尔布雷斯认为，新古典派体系日益高度精密化，在细节上越来越烦琐，越来越专门化，而这一切使新古典经济学走到了尽头。他强调经济学不能忽视价值判断，不能脱离实际，在经济分析中，应将制度因素作为一个重要的变量。新制度学派的代表科斯也指出："当代制度经济学应该以人实际是怎样的那样来研究人，实际的人在由现实制度所赋予的制约条件中活动。当代制度经济学是'经济学'本来就应该是的那种经济学。"① 新制度经济学的另一个代表人物美国经济学家诺斯提出，经济学作为社会科学应该注重人、团体、社会之间的行为关系与制度，不仅是单纯的思考成本、价格、工资、产业分布中的实证数据，而是把它们放在真正的社会形态与历史环境下进行研究。也就是说经济学不应该是关于稀缺资源配置的学问，而应该是关于稀缺资源产权的学问，一个社会稀缺资源的配置问题实质上就是稀缺资源使用权的分配问题。从这里我们可以看出新制度经济学对主流经济学的批判态度以及对斯密传统的复归，新制度经济学与传统经济学的区别就是以人为本。当然，新制度经济学目前还不能完全取代主流经济学的地位，但科斯、诺斯、布坎南等多位经济学家先后被授予诺贝尔经济学奖的事实，从一个侧面说明新制度经济学理论的影响力正在日益扩大和理论地位正在不断提升。

（六）阿马蒂亚·森对经济学伦理精神的复归

1998 年的诺贝尔经济学奖被当之无愧地颁给了印度经济学家阿马蒂亚·森。作为经济学家，阿马蒂亚·森经济思想中所蕴涵的深邃的历史感、广阔的伦理思考、对人性及其需要的完整而透彻的理解、特别是他对弱势群体生存状态的深切关注，足以令每一位读者折服和感动。

在其代表作《伦理学和经济学》一书中，阿马蒂亚·森指出，在理解经济学的本质时，应该看到这一事实：经济学在历史上是作为伦理学一个分支而发展起来的，经济学与伦理学有着不可割裂的关联。早在亚里士多德时代，经济研究就与人类行为所追求的目的相联系。而人类行为动机复杂多样，追求的目标也就是多元的，绝不仅仅局限于对财富的狭隘追求。阿马蒂亚·森强调："人"这一概念具有基本的和不可约减的二元性，自利，或者个人福利的考虑并不是人们行为的全部动机。因此，经济学应关注既有着对财富的直接追求，同时更有着对财富以外的价值目标的追求的真实的人。在财富之外，经济

---

① ［美］R. 科斯.《企业、市场与法律》[M]. 上海：上海三联书店，1990：132

学还应致力于对人类"更基本的目标"①（如自由和公正）的研究。他认为，在一个社会中，人们拥有的自由度以及福利分配上的公正性直接关涉每个社会成员的生存状态并构成社会基本的道义性。然而现代主流经济学却对人的行为动机作了极其狭隘的预设，自利最大化成为他们对人的全部概括。对此，阿马蒂亚·森指出，由于对人的本性的这一片面和抽象理解，主流经济学排斥了对一些更重要的经济关系的关注，拒绝了对评价和增进人类更基本目标的关注。这一做法造成了双重后果：一方面，现代经济学提倡了一种"精神分裂症式的生活"。②这种生活固执地追求自利最大化，而自利又限于物质财富，这就遗忘和丢失了自由、权利、爱与同情。这些被遗忘和丢失的目标虽然常常是非物质性、非功利和非效用的，但其真实性和重要性丝毫不亚于物质福利；另一方面，经济学自身则在极大地完善了实证的科学手段或者实现了数学化的同时，却因排斥对某些有意义的经济关系的关注而导致了自身的贫困。而它拒绝了对人类在财富以外的那些更基本目标的评价和增进，则使它以一种"不健全的精明和现实"表现出不自然的"无伦理特征"。③倘若以这种"无伦理特征"的经济学去影响和改造现实，那么即便社会经济可能有所增长，但不会有公正的分配格局，而在不公正的分配格局下弱势群体永远是受损者；只要弱势群体在受损，就谈不上什么社会的进步。

阿马蒂亚·森对贫穷、公正、自由等问题的关注和深重的历史感及责任感，对主流经济学富有智慧的诘问和质疑，正是经济学的人文关怀精神的深刻体现。

从以上分析可以看出，经济学研究的人文向度从离弃到回归的演进，在主流经济学封闭了人文精神进入经济学的大门之后，当代西方诸多经济学家和经济学流派从不同场域打开了人文精神进入经济学的理论通道，经济行为主体的人文内涵开始重新进入经济学家的研究视野，从而使现代经济学理论殿堂又

---

① ［印度］阿马蒂亚·森 .《伦理学与经济学》[M]. 王宇、王文玉译，北京：商务印书馆，2003：9

② ［印度］阿马蒂亚·森 .《伦理学与经济学》[M]. 王宇、王文玉译，北京：商务印书馆，2003：32

③ ［印度］阿马蒂亚·森 .《伦理学与经济学》[M]. 王宇、王文玉译，北京：商务印书馆，2003：8

充溢着人文情怀。

从以上人本主义经济思想演进的回溯可以看到，不同学者对人的问题的关注及提出的思想和解决问题的方案并非一个模式。经济理论中的人文关怀之所以有不断变化的重点和热点，主要是由于社会经济现象是随时间而变化的，在某一时期、某个国家总有最值得关注的经济现象，但这种动态的变化并不影响经济理论的人本思想和人文关怀精神的统一性。这种统一性在于共同的道德和价值标准，即满足人类最基本的需求，尊重人类尊严和社会公平。具有人本思想和人文关怀精神的经济学家拒绝接受社会经济制度是自然确定的，即社会经济制度是一个已知条件的观点，而是将其看成是一个变量。他们的建设性批评意见主要围绕着怎样重塑社会经济制度，使之符合人类的福利而展开。因为社会改革和经济思想是一枚硬币的两面，它们的最终目标都是为人类尊严和自我发展、自我实现创造条件。

人本经济学体现出来的人文关怀思想最显著的特点是，要改变传统经济学过分强调经济增长，对物的关注超过了对人的关心的态势，主张从人本主义思想出发，把政治、社会、文化因素加入到经济分析中，确立应当争取的"目标"。在这些经济学家看来，富有意义的经济学应该研究与共同利益一致的制度和政策，经济学的目标是研究如何使经济社会发展更符合人的福利而不仅仅是财富的最大化。

六、马克思经济学的人文关怀精神

马克思在其经济学研究中，批判了前人经济学研究中在人与物、人与人关系上的错误，以人与人之间的经济关系作为研究对象，自始至终把对人类历史命运的关注作为自己的核心研究课题。马克思始终把经济学作为理解人类社会、人的活动规律、人类道德的重要学说，把实现"最大多数人最大幸福"原则作为经济学的目标，建立在唯物史观基础上的马克思经济学，真正尊崇人的价值，蕴含着深厚的人文关怀精神。

（一）马克思经济学人文关怀精神的含义

如上所述，人文关怀，发端于西方的人文主义传统，其核心在于肯定人性和人的价值，关注人的生存与发展，关心人、爱护人、尊重人。人文关怀是社会文明进步的标志，是人类自觉意识提高的反映。从人文主义发展的历史内容看，人文关怀的内涵包括，对人的生存状况的关注、对人的生命和健康的呵护；对人的精神状态和人性的深切关怀、对人的情感、意志和价值的尊重；对人的尊严与符合人性的生活条件的肯定；对人的基本权利的尊重和保护；对人独立思想和人格的尊重与重视；等等。

人文关怀精神脱胎于欧洲文艺复兴时期的人文精神，是作为欧洲中世纪神学的对立物而产生的。"人文"与"神文"相对，反对中世纪以来宗教蒙昧主义对人性的戕害，要求把人、人性从封建神学的迷信桎梏中解放出来，主张恢复人存在本身的自然本性。反对愚昧与迷信的世界观，提倡人的个性发展与思想解放。关怀人性，尊重人性，顺应人性，是人文关怀精神的实质。

马克思经济学研究的出发点是现实的人。其经济学中的人文关怀精神，是马克思在经济学中探索和理解现实的人及其本质和意义的一根主线，对传统的人文关怀精神的内涵有了进一步的拓展。强调经济学研究要有植根于人文精神的对生命存在价值的人文关怀，为社会经济发展提供价值观导向和理想追求；肯定和突出经济活动中的人——劳动者的主体地位，关注人的现实生存状态和社会权益，注重对人的生存意义与人的发展的思考，倡导尊重人的尊严、人格、社会公平与权利平等，追求人类解放和人的自由全面发展。马克思经济学的人文关怀精神着眼于关心人、理解人、爱护人，着眼于对人类生命存在价值的终极关怀，引导人们去思考人生目的，追求人性完美，发展健康人格；指导人类如何构建人的关系、人的世界，如何实现人与社会的和谐与共鸣。所以，马克思经济学的人文关怀精神使得社会生活中的经济问题因为有"人文"元素而接近现实，而问题的解决也有了"人文"的空间和可行性。

（二）马克思经济学人文关怀精神的体现

马克思经济学将人文关怀作为研究经济学的原则贯穿在其全部的经济学

体系之中。马克思经济学中的人文关怀是对西方经济学人本思想的继承和超越。他对异化劳动的批判、对劳动者的主体地位的肯定、对人与自然关系的研究、对共产主义的构想都体现了对现实的人地真正关注和关心，突出了人的主体地位，体现了其经济学的人文关怀精神。

1. 为广大劳动人民的利益辩护是马克思经济学具有的鲜明阶级立场

恩格斯指出，马克思是给社会主义、因而也给现代工人运动提供了科学基础的人，也就是说马克思的工人阶级立场是很明确的，这一立场融入在马克思政治经济学批判的理论方法之中，正是在这个意义上，马克思的政治经济学研究是立场和方法的统一，在立场问题上他从未回避过、从未暧昧过。在马克思那个时代，价值中立是许多经济学家的口号。实际上，真正的价值中立在经济学研究中几乎是不存在的。马克思政治经济学批判的立场很鲜明，就是为包括工人阶级在内的广大劳动人民的利益辩护。这一立场寓于马克思经济学的科学研究之中，是马克思经济学科学理论的灵魂。

马克思认为他的经济学理论与庸俗经济学的区别就在于后者不去揭示事物的内部联系，庸俗经济学家不去揭示事物的内部联系却傲慢地断言事物从现象上看是另外的样子，他们自以为这是作出了伟大的发现，实际上，他们所断言的是他们紧紧抓住了外表，并且把它当作最终的东西。因为，他们不愿意将资本主义经济制度的本质揭示出来，真实地呈现它的面貌。马克思经济学对国民经济学批判的使命就是科学揭示资本主义社会所隐藏的不可克服的矛盾和不可抗拒的必然性，为无产阶级求得解放和确立自己的信仰奠定科学基础。马克思认为为了揭示资本主义经济制度的实质，必须要深入到资本主义经济体的内核中揭示其内部联系，"内部联系一旦被了解，相信现存制度的永恒必要性的一切理论信仰，还在现存制度实际崩溃以前就会破灭。因此，在这里统治阶级的绝对利益就是把这种缺乏思想的混乱永远保持下去。那些造谣中伤的空谈家不凭这一点，又凭什么取得报酬呢？他们除了根本不允许人们在政治经济学中进行思考以外，就拿不出任何其他的科学王牌了。"[1] 马克思通过对资本主义制度的解剖，运用矛盾分析方法，揭示了资本主义社会的矛盾性和历史性，批驳

---

[1] 《马克思恩格斯选集》（第4卷）[M]. 北京：人民出版社，1995：58

了当时流行的自由主义经济学关于资本主义社会的和谐性与永恒性的论调。通过对劳动在资本主义生产与交换过程中的作用的阐述，充分肯定了工人阶级作为劳动者的主体地位。但这个主体在资本主义社会不是统治阶级，而是处于被统治地位。科学阐发工人阶级的主体地位，这就是马克思政治经济批判的立场，这也是马克思主义同自由主义的原则区别。马克思经济学研究坚持为工人阶级辩护的立场自始至终从未改变过。

2. 关注现实的人的生存境遇与全面发展是马克思经济学的价值诉求

在 1844 年，马克思完成了对宗教的批判转向对现实生活世界的考察，开始研究资本主义现实世界中的经济现象和经济运行规律。马克思在展开经济学研究时，首先对当时的国民经济学进行反思。通过反思，马克思认识到国民经济学之最大局限，就是它从私有财产的事实出发，只考察经济事实的经济学意义，而忽视其"人"的意义，忽视经济现象背后"人"的缘由，不关心经济对社会和人的发展的影响，缺乏应有的人文关怀。

19 世纪 30—40 年代，资本主义生产方式已在英法占据了统治地位，资本主义生产方式固有的基本矛盾日益显露，文化和文明的发展呈现出扭曲的形式，创造了文明（物质文明和精神文明）的群众成了文明的工具和奴隶，近代人本主义以绝对理性的方式解决人的问题彻底破产。人，一方面摆脱了对人的依赖关系而成为独立的个人；另一方面又深深地陷入了人对物（商品、资本、货币）的依赖关系之中。

面对资本主义社会人的问题被忽略、淡化的现实，以及资本主义社会本末颠倒的实际，马克思运用辩证唯物主义和历史唯物主义方法对资本主义进行分析，力求把经济问题与人、生产劳动和社会历史发展结合起来，从社会历史的根本结构和发展规律上对经济问题进行思考，对社会经济问题进行哲学分析。所以，建立在唯物史观基础上的马克思经济学，把"人本"理念引入了其政治经济学理论体系，一开始就确立了重视人的价值研究的方向，明确提出"我们的出发点是从事实际活动的人"，我们"从现实的、有生命的个人本身出发"，马克思在《政治经济学批判导言》中开宗明义地指出，"政治经济学的出发点是人"。其经济学理论中蕴涵着以人为本、对人的地位及命运的终极关怀，关注人的解放和人的自由，探求人生的理想境界和理想社会，弘扬人文关怀理念，赋予了经济学科学的人文关怀精神。马克思不能接受人成为神的奴隶，不能接受人成为人的奴隶，也不能接受人成为物的奴隶。所以，在其政治经济学研究过程中，从现实的人出发，既从彻底的革命人道主义出发，明确批判资本主义社会压抑人的个性发展的现实，又从社会历史发展规律出发，论证在未来共产主义社会实现每个人平等、自由和全面发展的历史必然性，明确把每个人自由而全面发展作为人类社会发展所追求的一个根本的理想价值目标，表现出了巨大的人文关怀。

在马克思经济学理论中人文关怀精神是贯穿于其中的主线，马克思经济学的人文精神是科学的、彻底的。经典作家不仅以人与人之间的关系作为经济学研究的对象，而且始终把人的自由全面发展，作为其经济学研究的价值目标。就是说，在马克思经济学中的人文是其"灵魂"。马克思研究经济学源于人文关怀精神，人文关怀精神也贯穿马克思经济学理论的始终。马克思始终把人作为自己经济学理论研究的出发点和归宿点，人民是历史的创造者，但人民创造历史的活动目的在于为了人自身的自由而全面的发展。因此，马克思经济学的人文关怀精神是科学的、彻底的，马克思主义经济学是工具理性和价值理性的统一。

马克思强调他所创立的政治经济学是科学，并没有特别强调其人文精神，但这并不影响马克思经济学是科学精神和人文精神的统一。马克思的劳动价值论是理解马克思经济学的科学性和人义性相统一的关键。马克思从商品入手，分析了商品和劳动的二重性，创立了剩余价值理论，全面论述了资本主义的生产过程，价值、剩余价值的生产、实现以及分配，把资本主义经济纳入了唯物的、辩证的、历史的分析体系。从分析方法而言，马克思经济学是科学的，也是理性的。与此同时，马克思经济学通过劳动价值论——劳动是一切价值的源泉，劳动是人的劳动，人类社会的生产目的，就是为了人类自身有尊严地生活和自由全面发展。通过这种分析线索凸显其蕴含的人文关怀精神。显然，在以资本为中心的体系下，在人和物的对立关系中，人和人的劳动的异化不可避免；人文主义所倡导的人的自由、平等、博爱、民主，在物主导人的关系体系下是孱弱的。只有建立在马克思主义哲学和政治经济学基础上的人才能真正摆脱物的控制，实现自由全面发展。

3. 强调人的主体性而突出人的存在意义是马克思经济学对人的价值的独特理解方式

马克思在创立唯物史观时就明确指出，"任何人类历史的第一个前提无疑是有生命的个人的存在。因此第一个需要确定的具体事实就是这些个人的肉体组织，以及受肉体组织制约的他们与自然界的关系""任何历史记载都应当从这些自然基础以及它们在历史进程中由于人们的活动而发生的变更出发。"①他还指出"人们为了能够创造历史，必须能够生活。但是为了生活，首先就需要衣、食、住及其他东西"；②马克思逝世后，恩格斯在回顾马克思如何发现人类历史的发展规律时说，马克思首先发现的是历来为纷繁复杂的意识形态所掩盖着的"一个简单的事实"，就是人们首先必须吃、喝、住、穿，然后才能从事政治、科学、艺术、宗教等。马克思把有生命的个体作为人类历史的出发点，立足于人的实践去理解人的存在和本质，"整个所谓世界历史不外是人通过人的劳动而诞生的过程，是自然界对人说来的生成过程"。③这些有生命的个体既是历史存在的前提，又是历史活动的过程和主体。

马克思认为，人的实践活动不仅决定了人是一种创造性的存在，同时也表现了人的价值实现过程，"'历史'并不是把人当做达到自己目的的工具来利用的某种特殊的人格。历史不过是追求着自己的目的的人的活动而已。"④"任何人的职责、使命、任务就是全面地发展自己的一切能力。"⑤人通过自己的实践活动，在为世界创造价值实现自身利益的同时，也实现着自我价值，并将其个性、自身潜能和能力充分实现出来。这样，人就"不是力求停留在某种已经变成的东西上，而是处在变易的绝对运动之中"，⑥处在不断的发展过程之中。

马克思经济学建立在唯物史观基础上，马克思在进行经济学研究时，对阻碍人的解放和自由发展这个总目标实现的社会制度及其经济矛盾作了深入的分析和探讨。与"主流派"经济学家不同，马克思从人类社会的发展规律出发，提出社会发展的决定力量是社会生产力，而人又是这个决定性力量中的首要因素，即具有能动性、创造性和自主性的人是经济活动的主体和社会发展的推动力量。这实际是把作为生产力首要因素的人当作社会和文明发展的决定性

---

① 《马克思恩格斯选集》（第 1 卷）[M]. 北京：人民出版社，1972：24
② 《马克思恩格斯选集》（第 1 卷）[M]. 北京：人民出版社，1972：32
③ 《马克思恩格斯全集》（第 42 卷）[M]. 北京：人民出版社，1979：131
④ 《马克思恩格斯全集》（第 2 卷）[M]. 北京：人民出版社，1957：118—119
⑤ 《马克思恩格斯全集》（第 3 卷）[M]. 北京：人民出版社，1960：330
⑥ 《马克思恩格斯全集》（第 46 卷上）[M]. 北京：人民出版社，1979：468

力量，突出了人的主体性。

由此出发，马克思认为在资本主义社会人的主体地位被否定了，在他看来，资本主义社会物质财富的增加过程中存在着人与人之间的经济矛盾。因为，物质财富本身是人生活的手段，不是人生活的目的；经济过程的主体是人，是劳动者，不是物质财富；物质财富是人的劳动即劳动者的素质和能力作用于物质的结果，生产力是人的生产力，并非物本身的力；物质财富的发展程度，取决于人的素质高低和能力的大小，以及作用于物质所必需的人与人的社会关系；但资本统治的结果，不仅把物质财富变成了经济乃至社会的主体，而且将劳动异化，将资本所有者变成"资本的人格化"，资本主义经济关系的矛盾就在于此。解决这个矛盾的出路，就是突出人的主体地位，克服劳动的异化，建立"自由人的联合体"。

从马克思经济学的整体来看所要解决的问题，就是人的主体地位、人的发展问题如何在经济体系中得到实现，马克思经济学不但不回避人是生产的目的，资本是生产的工具，反而将这一点鲜明地提出来，把劳动作为它的逻辑起点。马克思政治经济学的基本立场是劳动创造价值，人是生产的主体，也是生产的目的，这是和西方主流经济学的根本区别。马克思的经济学巨著《资本论》的使命就是谋求劳动人民阶级整体的解放，建立"自由人联合体"，实现人性的复归，使人真正成其为人。对马克思和恩格斯来说，使每个人都成为全面而自由发展的人，是对未来社会的热切向往，是人类社会崇高的价值理想。其整个经济学理论包含着经典作家对人的尊严、自由和权利的执著追求，洋溢着深厚的人文关怀的情愫，人文精神渗透在马克思经济学的理论最深层。

4. 揭示和批判资产阶级经济学研究"见物不见人"的错误是马克思经济学的重要特征

资产阶级经济学在经济学研究上依赖于一套物化逻辑，把人与人的关系转换成物与物的关系。马克思以前的资产阶级经济学家在经济学研究中总是"见物不见人"，不但不去揭露各种拜物教的秘密，反而全把它们加以理论化。早期重商主义是货币拜物教的典型，重农学派是地租拜物教的典型。资产阶级庸俗经济学家是各种拜物教的集大成者，尤其是资本拜物教的典型。他们提出的资本—利润、土地—地租、劳动—工资的"三位一体"公式，就是试图从物的形式来掩盖资本主义人剥削人的本质。面对资产阶级经济学"见物不见人"

的错误，马克思在政治经济学研究的开始就确立了以生产关系作为研究对象。在《资本论》中马克思明确说明，"我要在本书研究的，是资本主义生产方式以及和它相适应的生产关系和交换关系。"① 恩格斯也明确指出："经济学所研究的不是物，而是人和人之间的关系，归根到底是阶级和阶级之间的关系。"②

马克思在各种复杂的经济因素中抓住了人的主体性和人的创造性活动这一经济发展的源泉和动力，与"见物不见人"的经济学说相比，无疑更具历史进步性，充分体现了马克思政治经济学丰富的"人学"特征。马克思经济学研究的一个目标就是揭示物后面的人的关系。在《〈政治经济学批判〉导言》中，马克思明确地指出："在社会中进行生产的个人，——因而，这些个人的一定社会性质的生产，当然是出发点。"③ 马克思曾多次批判过资产阶级经济学家在研究对象问题上"见物不见人"的错误，在自己经济学的研究中坚持"以人为本"的新思路，从物的分析入手，但考察的是物背后的人的关系。如《资本论》以商品为逻辑起点，但商品在这里不仅仅是简单的产品，而是已经成为现代社会生产关系的浓缩与表征。从商品出发，实质就是从一定社会经济发展时期的依附于物的人与人之间的社会经济关系出发。所以，从终极目标来看，在《资本论》中，马克思是把人的自由和平等置于社会经济运动的总过程加以考察，透过资本主义这个人类历史上的一个特定过渡点来揭示人自身的解放和发展规律，从而使人的发展问题有了坚实的哲学基础。

马克思正是在对商品这种最常见的物的分析的基础上，展开了对货币、资本、地租的具体分析，但其目的和中心内容是揭示资本主义经济活动中物的背后隐藏的资本家、大地主阶级与工人的剥削和被剥削的关系。马克思指出："商品形式在人们面前把人们本身劳动的社会性质反映成劳动产品本身的物的性质，反映成这些物的天然的社会属性，从而把生产者同劳动的社会关系反映成存在于生产者之外的物与物之间的社会关系，但它在人们面前采取了物与物

---

① ［德］马克思.《资本论》（第 1 卷）[M]. 北京：人民出版社，1975：8
② 《马克思恩格斯选集》（第 2 卷）[M]. 北京：人民出版社，1977：123
③ 《马克思恩格斯选集》（第 2 卷）[M]. 北京：人民出版社，1995：683

关系的虚幻形式。"① 这种科学的方法突破了传统经济学见物不见人，以物为中心的研究方法。传统经济学围绕物兜圈子，无法说明经济活动中人与人的关系，无法揭示资本主义社会的本质特征，寻找不到资本主义社会矛盾的根源和解决矛盾的办法。马克思的科学方法为经济学的科学研究提供了一条新思路，确立了人与人的关系是经济学科学研究的对象和主要内容，这就为揭示社会本质，解决社会矛盾提供了一把钥匙。马克思通过对商品拜物教秘密的揭露，透过物与物的关系揭露物的外壳掩盖着的人与人的关系，而这种人与人的关系，在资本主义制度下，就是各资本家集团对工人的剥削关系。因此，马克思经济学研究从人出发，以人为本来探讨经济现象背后人的缘由和经济过程中人的关系，是对经济学领域人文关怀精神的坚持与发展，并进一步开阔了经济学科学研究的新视野。

5. 强调经济社会发展的目的是为了满足人的需要，是马克思经济学的基本原则

马克思经济学强调要关心和重视作为社会历史活动主体力量的劳动者的需要及其满足，要求一切社会历史活动必须在根本上造福于广大劳动者的生存和发展需要，有利于人民群众作为"人"所具有的"人的本质力量"的充分发挥及其才能的全面发展。马克思在谈到理想的生产时认为"这种生产，是以满足社会以及每一成员的需要为目的的""通过社会生产，不仅可能保证一切社会成员有富足的和一天比一天充裕的物质生活，而且还可能保证他们的体力和智力获得充分的自由的发展和运用。"② 后来，斯大林进一步明确说："社会主义生产的目的不是利润，而是人及其需要，即满足人的物质和文化的需要。"③按照马克思主义经典作家的看法，造福于劳动者的生存和发展的需要应包括三个方面，一是人的物质生活需要及其满足。不断创造日益富裕的物质生活资料，是实现这一人文关怀所必需的条件。二是人的精神生活潜能及其需要。因为，人类的精神生活，正是把人的实践活动与其他动物类的本能生存活动区别开来的"人的类特性"之所在，而包括"吃、喝、生殖等"的物质生活"固然

---

① ［德］马克思.《资本论》(第1卷) [M]. 北京：人民出版社，1975：88–89
② 《马克思恩格斯选集》(第4卷) [M]. 北京：人民出版社，1958：244
③ 《斯大林文选》[M]. 北京：人民出版社，1962：633

是人的机能，但是，如果加以抽象，使这些机能脱离人的其他活动领域并成为最后的和唯一的终极目的，那它们就是动物的机能。"① 为此，就必须在重视和满足人们的物质生活需要的同时，不断提高社会精神文化生产的水平。三是人的社会交往和社会关系需要。人的社会关系和社会交往，是人的社会性的根本体现，人的社会性在人的类本质中具有基础性地位，是人的类本质得以形成和实现的必备条件。要满足人的社会交往和社会关系需要，就必须自觉地调整人们的社会关系及其制度安排，适时进行经济基础和上层建筑领域的改革。所以，搞好人类的制度文明建设，这也是马克思主义人文关怀的必然要求。这里涉及的人文关怀精神的内涵包括对人的生存状况的关注，对人的权利、尊严的关心，对人类解放和自由发展的追求，等等。强调经济社会发展的目的是为了满足人的需要，经济学要关注人，关心人，研究人，是对资产阶级经济学的纠偏，是主张经济学回归其本质，回到经济学应该有的研究框架内。

6. 理论研究执著于对人类的终极价值关怀赋予了经济学科学的人文精神

马克思在哲学上确立了人的解放和自由发展的命题，把人文精神放在了物质利益和社会生产的基础上，在其理论研究，包括经济学研究中执著于对人类的终极价值判断和关怀，追求人的解放和发展，这就使其经济学研究摆脱了唯心主义的束缚，树立起了科学的人文精神，在马克思的经济学中，不仅勾勒出意识形态的逻辑，更是提出了实现人的解放的社会经济发展的解决方案。

马克思从现实的人出发研究经济学，运用辩证唯物主义和历史唯物主义方法对资本主义经济运行机制和经济发展规律进行分析，他关注资本主义社会劳动者生存及发展的困境，注重研究人的发展问题，这是一种与理性精神并驾齐驱的"人文精神"，但马克思经济学赋予经济学科学的人文精神。马克思在批判古典经济学的基础上，发展了配第、斯密、李嘉图所创立的劳动价值论，区分了劳动与劳动力、价格与生产价格，解决了劳动与资本相交换和价值规律的矛盾，澄清了各类拜物教对物的崇拜的起源，得出了人的劳动是价值的唯一源泉的科学结论。马克思创立了剩余价值理论，揭示了人异化的原因，批判了资本主义社会的拜金主义、资本拜物教，认为资本主义社会是反人道的制

---

① ［德］马克思 .《1844 年经济学哲学手稿》[M]. 北京：人民出版社，2000 : 55

度，造成人依赖于物存在，并受到物（资本）的奴役和统治，因此人的本质被物化、异化了，人的能力、创造性也不可能充分发挥，也就无法实现全面自由的发展。由此，马克思旗帜鲜明地执著于终极的价值判断，追求人的解放，并将每个人的自由发展视为未来理想社会的基本原则，肯定人的智慧和才能在价值论中的重要地位，强调要尊重人，尤其是要尊重人的需要、人的创造能力、人的个性、人的社会关系和人的发展。马克思经济学的立场就是经济学研究要将科学精神和人文精神统一起来，经济学要重新回到人自身，要还原人在生产中的目的性和资本在生产中的工具性，对于"人的意义"这一重大问题高度重视，并在理论和实践中积极去阐释和有效去解决，因此，马克思经济学具有鲜明的科学的人文关怀精神。

伴随着经济的全球化，主流经济学的"科学"化、工具化和数量化，消费主义、享乐主义、纵欲主义、物质主义几乎不受节制地在全球蔓延开来，人与自然、人与人的关系空前对立，面对社会现实问题，马克思经济学仍然具有现实的解释力就在于它的人文价值，马克思经济学所具有的强大生命力和精神感召力再次凸显了出来。这也给经济学研究重要的启示，经济学研究需要把人文关怀重新带回人类的社会经济生活，需要重新回归经济学研究的人文关怀精神。

七、经济学研究回归人文关怀精神的必然性和现实意义

经济学的人文关怀是人文精神在经济学中的充分体现。"人文精神"强调人的价值，也即通常所说的对人的"终极关怀"。它主要偏重"趋善"的精神、"求美"的精神。社会经济活动从表面上看是物质产品的生产、交换、分配和消费，人们之间的经济往来也以商品货币的物的形式表现出来，然而，这一切活动都是人的活动，是人的关系的外在表现形式。经济活动是以人为主体的行为，经济实践也是人们的社会实践。因此不言而喻，经济学就是研究"人"这个主体的学科。正因如此，马克思认为经济科学是研究人们在物质资料的生产、交换、分配、消费过程中所结成的生产关系及其发展规律的科学。可以

说，人在经济学中的位置是第一位的，人是一切社会经济活动的根本，离开了对"人"这个主体的分析，社会经济活动就成了无源之水，无本之木，经济科学也就失去了基础，失去了科学性。所以，经济学研究回归经济学的本质，将经济学研究的起点回到人上，把人的意义带回经济学中来，坚持以人为本，重新认识人和理解人，这将是经济学增强理论根基、拓展发展空间的必然选择。

（一）经济学研究回归人文关怀精神的必然性

1. 经济学的研究需要以人为出发点

因为社会经济机制运行的起点在于追求人的基本生活需要，人类要生存发展，必须有基本的生活资料，要首先满足基本的衣食住行的需要，人们的经济活动最初是从这一基本生活要求出发的，只有在此基本生活需求实现的基础上，才能展开广泛的社会政治、文化和其他活动，并促使社会生产力的逐步发展，社会物质文明和精神文明逐步提高。人类从茹毛饮血的蒙昧时代发展到现代文明时代，都是人类从追求基本需要出发而发展起来的，即便是未来社会财富越来越充裕，为满足人们基本物质生活需要而进行经济活动仍是人类经济活动的首要目标，这个目标仍将引导人的经济活动。因此，经济学的研究必须从人出发，从人们为追求生活目标而展开的一系列经济活动中探寻人们之间的社会关系及其发展规律。

2. 经济学的研究需要以人为主体

因为社会经济机制的运行是以人为主体的。在社会经济机制的运行中，人和物发生着广泛的联系。一方面，人与其所创造的物质产品相联系。在这里，人是经济运行的主体，物质产品作为社会财富是客体，是人的经济行为的结果，物质产品靠人的劳动创造出来，并受人支配。物质资料的加工和制作，物质资料的利用和消费，都由人的经济行为所决定。人是本，物是末。当然，人在创造和消费这些物质资料的同时，也使自己逐步完善起来。另一方面，人与生产力中物的要素发生着联系。在社会生产力中，人的要素与物的要素共同构成生产力的统一体。人在生产力中是决定性的因素，因为生产力中物的要素即生产工具和劳动对象是由人支配的，由人制作和利用的，任何先进的机器设备和丰富的资源，离开了人便是一堆死物。人的经济行为支配着物质生产力，从而使物质生产力发生作用。人在社会经济机制运行的过程中处于主导地位，人是经济活动的主体，毫无疑问，经济学也应以人为主体，以经济活动中人与人之间的社会关系为研究的主线。

3. 经济学的研究需要以人为中心

因为人是社会经济活动的中心。在社会经济活动中，必须经历生产、交换、分配、消费四个相互联系，连续不断的环节，而经济活动的每一具体过程都不可能是简单的物质资料的自我运动的过程，是人对物质资料支配的运动过程，人在四个环节的运转中始终是中心。从生产环节看，物质资料的生产是由人支配生产资料而进行的，这个过程也直接体现了人们之间的社会关系。在不同的经济制度下，这种关系体现了不同社会性质以及社会劳动的性质。在交换环节，看似是物和物的等价交换，但这种交换是在不同的商品所有者之间进行，实际上也体现了不同的社会关系。在分配环节，也不是简单的物的关系，在不同的人们之间分配物质产品，直接反映了社会经济关系的性质和特征，而在消费环节，物质财富的消费最终要在不同的人中进行，它最终体现了社会生产的目的和实现形式。由于整个社会经济活动的每一个环节都是以人为中心而展开的，经济学的研究也就必须围绕着人这个中心来展开研究。

4. 经济学的研究需要以人为归宿点

因为社会经济活动的归宿也在于人。人类社会经济活动的最终目的是满足人们物质的、精神的需要，它体现在实现人的消费愿望、促进人的各方面发展上。消费行为的实施是人的经济活动的归宿，同时又是下一个经济活动的开始。人的消费目标的实现和消费状况是以检验经济活动成果的重要标准，消费水平的提高也对经济和社会发展有着一定的促进作用。任何经济活动都不是为生产而生产，而是为了满足人的需要，这在不同社会制度下，经济活动的归宿体现不同的性质。在私有制社会，经济活动所创造的大量财富主要是满足少数剥削者的需要，而广大劳动群众只能维持劳动力的再生产。而在公有制社会，社会财富的大部分甚至全部是劳动者受益，社会经济活动的归宿体现在广大劳动群众消费水平的增长上，而衡量社会经济活动的得失成败也只能按是否满足广大人民群众的日益增长的物质文化生活的需要，是否促进人的全面发展为标准。因而，经济学研究的最终归宿也在于人，在于探求社会生产目的的实现对人的重要作用。

（二）经济学研究回归人文关怀精神的现实意义

马克思、恩格斯倡导以人为本的经济学研究的新思路，赋予了经济学研究新的科学方法和内容，强调人在经济学中的应有地位，坚持以人为本，这对经济学的研究有着重大的现实意义。

1. 有利于中国特色社会主义政治经济学研究的科学发展

建立在唯物史观基础上的马克思主义经济学，渗透着人文关怀精神，真正尊崇人的价值。随着时代的发展，马克思主义理论体系的科学内容会不断地完善、发展，与时俱进，但它的价值追求是不变的，这应是马克思主义理论的灵魂，也是马克思主义在当代的意义和价值。马克思经济学重视人的价值研究，重视政治、文化等人文因素同经济的互动，弘扬人文精神和把科学精神与人文精神有机结合的研究思路和方法，是中国特色社会主义政治经济学研究的最好典范。中国特色社会主义政治经济学研究必须要回到这个方向上来，在经济学研究中重视经济学的人文性，经济学对人类生存与发展的基本方面应该有全面的研究。在经济学研究中通过突出人的主体性，来发现人的问题，解决人的问题，这样，中国特色社会主义政治经济学的研究才会贴近经济本质，推动这门学科的发展，并为推动中国的经济建设和社会进步作出积极的贡献。

2. 有利于经济学理论为市场经济的发展提供人文精神的指导

当今占主体地位的经济发展模式是市场经济。这种经济模式一方面极大提高了劳动生产率，促进了生产力的发展；另一方面又使经济、社会充满各种矛盾，如自然与人类的对立，环境问题的恶化等，这些矛盾与发展的本质要求是相背离的。如果反思人类的发展观念和发展意识，可以得出一个结论，这就是产生这些矛盾的原因是经济发展缺乏人文关怀的引导。缺乏人文关怀的经济发展必然扩大个人主义、享乐主义、金钱至上的观念，滋生不道德的致富手段、不健康的消费途径等。要解决这些社会病症，一个重要方面就是在经济理论研究中坚持以人为本，突出人文关怀精神，使经济理论能够为市场经济发展提供人文精神的引导，避免单纯地追求生产力发展导致以物的价值来衡量人的价值以及物的价值与人的价值严重失衡的现象，实现真正意义上的发展，实现人与自然、人与人、人与社会的和谐相处。这对于处在经济转型时期的我国来说，尤为重要。坚持以人为本，从人文精神出发研究中国特色社会主义政治经济学，有利于在经济发展中塑造全新的、具有时代特征的人文精神，并将其内化成人们的信念，引导人们的经济观念和经济行为，外化为经济政策、法律，规范经济运行和经济秩序，以提高发展的自觉性，减少盲目性，不断满足人民群众日益增长的物质文化需要，消除物化和异化，促进人的全面发展，实现国民经济的持续稳定健康增长。

3. 有利于我国增强践行科学发展观的主动性和自觉性

坚持以人为本，是我们党提出的科学发展观的本质和核心，这也是社会主义的本质规定。经济学研究必须把握人这个中心，才能有效防止和避免经济学研究和经济学导向滑向见物不见人的方向。

社会主义社会是全面发展和进步的社会，这种全面发展和进步就体现在以人为本的经济、政治、文化、社会的全面发展上。人是目的而不是手段，经济发展是手段而不是目的。社会主义的生产不是为生产而生产，也不能为生产而生产。社会主义的生产目的，是为了最大限度地满足广大人民群众的物质和文化需要，是为了实现人的全面发展。社会主义的本质决定了在社会主义社会，能够把人是目的变为现实，从而体现出社会主义社会的优越性。在我国全面建成小康社会和实现现代化的过程中，围绕着人的全面发展能够把物质文明、政治文明、精神文明、生态文明建设、和谐社会的构建更好地统一起来，将人和人的经济活动问题与科学发展问题结合起来，这种实践活动可以为中国经济学的理论研究提供丰富的实践基础和深厚的现实依据，有利于推动理论上的突破和创新，而经济学人文关怀精神的充分体现也有利于引导和促进我国增强践行科学发展观的主动性和自觉性。

4. 有利于准确把握当代中国"人"的历史方位

马克思政治经济学强调劳动创造价值，人是生产的目的，这是和西方主流经济学的根本区别。经济学研究坚持以人为本，突出人文关怀，就为实现社会主义生产目的提供了理论根据，也为准确把握当代中国"人"的主体性地位提供了尺度。

社会主义经济运行的目标是实现社会主义的生产目的，即不断满足整个社会日益增长的物质文化生活的需要。经济学研究坚持以人的意义和尺度为导向，就为经济社会发展依靠人，为人人参加劳动、平等地享有社会发展的成果提供了理论根据和评价标准。社会主义生产目的是满足人的需要，而这种需要又是通过国家、集体、个人三者利益的实现表现出来，这三者利益最终都体现在全体劳动者的利益上。社会主义生产目的将人在经济活动中的地位突出体现了出来，社会主义国家生产目的是为了劳动者，生产发展也要依靠劳动者，而社会主义生产目的的最终实现，使劳动者的物质文化需要得到满足，同时，也使社会主义经济发展，乃至整个社会的发展具有了取之不尽，用之不竭的原动力。

所以，经济学的研究视野集中到人身上来，通过经济学人文关怀价值导向，有利于引导社会经济活动更符合人民利益。从人的主体性出发，通过宏观调控，克服经济组织只顾眼前的物质利益，追求短期经济效益的短期经济行为；克服经济组织"一切向钱看"、唯利是图的错误倾向。引导和促使经济组织在经济活动中，创造条件，充分发挥人的主体作用，注重社会效益、长远效益和劳动者的整体利益的统一，保证社会主义经济活动的全民性，巩固社会主义的经济基础，保证社会主义的发展方向。

第二章　马克思经济学人文关怀思想
的形成与发展

马克思从 1843 年起就开始进行政治经济学的研究，直到 1883 年他逝世为止，历时整整 40 年。《资本论》是马克思从事政治经济学研究的思想结晶，是他历尽艰辛、耗费心血所获得的巨大科学成果。

马克思运用辩证唯物主义和历史唯物主义科学方法，吸收英国古典政治经济学理论，在劳动价值论的基础上把经济学的工具理性和价值理性、科学精神和人文精神有机地结合起来，创立了马克思主义经济学——科学的政治经济学。在马克思恩格斯创立的政治经济学中，从其发端到不断发展完善，始终都是紧紧围绕着"人的解放和发展"这一价值维度进行的。马克思始终把经济学作为理解人与自然、人与人以及人与社会关系的手段，正是在深入社会经济生活、转向经济学研究之后，马克思才彻底抛弃了抽象人本主义，实现了世界观和价值观的根本转变；而科学世界观和价值观的确立，又为马克思经济学研究的进一步深入提供了更为科学的价值尺度和方法论前提。对人的关注与关怀是贯穿马克思经济学发展全过程的内在主线。以对"现实的人"的研究为前提、以人及其劳动为社会发展的动力、以人的发展程度为衡量社会发展的尺度、以人类解放和发展为最终归依，是马克思经济学人文关怀精神的集中体现。

一、马克思转向经济学研究的缘由——对市民社会中人的解放的人文关怀

马克思人本主义价值观的形成，直接起因于《莱茵报》时期对黑格尔哲学的批判。在马克思价值观的转变中，费尔巴哈的人本主义、赫斯的经济异化学说都起到了直接的作用，在理论逻辑上，人本主义价值观正好论证了无产阶级革命的合法性。

实现市民社会中人的解放是马克思研究政治经济学的最初动机和根本目的。1842 年，马克思由于担任了《莱茵报》的编辑和主编，在这个时候第一次遇到了"要对物质利益发表意见的难事"。这是促使"对政治经济学还一无所知"的马克思"去研究经济问题的最初动因"。[①] 马克思在回忆这段经历时说："1842—1843 年间，我作为《莱茵报》的主编，第一次遇到要对所谓物质利益发表意见的难事。莱茵省议会关于林木盗窃和地产析分的讨论，当时的莱茵省总督冯·沙培尔先生就摩塞尔农民状况同《莱茵报》展开的官方论战，最后，关于自由贸易和保护关税的辩论，是促使我去研究经济问题的最初动因。"[②]

马克思遇到的第一个问题，是莱茵省议会关于林木盗伐问题的辩论。在德国，林木向来被看作是公社的财产，因而农民认为自己享有在那里砍柴的权利。但当时德国正经历着资本原始积累时期。林木被地主霸占为私有财产，他们依仗自己在议会中拥有的多数，要对农民去树林砍柴、拣枯枝的行为按盗窃论处。马克思在《莱茵报》上发表了《关于林木盗窃法的辩论》一文，旗帜鲜明地反对根据资产阶级和贵族议员们在莱茵省议会上讨论和通过的一项把贫民阶级自古以来就有拾取木柴的习惯权利说成是盗窃行为的法律，捍卫最贫苦阶级的利益。他指出，许多世纪以来，农民都在使用林木，这种习惯权利比任

---

① 《马克思恩格斯选集》(第 2 卷) [M]. 北京：人民出版社，1995：31

② 《马克思恩格斯选集》(第 2 卷) [M]. 北京：人民出版社，1995：1—2

何法律规定的权利都有力量，省议会的代表同林木占有者、私人所有者站在一起，省议会不过是保护私有制的机构，普鲁士国家堕落成"按私有制的性质"来行动的组织。这些观点表明，马克思已经开始认识物质利益问题的重要性，并对私有制与国家之间的关系进行了思考。

马克思遇到的另一个经济问题是莱茵省总督冯·沙培尔就摩塞尔农民状况同《莱茵报》展开的官方辩论。1842 年 12 月，《莱茵报》发表了描述摩塞尔农民悲惨处境的三篇通讯，莱茵省总督冯·沙培尔指责这些文章歪曲事实诽谤政府。马克思研究了有关摩塞尔河流域酿造葡萄酒农民生活状况的材料和文件，撰写了《摩塞尔记者的辩护》一文发表在《莱茵报》上。在这一论文中，马克思尖锐地抨击了普鲁士的社会政治制度，驳斥了那种企图把摩塞尔河流域酿造葡萄酒的农民贫困破产说成是由于自然条件的变化和个别官吏失职造成的观点。他指出："在研究国家生活现象时，很容易走入歧途，即忽视各种关系的客观本性，而因当事人的意志来解释一切。但是存在着这样一些关系，这些关系决定着私人和个别政权代表者的行动，而且就像呼吸一样地不以他们为转移。"[①]

由此表明，马克思开始认识法和国家制度是由某种"客观关系"决定的，从而使他对自己信奉的黑格尔哲学发生了动摇。因为，按照黑格尔的理念论哲学，在人类历史上起支配作用的是精神力量，即黑格尔所谓的世界观念。因此，国家、法律都应受理性规律的支配。但是，马克思在《莱茵报》工作期间看到，莱茵省议会的立法过程不是如此，在整个立法过程中，是土地所有者、森林所有者的利益占了上风。立法者根本不是从理性出发去立法，而是从地主、资本家的利益出发去立法。在这个过程中，理性显得软弱无力，束手无策。国家总代表有产者的利益，剥夺贫民阶级。马克思发现了"私人利益的即等级的代表力图并且正在把国家贬低到私人利益的思想水平"。[②]这样，当马克思站在黑格尔哲学基地上思考现实问题时必然会出现"第一次要对所谓物质利益发表意见的难事"的困扰。对这些现实的问题的思考，动摇了马克思原来所信仰的黑格尔的唯心主义国家观，并促使马克思重新剖析黑格尔的国家学说。

① 《马克思恩格斯全集》（第 1 卷）[M]. 北京：人民出版社，1956：216
② 《马克思恩格斯全集》（第 1 卷）[M]. 北京：人民出版社，1956：216

马克思说："为了解决使我苦恼的问题，我写的第一部著作是对黑格尔法哲学的批判性分析"。①通过研究黑格尔法哲学，马克思揭示了资产阶级政治解放的双重性，指出资产阶级政治解放虽然实现了人们在政治上的自由、平等，但它并没有实现实际生活中人的自由平等。这就为马克思从政治领域的批判性研究深入到客观经济事实的研究提供了契机。马克思在黑格尔法哲学的研究中，批判揭示了黑格尔国家决定社会的唯心主义思想，得出了市民社会决定国家的结论。因为，在黑格尔看来，家庭、市民社会、国家等是理念的各种规定，这种理念通过这些规定逐步得到实现，而马克思则把这些领域理解为人的社会生存方式。马克思从费尔巴哈的哲学思想出发对黑格尔的论述进行了批判并得出一个重要结论："我的研究得出这样一个结果：法的关系正像国家的形式一样，既不能从它们本身来理解，也不能从所谓人类精神的一般发展来理解，相反，他们根源于物质的生活关系，这种物质生活关系的总和，黑格尔按照18世纪英国人和法国人的先例，概括为'市民社会'，而对市民社会的解剖应当到政治经济学中去寻找。"②

为此，马克思开始研究政治经济学。正如恩格斯后来所写的"我曾不止一次地听到马克思说，正是他对林木盗窃法和摩塞尔河地区农民处境的研究，推动他由纯政治转向研究经济关系，并从而走向社会主义。"③

在1843年写的《黑格尔法哲学批判》这部著作里，马克思不仅批判了黑格尔的唯心主义国家观，而且也是马克思第一次自觉地对黑格尔唯心主义哲学的批判，为以后进一步全面批判分析黑格尔哲学并在唯物主义理论基础上进行政治经济学研究奠定了基础。

马克思的这部著作受到了费尔巴哈对黑格尔批判的影响。费尔巴哈通过对宗教和思辨哲学进行唯物主义的批判而把那种被黑格尔作唯心解释的、因而搞得本末倒置的存在与思维、物质与精神的关系完全倒转过来。在黑格尔那里，人本身不是被看作具体的、客观的、实际活动着的人，而是被看作从属于自我意识范畴的一种思维本质，这样，黑格尔虽然把人类历史说成人的自我创

---

① 《马克思恩格斯选集》（第2卷）[M].北京：人民出版社,1995：32
② 《马克思恩格斯选集》（第2卷）[M].北京：人民出版社，1995：32
③ 《马克思格斯全集》（第39卷）[M].北京：人民出版社，1974：446

造的活动，但是对他来说，人类历史只是意味着自我意识的外化和这种外化在思维中和通过思维的扬弃的历史。同时，黑格尔把人的活动理解为一种主要的精神活动，并把人的现实性的各种形态，人的各种关系如国家、家庭、市民社会、财产等说成自我意识的纯粹异化。与此相反，费尔巴哈把黑格尔形而上学的绝对精神归结为现实的有感性的、客观的存在于自然界和本身组成自然界的一部分的人。他把在黑格尔那里作为独立的主体出现的思维和精神解释为有感性的、自然界的人的特性和产物，并把人当作哲学的中心点。费尔巴哈在《关于哲学改造的临时纲要》中批判黑格尔的思辨唯心主义而提出的"颠倒"原则："我们只要经常将宾词当作主词，将主体当作客体和原则，就是说，只要将思辨哲学颠倒过来，就能得到毫无掩饰的、纯粹的、显明的真理。"[1]费尔巴哈的新世界观解决了马克思的思想的苦恼：把黑格尔哲学颠倒过来。不是思维决定存在而是存在决定思维，不是国家决定市民社会而是市民社会决定国家。

马克思正是鉴于这一时期所获得的这种新的见解，开始了对政治经济学的系统研究。恩格斯也曾指出，马克思从批判黑格尔的法哲学出发，得出这样一种见解：要获得理解人类历史发展过程的钥匙，不应当到被黑格尔描绘成"大厦之顶"的国家中去寻找，而应当到被黑格尔所蔑视的"市民社会"中去寻找。

由此可见，从 1843 年开始，马克思从哲学转向经济学研究，并不仅仅是个人学术兴趣的转移和拓展，而是其思想发展的必然，有着深刻的现实动因和理论背景。马克思是一个革命者，他从事理论活动是为了寻求无产阶级革命的正确道路和人类解放的现实途径。资本主义社会发展和无产阶级革命低潮的双重现实，使马克思认识到，实现人类解放不能靠主观上的热情和革命的冲动，它要求对资产阶级和资本主义社会人的现实生活进行科学的考察，要求对资本主义社会经济发展规律与人被奴役现实的相关性进行科学研究，这样才能为无产阶级和全人类解放提供理论指导。他转向政治经济学研究是无产阶级革命实践的要求和思想发展的必然。而贯穿于这一转变之中的价值取向是他的日益成熟的"人类解放思想"。

---

[1] 《费尔巴哈哲学著作选集》（上卷）[M]. 北京：商务印书馆，1984：102

二、马克思经济学人文关怀思想的形成发展过程

如上所述，马克思从哲学转向经济学，开始系统地学习和研究政治经济学，并对自己过去的哲学信仰进行反思，并不仅仅是学术兴趣的转移，而是他思想发展的必然和革命实践的现实要求，是他在"人类解放"这一价值航标指引下所迈出的关键一步。从这一步起，直至以《资本论》为标志的马克思经济学说理论体系的完成，随着研究的不断深入，马克思经济学的人文关怀精神也日益从抽象的人道主义走向对人的现实关注与终极关怀的有机统一。

（一）马克思在人本主义哲学基础上对经济学的研究

马克思对经济学的研究始于他对哲学问题的思考，科学的人本主义是他对经济学研究的根本观点和方法。

1843年3月，马克思由于不愿采取温和的态度对待现存社会，从而退出了《莱茵报》编辑部。马克思感到"在德国根本看不到一点可以自由活动的余地"，因此，"必须为真正独立思考的人们寻找一个新的集合地点。"①基于这样的认识，马克思与青年黑格尔派分子，也是资产阶级激进民主主义者卢格计划到国外出版《德法年鉴》杂志，来"对现存的一切进行无情的批判"。②为此，马克思于1843年10月迁居巴黎。马克思在巴黎除积极参加工人运动，筹办《德法年鉴》杂志外，开始了研究政治经济学的工作。

现实的人是马克思哲学的逻辑起点，也是其政治经济学和科学社会主义理论的逻辑起点。但马克思学说的逻辑起点的构筑经历了一个漫长的探索过程，从《博士论文》开始，马克思就力图建构其逻辑起点。他用黑格尔哲学去分析古希腊哲学，借助黑格尔的抽象人的自我意识来构筑其逻辑起点，从黑格

---

① 《马克思恩格斯全集》（第1卷）[M]. 北京：人民出版社，1956：415
② 《马克思恩格斯全集》（第1卷）[M]. 北京：人民出版社，1956：416

尔的实体即主体的原则出发来理解人，把作为实体存在着的人赋予了主体的含义，并以此为基础，从自然的角度出发，对个体打破命运的束缚，争取意志自由个性独立进行了解释，但这时他构筑的起点只是抽象的人，还没有从社会关系、社会实践层面进行解释。

马克思对人的理解在《〈黑格尔法哲学批判〉序言》中得以逐步深化，并在《关于费尔巴哈提纲》和《德意志意识形态》中最终完成。马克思对人的理解的深化和完善过程，也是马克思学说的诞生过程，尤其是他的唯物史观，更是伴随着对人的理解的深化而逐步展开。

《黑格尔法哲学批判》标志着马克思超越了黑格尔关于思辨的人的思想，在人的问题上开始和黑格尔划清界限，自觉地从唯心主义立场转到了唯物主义立场。马克思批判了黑格尔把人都归结于自我意识的观点，要求使人回到感性的、现实的人，他在《黑格尔法哲学批判导言》中就指出"人的根本就是人自身"，并把人本身看作是人的最高本质。

在《关于费尔巴哈的提纲》中，马克思把对人的本质的抽象性的认识赋予了现实的社会关系的内容，指出社会关系的总和体现着人的本质，社会关系的总和是人的本质的物化形式。马克思在研究工作中，曾高度赞扬人本主义哲学具有科学性的观点和方法，他在批判地继承历史上的人本主义思想基础上，形成了以"实践"和"劳动"为人的主体活动和本质的唯物辩证的历史观和方法论，即科学的人本主义，在此基础上展开了科学的经济学研究。

他一方面从人本身及其劳动来理解一切社会经济现象及其本质，认为"理论只要彻底，就能说服人。所谓彻底，就是抓住事物的根本。但人的根本就是人本身"，[1]并据此来阐明实际的经济运动；另一方面从历史发展着的社会经济关系来认识人的丰富的现实性，认为"人的本质并不是单个人所固有的抽象物。在其现实性上，它是一切社会关系的总和"，[2]并以此来衡量经济发展史上的一切进步。马克思在人本主义的哲学传统基础上对经济学的研究，使马克思对经济关系的研究和对人的研究达到了完全的统一。也正是基于这种统一性，马克思在探讨社会经济运动规律的同时，更深入探讨人的问题。

---

① 《马克思恩格斯全集》（第1卷）[M].北京：人民出版社，1956：460
② 《马克思恩格斯全集》（第1卷）[M].北京：人民出版社，1956：18

马克思经济学认为作为社会的个人，在其现实性上是一切社会关系的总和，是一定历史条件下的产物，是以往历史的结果。"不管个人在主观上怎样超脱各种关系，他在社会意义上总是这些关系的产物。"① 因此，历史地、具体地分析经济活动中的人及其动机和行为，便构成了马克思经济学研究的重要内容。而与之相反，西方经济学则排斥对经济活动中的人作出历史的、具体的研究，这样也就导致了其经济分析中的人只是经济范畴的人格化，其动机和行为只能由这些经济范畴所涵盖的经济关系来解释，经济关系的客观内容便成了经济主体的主观动机。

此外，马克思从社会的个人出发来考察经济问题，则必然要考虑经济发展和制度变迁的历史延续性。而与之相悖，西方经济学则从孤立的个人出发，把自利性和理性作为解释一切经济现象的万能钥匙，又势必排斥经济范畴的历史性质，把特定的历史的生产方式当作永恒的自然形式。马克思认定人与物的关系是物质生产的内容，作为人与人关系的中介是经济关系的构成部分，但是，他更侧重于研究物质生产过程中的人与人的关系，来丰富对人的现实性的认识，包括他们所处的社会地位、经济活动的动机和行为，并通过分析这些动机和行为实现的社会形式，揭示特定社会的经济运动规律。

（二）马克思对现实经济生活的人文考察：《1844 年经济学哲学手稿》

大约在 1844 年 4 月，马克思在《巴黎笔记》的基础上，开始写作批判资产阶级经济理论的政治经济学专著。在 1844 年 9—11 月，马克思同恩格斯一起合写《神圣家族》一书来批判鲍威尔等青年黑格尔派，因而中断了这本专著的写作。

1844 年 12 月，马克思又恢复了这部经济著作的写作，并于 1845 年 2 月 1 日在巴黎同德国出版商列斯凯签订了出版合同。马克思把他的这部经济学著作命名为《政治和政治经济学批判》，大约到 1846 年 2 月，马克思基本上写完

---

① ［德］马克思.《资本论》（第 1 卷）[M]. 北京：人民出版社，1975：12

了这部经济著作的第一卷。后来由于德国出版商害怕普鲁士政府的书报检查和警察的迫害，拒绝出版他的著作。《政治和政治经济学批判》一书的手稿现在保存下来只有三个残缺的部分。这些手稿是在何时完成的，没有确切材料可以断定。根据苏联马恩列斯研究院的推测，这些手稿是在 1844 年写的。因此，通常把这些手稿称为《1844 年经济学哲学手稿》。这个手稿在马克思生前没有发表过，直到 1932 年才首次按原文全部刊载在德文版《马克思恩格斯全集》第三卷中。在 1956 年，《1844 年经济学哲学手稿》第一次在《马克思恩格斯早期著作选》中用俄文全文发表。

《1844 年经济学哲学手稿》是马克思转向经济学研究的重要著作，集中体现了他当时对经济学研究所达到的水平。在该书中，马克思十分清楚地表达了他对经济世界中真实的人的关注，包含着他对人的尊严、自由和权利的问题的思考，洋溢着深厚的人文关怀精神。在他看来，古典经济学虽然确立了劳动是财富的主体本质，但是，它只关心劳动的某种经济意义，而不考虑劳动的属人性质。它的无批判的前提和非历史观的形而上学性质，使"国民经济学从私有财产的事实出发，但是，它没有给我们说明这个事实"，[1] 它"把社会交往的异化形式，作为本质和最初的形式，作为同人的本性相适应的形式确定下来了"，[2] 并通过对"社会交往的异化形式"的分析肯定了私有制，从而肯定资本和劳动的关系，掩盖其非人化后果。因而，古典经济学所理解的劳动并不是真实的人类劳动，而是异化劳动。它实质上是在劳动的概念上表述了异化劳动的规律。

在这部著作中，马克思提出了"异化劳动"的概念，对资本主义制度下异化劳动和人的异化现象进行了具体分析和猛烈批判。马克思并非第一个关注和提出异化现象的人，但是在马克思之前所有对异化现象的关注都是站在唯心主义立场上的。马克思第一次对异化现象做了唯物的、科学的，因而也是深刻的说明。正是因为马克思继承了人本主义传统，所以他对现实经济世界中人的生存状况才如此关注，并对处于社会底层的工人的非人的异化生活状况表示极大的同情；又正是由于马克思对传统人本主义思想的超越，以社会

---

① 《马克思恩格斯全集》（第 42 卷）[M]. 北京：人民出版社，1979：89

② 《马克思恩格斯全集》（第 42 卷）[M]. 北京：人民出版社，1979：25

的人代替费尔巴哈的自然的人，所以他对异化劳动的分析批判才比前人更深刻，更切中要害。

马克思从异化概念出发，来揭露资本主义私有制条件下劳动的本质和人的本质的变异状况。在马克思看来，人及人类的历史就是人不断发展同时又不断异化的历史。劳动的异化在全部历史中一直存在着，直到资本主义社会达到它的顶峰。异化是人作为与客体相分离的主体被动地体验世界和他自身。本来，劳动是人的本质，是人类特有的创造活动。劳动创造了人，正是劳动生产实践推动人类社会向前发展，也正是在劳动生产实践中，人们一方面改变了自然界，使自然界成为人所能支配的力量；另一方面也改变着自己，人在按照美的尺度塑造着自己，劳动是人们满足需要、发挥潜力和争得自由的源泉。劳动是人的"自由的生命表现"，是"生活的乐趣"，是人的本性的表现，但在资本主义私有制条件下，劳动却成了损害劳动者身心健康的异己力量，成了对人的折磨，使人陷入和动物等同的境地。

马克思具体分析了资本主义社会异化劳动的表现形式，认为资本主义社会异化劳动的存在，使人同自己的劳动产品、同自己的生命活动、同自己的类本质、同人相异化，其结果是把人降低为动物，而且使人"被物所役"，人变成了物的奴隶，使人无法依据自己的本质来生活，而且造成整个社会的对立和对抗，包括人与人、人与自身、人与社会、人与自然的全面对立。即使是劳动，对工人来说，完全是外在的东西，而不是自愿的。强制的劳动，使人的尊严受辱，他们不感到自己是人，人的自主性被摧残，能动性被压抑，人不可能得到正常、充分、全面的发展。资本主义社会本末关系的颠倒，使人由目的变为手段，造成了人个性的贫乏和自主性、能动性的丧失。因此，对马克思而言，要实现人的本质的回归和人的发展，就要扬弃异化劳动，实现劳动的解放，把强制性的、作为手段的异化劳动，变成人的自由自觉的、作为目的本身的活动，才称得上真正实现了自身，恢复了人类生活的本质。

在《1844年经济学哲学手稿》中马克思通过对异化劳动的具体分析，提出了人的存在是"类"的存在，"人不仅仅是自然存在物，而且是人的自然存在物，也就是说，是为自身而存在着的存在物，因而是类存在物。"① 在马克思看来，人的本质不是永恒不变的东西，而是一个自我实现的过程，表现在人类生活中。"人的本质并不是单个人所固有的抽象物，在其现实性上，它是一切社会关系的总和。"② 既然如此，那么对人的本质的复归的可能性，同样应当从社会关系的角度去找寻。而社会关系又总是与社会制度密切相关的。马克思相信人能够自己得到解放，发挥自己的潜在才能，充分实现人的本质。他认为，共产主义就是从异化中解放出来，就是人回归到他自身，就是人的自我实现，就是人的解放。"共产主义是私有财产即人的自我异化的积极的扬弃，因而是通过人并且为了人而对人的本质的真正占有；因此，它是人向自身、向社会的（即人的）人的复归，这种复归是完全的、自觉的而且保存了以往发展的全部财富的。这种共产主义，作为完成了的自然主义，等于人道主义，而作为完成了的人道主义，等于自然主义，它是人和自然界之间、人和人之间的矛盾的真正解决，是存在和本质、对象化和自我确证、自由和必然、个体和类之间的斗争的真正解决。它是历史之谜的解答，而且知道自己就是这种解答。"③

　　马克思对异化劳动以及人的异化的批判清楚地表明，他所关注的是现实的人，尤其是处于社会最底层、过着非人道生活的工人。他对工人表示了深深的关切和同情，对不合理的社会现象表示憎恨和愤慨，并迫切希望改变这种状况，通过对人的本质的深刻揭示，进一步肯定了共产主义才是对人的本质的复归和人的解放的实现。马克思对异化劳动以及人的异化现象进行批判的价值判据就是人文关怀精神。

　　"异化劳动"概念的提出，也成为马克思批判地研究资产阶级政治经济学的重要成果。马克思指出，"国民经济学"的根本错误在于把应当加以论证和说明的东西（即私有财产）视为前提，被"国民经济学家"视为当然事实的劳动不过是异化劳动，"国民经济学"所研究的关于劳动的规律不过是异化劳动的规律，在其承认人的价值的假象和面纱之下，实质是对人的彻底否定。在资本主义制度下，劳动者对于从己而出的劳动及其产品却无法拥有，后者反而

---

① 《马克思恩格斯全集》（第 42 卷）[M]. 北京：人民出版社，1979：169
② 《马克思恩格斯全集》（第 1 卷）[M]·北京：人民出版社，1972：18
③ 《马克思恩格斯全集》（第 42 卷）[M]. 北京：人民出版社，1979：120

"作为一种异己的存在物，作为不依赖于生产者的力量，同劳动相对立"，劳动者成为被迫失去自己类本质和类生活的动物性存在，整个资本主义世界成为一个人与人相疏离、相异化的世界。而造成这一切异化的社会根源是私有制，因而应推翻现存的资本主义制度，建立共产主义，使人从异化状态中解放出来，回归其"类本质"。

由此可见，马克思对现实经济生活的人文考察，既分析和说明资本主义社会的"经济事实"和经济关系，又着眼于把人摆在首位和对现存社会进行价值评判。因而，自古典经济学之后，与西方经济学抽象掉劳动概念的人本性质，降低劳动范畴在揭示人的本质、人的社会经济关系乃至社会历史发展规律中所处的基础地位不同，马克思的批判强化了劳动范畴在其经济学体系中的核心地位，也强化了其经济学的人本性质。

总体来看，《1844 年经济学哲学手稿》只是马克思思想发展中一部过渡性的著作，此时的马克思尚未确立科学的世界观，但他将研究的视角深入到现实的经济生活，将费尔巴哈主要用于宗教批判的人本主义原则和方法运用于现实经济领域，这标志着他对费尔巴哈哲学一定程度的发展和超越；他对处于社会底层、过着非人道生活的工人倾注深深的关切和同情，对不合理的社会现象表达了不满，进行了批判，并对改变这种现状提出了自己的观点。在这部经典著作中，马克思通过对现实经济生活的人文考察，通过对异化劳动的分析，揭示了人的本质、人—自然—社会的关系等，表现出了追求人的全面自由发展、实现人类解放的美好理想。这一切，既为其后历史唯物主义的创立和经济学理论的不断完善奠定了基础，也是马克思人文思想从抽象走向具体和科学的重要体现。

（三）马克思经济学科学的人文关怀思想的形成：《关于费尔巴哈的提纲》和《德意志意识形态》

如果说《1844 年经济学哲学手稿》还带有某些不成熟的痕迹，属于马克思经济学人文关怀思想的萌发、确立阶段，那么，以 1845 年的《关于费尔巴哈的提纲》（下以简称《提纲》）和《德意志意识形态》为代表，马克思提出了实践在历史观中的重要地位，实践观的提出为马克思主义哲学找到了立足的根基，也使其对人的问题的认识的进入到了科学时代，马克思经济学中的人文关怀思想逐步形成。马克思在这两部著作中关于"人类解放"的价值取向不但没有改变，而且进一步建立在对现实经济生活的更为深刻和科学的批判的基础之上了。在这两部标志新世界观确立的著作中，马克思和恩格斯清算了过去的哲学信仰，论述了他们关于人的本质的新思想以及从"现实的人"出发的原则立场，并由此创立了唯物史观，科学论证了共产主义的历史必然性及实现人类解放的现实途径。

《关于费尔巴哈的提纲》是 1845 年马克思在布鲁塞尔写成的，生前并未发表。1888 年，恩格斯的《路德维希·费尔巴哈和德国古典哲学的终结》一书出版时，将《提纲》的个别地方做了修改，以《马克思论费尔巴哈》为标题，作为其著作的附录第一次予以发表。虽然《提纲》全文不足 1500 字，但是它的价值却是巨大的，被恩格斯称为"包含着新世界观的天才萌芽的第一个文件。"《提纲》没有系统地阐述马克思的全部思想，但是提出了马克思的理论体系的许多关键点，人的本质理论就是其中重要的一点。

《提纲》是马克思在思想上摆脱人的本质与人的存在相分离理论困境的标志性文本。马克思指出，人是从事感性的实践活动的现实的人，是处于一定的社会关系中的人，他反对在研究活动中将人视为抽象的人。"符合实际生活的第二种观察方法则是从现实的、有生命的个人本身出发，把意识仅仅看作是他们的意识……它的前提是人，但不是处在某种幻想的与世隔绝、离群索居状态的人，而是处于一定条件下进行的现实的、可以通过经验观察到的发展过程中的人。"[①] 借助于"感性的活动"和"实践"概念，马克思完成了其对古典人本主义和形而上学的以"理性人""经济人"为代表的还原主义思路的批判性超越，从而将建立在实践基础上的唯物主义的人本思想与前期的抽象人本主义思想区分开来。

在《德意志意识形态》中，马克思和恩格斯转而考察以物质生产为基础的社会生活，他们强调研究的"出发点"问题，即"我们的出发点是从事实际活动的人"，而人的"第一个历史活动就是生产满足这些需要的资料，即生产

---

① 《马克思恩格斯选集》（第 1 卷）[M]. 北京：人民出版社，1972：31

物质生活本身"，^①因此，"任何历史观的第一件事情就是必须注意上述基本事实的全部意义和全部范围，并给予应有的重视。"^②在该著作中，经典作家确立了社会存在决定社会意识的基本原理，第一次将历史发展的最终动力归结为生产力与生产关系的矛盾运动。明确了历史发展的动力来自于人类社会内部，而不再由外在于人的神或上帝的旨意所决定，这种认识上的突破比马克思早期所持有的人本主义立场前进了一大步，为马克思最终创立以人文关怀精神为主线的政治经济学体系奠定了坚实的唯物主义认识论基础。

在《德意志意识形态》中，马克思认同了劳动价值论，把劳动和价值联系起来考察，论证了价值概念在政治经济学研究中的地位和意义。这比《1844年经济学哲学手稿》仅仅重视劳动的思想更进了一步，对于劳动创造价值的肯定本身就等于承认了人在创造价值过程中的主体性地位，表明马克思接受了劳动价值理论，他在价值观点上因而也在经济学观点上发生了质的转变。

在《德意志意识形态》中经典作家还提出了人的全面发展的问题。他们从社会和个人的角度考察了人类的发展历史，论证了发展的必要性、发展的障碍、发展的可能性和发展的途径。在很大程度上，马克思和恩格斯是把人的发展作为衡量社会发展的尺度。在他们看来，一方面，分工构成了人的全面发展的必要环节，分工将社会关系人格化，造就了人的现实的社会本质，同时分工带来了生产力的更大程度的增长，"受分工制约的不同个人的共同活动产生了一种社会力量，即扩大了的生产力"，^③分工是"过去历史发展的主要因素之一"。另一方面，"个人是受分工支配的，分工使他变成片面的人，使他畸形发展，使他受到限制。"^④为了创造人的历史、摆脱错误思想的束缚以实现真正的解放，为了消除分工所造成的人的片面发展的消极影响，需要人自身的全面发展。而实现人的全面发展，一方面要利用分工所带来的生产力的高度发展，另一方面要扬弃分工和私有制。

在1847年为批判蒲鲁东而作的《哲学的贫困》中，马克思科学地界定

---

① 《马克思恩格斯选集》（第1卷）[M]. 北京：人民出版社，1972：79
② 《马克思恩格斯选集》（第1卷）[M]. 北京：人民出版社，1972：79
③ 《马克思恩格斯选集》（第1卷）[M]. 北京：人民出版社，1972：85
④ 《马克思恩格斯全集》（第3卷）[M]. 北京：人民出版社，1960：514

了经济范畴概念，"经济范畴只不过是生产方面社会关系的理论表现，即其抽象。"[①]马克思认为经济学的研究不应以抽象的、预设的经济范畴来裁剪、框定活生生的现实经济关系，或者仅仅将研究的视角狭隘地限定于财富的积累，而是要研究生产怎样在一定生产关系下进行，更重要的是要研究生产关系的现实的历史的发展，归根到底，是"现实的人"及其在生产过程中与自然、与他人、与社会所发生的各种关系。

在 1849 年发表的《雇佣劳动与资本》中，马克思对雇佣劳动和工资、资本和利润等概念进行了改造，充实了其异化劳动学说，但此时的马克思并未区分劳动和劳动力这两个概念，对利润的理解也有待于深入。在《〈政治经济学批判〉导言》中，马克思批判了那种将人视为孤立地从事生产的单位的错误观点，"我们越往前追溯历史，个人，也就是进行生产的个人，就显得越不独立，越从属于一个更大的整体……只有到十八世纪，在'市民社会'中，社会结合的各种形式，对个人说来，才只是达到他私人目的的手段，才是外在的必然性。但是，产生这种孤立个人观点的时代，正是具有迄今为止最发达的社会关系（从这种观点来看是一般关系）的时代。人是最名副其实的动物，不仅是一种合群的动物，而且是只有在社会中才能独立的动物。"[②]这样，通过各种各样的社会关系，制度、组织和国家等形式深刻体现了人与人之间相互合作的社会关系，看似孤立的个人社会性展现出来了。这与把现实中的人抽象为一个个原子式的"理性人"的抽象研究正好相反。在该著作中马克思通过对"资本"与"雇佣劳动"这两大表征资本主义社会中处于矛盾两极的社会力量的剖析，无情地揭露了资本主义剥削的秘密。

由上可见，在批判和改造古典政治经济学概念与思想、扬弃黑格尔辩证法和历史哲学的基础上，马克思对经济学研究逐步从思辨回归实证并向纵深发展。马克思明确表达了自己政治经济学研究的目的是批判资产阶级经济学，为无产阶级和全人类解放提供"本质上是建立在唯物主义的历史观的基础上的"[③]无产阶级政治经济学支持。

---

① 《马克思恩格斯选集》（第 1 卷）[M].北京：人民出版社，1972：108
② 《马克思恩格斯选集》（第 2 卷）[M].北京：人民出版社，1972：871
③ 《马克思恩格斯选集》（第 2 卷）[M].北京：人民出版社，1995：33

这一时期，马克思在经济学研究上取得了不少突破性的成果，如经济学的研究对象与方法问题、经济范畴与经济现实的关系问题以及作为马克思经济学之核心的劳动价值论与剩余价值理论的若干重要理论问题；更为重要的是，在确立了"现实的人"这一逻辑起点之后，马克思经济学对"人的解放"的追寻彻底摆脱了过去的抽象性与片面性，走向了丰富和具体。

（四）马克思经济学人文关怀思想的集中体现：《资本论》

《资本论》是一部博大精深的辉煌巨著，是马克思政治经济学研究的高峰。在这部著作中，马克思彻底批判了资产阶级经济学家在研究对象上"见物不见人"的错误，指出"资本不是物而是一定的、社会的、属于一定历史社会形态下的生产关系，后者体现在一个物上，并赋予这个物以独特的社会性质。"① 马克思以客观、历史的眼光审视资本主义经济社会发展过程，在马克思的理论视野中，人始终是生产方式、生产关系和交换关系的主体，同时人本身也是这些关系的产物，强调了人的发展与社会发展的有机统一，将人的发展作为衡量社会进步的根本尺度。在《资本论》中，人是马克思考察资本、研究一切经济问题的出发点和归宿点。正如恩格斯在《卡尔·马克思〈政治经济学批判〉第一分册》中指出，"经济学所研究的不是物，而是人和人之间的关系，归根到底是阶级和阶级之间的关系；可是这些关系总是同物结合着，并且作为物出现。诚然，这个或那个经济学家在个别场合也曾觉察到这种联系，而马克思第一次揭示出它对于整个经济学的意义"。② 恩格斯一语破的道出了马克思政治经济学的研究主旨：通过对物即"商品"，由抽象到具体的分析，揭示资本主义社会人的物化状态以及由此导致的人与人之间的物化关系，为消除这种关系，实现人类解放提供理论支持。在《资本论》中马克思在具体问题的研究中把哲学的批判理性和经济学的实证研究有机结合起来，系统阐发了劳动价值论和剩余价值论。所以，《资本论》不仅是经济学的典范之作，更是伟大的人学著作。在这里，马克思对人的现实关注与终极关怀得以完美结合。

---

① 《马克思恩格斯全集》（第46卷）[M]. 北京：人民出版社，2003：922
② 《马克思恩格斯选集》（第2卷）[M]. 北京：人民出版社，1995：44

在《资本论》第一卷第一章中，马克思首先考察了作为资本主义经济细胞的商品，并进一步追溯商品二重性的生成前提，即劳动的二重性。由此，马克思揭示了商品的拜物教性质及其秘密："……商品形式在人们面前把人们本身劳动的社会性质反映成劳动产品本身的物的性质，反映成这些物的天然的社会属性，从而把生产者同总劳动的社会关系反映成存在于生产者之外的物与物之间的社会关系。"① 从表面上看，商品形式反映了物与物之间的关系，但实际上，它体现的是人与人之间的社会关系。作为商品的完成形式，货币"用物的形式掩盖了私人劳动的社会性质以及私人劳动者的社会关系，而不是把它们揭示出来。"② 在第四章，马克思揭露了简单流通领域或商品交换领域内的所谓"自由、平等和所有权"的虚伪性质："一离开这个简单流通领域或商品交换领域……我们剧中人的面貌已经起了某些变化。原来的货币所有者成了资本家，昂首前行；劳动力所有者成了他的工人，尾随于后。"③ 资本家和工人并非处于平等的地位，"货币所有者要把货币转化为资本，就必须在商品市场上找到自由的工人。这里所说的自由，具有双重意义：一方面，工人是自由人，能够把自己的劳动力当作自己的商品来支配，另一方面，他没有别的商品可以出卖，自由得一无所有，没有任何实现自己的劳动力所必需的东西。"④ 资本支配着劳动，但在表面上显现出来的却是劳动力的自由交换、劳动力的自由出让。

马克思认为，资本积累的本性决定了资本主义社会中其他关系的一切方面，使得工人处于被剥削的地位，"资本主义积累的本性，绝不允许劳动剥削程度的任何降低或劳动价格的任何提高有可能严重地危及资本关系的不断再生产和它的规模不断扩大的再生产。在一种不是物质财富为工人的发展需要而存在，相反是工人为现有价值的增殖需要而存在的生产方式下，事情也不可能是别的样子。"⑤ 这就揭示了资本主义剥削关系的实质。

在《资本论》第二卷中，马克思阐述了资本在流通过程中所发生的形式

---

① ［德］马克思.《资本论》(第1卷) [M].北京：人民出版社，1975：8
② ［德］马克思.《资本论》(第1卷) [M].北京：人民出版社，1975：88—89
③ ［德］马克思.《资本论》(第1卷) [M].北京：人民出版社，1975：92
④ ［德］马克思.《资本论》(第1卷) [M].北京：人民出版社，1975：199—200
⑤ ［德］马克思.《资本论》(第1卷) [M].北京：人民出版社，1975：681

变化及其运动规律。在资本主义商品生产阶段，"产业资本决定了生产的资本主义性质；产业资本的存在，包含着资本家和雇佣工人之间的阶级对立的存在。"① 而货币资本和商业资本只不过是从属于产业资本的职能形式，而且只能在产业资本的基础上运动。资本也不仅仅是一种物，"资本作为自行增殖的价值，不仅包含着阶级关系，包含着建立在劳动作为雇佣劳动而存在的基础上的一定的社会性质……在这里，价值经过不同的形式，不同的运动，在其中它保存自己，同时使自己增殖，增大。"② 资本反映了人与人之间的社会关系，而不是像古典经济学和新古典经济学所描述的那样，资本仅仅作为货币或资金在发挥功能，资本掩盖了其剥削劳动的性质。资本还能在运动过程中进行自我增殖，这是资本主义生产特有的性质。资本的运动是一个经过各个不同阶段的循环过程，这个过程本身又包含循环过程的三种不同形式，总生产过程是货币资本循环、生产资本循环和商品资本循环三个循环的统一，"所有这三个循环都有一个共同特点：价值增殖是决定目的，是动机。"③ 所以，资本主义社会的资本运动是围绕着价值增殖进行的，价值增殖的基础是建立在雇佣劳动基础上的对劳动的剥削。马克思在对资本运动规律的研究中，深刻揭示了资本具有的属人的性质，以追求价值增殖为唯一目的。

《资本论》第三卷的研究内容就是"要揭示和说明资本运动过程作为整体考察时所产生的各种具体形式。资本在自己的现实运动中就是以这些具体形式互相对立的，对这些具体形式来说，资本在直接生产过程中采取的形态和在流通过程中采取的形态，只是表现为特殊的要素。"④ 在第一篇中，马克思论述了剩余价值如何转化为利润和剩余价值率如何转化为利润率的问题。"不过，剩余价值借助利润率而转化为利润形式的方式，只是生产过程中已经发生的主体和客体的颠倒的进一步发展。我们已经在生产过程中看到，劳动的全部主观劳动力怎样表现为资本的生产力。一方面，价值，即支配着活劳动的过去劳动，人格化为资本家；另一方面，工人反而仅仅表现为物质劳动力，表现为商

---

① ［德］马克思.《资本论》（第2卷）[M]. 北京：人民出版社，1975：66
② ［德］马克思.《资本论》（第2卷）[M]. 北京：人民出版社，1975：122
③ ［德］马克思.《资本论》（第2卷）[M]. 北京：人民出版社，1975：166
④ ［德］马克思.《资本论》（第3卷）[M]. 北京：人民出版社，1975：29–30

品。"① 在这里，马克思告诫我们：不应被现实社会中的表象和反映这种表象的种种颠倒的观念所迷惑，资本并不天然具有主体的性质，而劳动也不天然地表现为物化的商品，只是在资本主义条件下，在商品经济发展到一定阶段，才会产生这种主、客倒置的现象。马克思论证了随着生产力的发展和资本有机构成的提高利润率趋向下降的规律（虽然利润率下降了，但利润的绝对量在增加），并进一步揭示了资本主义生产方式的局限性，"资本越来越表现为社会权力，这种权力的执行者是资本家……由资本形成的一般的社会权力和资本家个人对这些社会生产条件拥有的私人权力之间的矛盾，发展得越来越尖锐，并且包含着这种关系的解体，因为它同时包含着生产条件向一般的、共同的、社会的生产条件的转化。"②

在《三位一体的公式》一章中，马克思再次说明了"资本不是物，而是一定的、社会的、属于一定历史社会形态的生产关系"，③ 并揭示了"资本—利润、土地—地租、劳动—工资"三位一体公式的庸俗性质和庸俗经济学的辩护性质。"首先我们看到的是没有价值的使用价值土地和交换价值的地租：于是，一种当作物来理解的社会关系，竟被安置在一种和自然的比例关系上；也就是说，让两个不可通约的量互相保持一定比例。然后是资本—利息……即一方是使用价值，是物，另一方是一定的社会生产关系，是剩余价值。"④ 可见，马克思将剩余价值看作是一种社会生产关系，体现了资本家和工人阶级的对立。而庸俗经济学则把不可通约的量对等起来，将纯粹体现物的关系的量和体现人与人的关系的量等同起来。在《分配关系和生产关系》一章中，马克思证明了资本主义的分配关系和生产关系一样都只具有历史的暂时的性质，"所谓的分配关系，是同生产过程的历史规定的特殊社会形式，以及人们在他们生活的再生产过程中互相所处的关系相适应的，并且是由这些形式和关系产生的。这些分配关系的历史性质就是生产关系的历史性质……"⑤ 分配关系同样也体现了社

① ［德］马克思 .《资本论》（第 3 卷）[M]. 北京：人民出版社，1975：53–54
② ［德］马克思 .《资本论》（第 3 卷）[M]. 北京：人民出版社，1975：294
③ ［德］马克思 .《资本论》（第 3 卷）[M]. 北京：人民出版社，1975：920
④ ［德］马克思 .《资本论》（第 3 卷）[M]. 北京：人民出版社，1975：923–924
⑤ ［德］马克思 .《资本论》（第 3 卷）[M]. 北京：人民出版社，1975：998–999

会各阶级在分配制度和结构中的意志和力量对比关系。在资本主义条件下，正是由于其生产关系的特殊性质，也导致了资本家和工人在分配领域中的对立。

总之，在《资本论》这部经典著作中，马克思是以人文关怀为主线，将分析触角深入到资本主义经济处于生产关系支配之下的细胞、组织形式和经济行为主体，将表面的物与物之间的关系还原为人与人之间的社会关系。通过对资本主义社会经济规律的分析，通过对资本主义专制制度反人道本质的批判，通过对未来社会人的解放问题的探讨，真挚而执著地追求着人的全面自由发展，表现出为全人类的解放而奋斗的伟大情怀。自此，在历史唯物主义的坚实基础之上，马克思以人文关怀精神为主线的政治经济学体系逐渐建构起来了。

马克思《资本论》的出版不仅标志着马克思政治经济学体系的成熟，而且是对马克思经济学人文关怀精神的深刻诠释。马克思以客观、历史的眼光审视资本主义经济社会发展过程，既对资本主义制度的积极历史作用给予客观评价和充分肯定，同时也揭示了其内在矛盾及历史暂时性。

三、马克思经济学人文关怀精神的革命意义

从马克思经济学形成发展的历史中，我们可以深深感受到浸蕴其中的博大精深的人文关怀精神。在《资本论》中马克思对经济学人文关怀精神作了深刻诠释。马克思彻底批判了资产阶级经济学家研究"见物不见人"的错误，明确指出政治经济学研究的不是物，不是一般的社会财富，而是生产的社会关系，经济关系，在经济学研究上提出了革命性的新的见解。

（一）揭示了经济学之"本"是人不是物

经济学是随着近代资本主义的发展而形成和演进的，如果从经济学的发展历史来看，古典经济学以及新古典学派形成之初，人文关怀思想还是蕴含于经济学理论体系之中，之后，西方的经济学理论体系虽然变化不断，但基本线索体现为主要局限在功利境界中来认识和研究问题。在"主流派"经济学

家那里，经济学是研究物质财富的科学。如萨伊就明确地指出，政治经济学是"阐明财富是怎样生产、分配与消费"的科学，"政治经济学根据那些总是经过仔细观察的事实，告诉我们财富的本质。它根据关于财富本质的知识，推断创造财富的方法，阐明分配财富的制度与跟着财富消灭而出现的现象。"[①]后来的"主流派"或"正统"经济学家则进一步发展了将研究物质财富作为经济学性质的观点。杰文斯等人曾明确提出"纯经济学"的思路，并力图将经济学数学化。为此，他们"把'经济学的列车开上了'资源配置的轨道"。[②]1932年，罗宾斯明确提出把稀缺资源的合理配置规定为经济学的性质，他说："经济学是一门研究作为目的和具有不同用途的稀缺手段之间关系的人类行为的科学。"[③]将经济学的性质规定为是对物质财富的研究，把物质财富作为经济过程的主体，从而也是经济学的根本，这是西方经济学"主流派"的基本思路。这种思路主导下的经济学缺乏对人的经济行为作价值判断与规范分析的问题意识，忽略或有意排除了经济学与人文关怀的内在联系。目前的"主流派"经济学基于功利境界局限性而产生的对人的自利性的狭隘价值判断和经济利益的狭义效用判断，使之对人的认识上存在偏差。在没有搞清楚人类行为的终极目的的情况下构建起来的主流经济学理论体系，不仅忽视了与人类最终命运密切相关的社会整体问题的思考，而且其理论基石不够牢固，存在着理论体系分裂的风险。整体看，西方经济学本质上是物本经济学，功利主义经济学。它推动了对市场经济规律的研究，但却存在着不可克服的缺陷，最主要的就是经济学价值观的倒转。由于经济活动的重要性在人们对物质利益的追求中被无止境地放大，导致经济活动中以人为本的价值矢量被倒转，主体被客体所湮没，目的被手段所代换。人逐渐变成了经济活动的工具，物质财富的生产和聚敛成为人所争相追逐的目的。经济活动由人是主体的价值实现过程，异化为人被当作客体和工具手段受到支配和驱使的过程。结果人的发展和人的本质实现问题淡出了

---

① ［法］萨伊.《政治经济学概论》[M]. 中文1版，北京：商务印书馆，1963：18

② ［美］西德尼·温特劳布主编.《当代经济思想》[M]. 中文1版，北京：商务印书馆，1989：2

③ ［英］莱昂内尔·罗宾斯.《经济科学的性质和意义》[M]. 英文版，伦敦：麦克米伦出版社，1935：16

经济学的视野，从而也就远离了经济学的本质。

马克思的经济学一开始就确立了重视人的价值研究的方向，对人的关怀是马克思主义经济学的基本特征。从马克思经济学形成发展的思想历程来看，马克思经济学是从"物和物的关系"中揭示"人和人的关系"，就是从"资本"逻辑中揭示"现实的人及其历史发展的"规律。由此可以看出，马克思经济学揭示"人类历史的发展规律"和"资产阶级社会的特殊的运动规律"最终是要展现"关于现实的人及其历史发展的科学"。所以，马克思经济学是人本经济学，其经济学理论中蕴含着以人为本、对人的地位及命运的终极关怀，追求人的解放和人的自由，探求人生的理想境界和理想社会，其理论结构和根本方法中体现的一个明显的特点就是最尊重人的价值，重视以人为主体构建其理论大厦和理论体系。正如恩格斯所说，在经济学的发展历史上，马克思第一次揭示了这样的事实——"经济学所研究的不是物，而是人和人之间的关系，归根到底是阶级和阶级之间的关系"。

马克思在进行经济学研究时，对阻碍人的解放和自由发展这个总目标实现的社会制度及其经济矛盾作了深入的探讨。与"主流派"经济学家不同，马克思从劳动者的利益出发，全面地审视和更新了经济学的性质、原则、研究方法。马克思认为，在物质财富的增加过程中体现着人与人之间的经济矛盾，物质财富是人生活的手段，而不是人生活的目的；经济过程的主体是人，是劳动者，不是物质财富；物质财富是人的劳动，即劳动者的素质和能力作用于物质的结果，生产力是人的生产力，并非物本身的力。也正因此，经济学之"本"是人，不应是物。但是，我们以前对马克思主义经济学的认识是不完整的，习惯于将马克思主义经济学视为只研究生产关系及其运动规律的科学，所以，在马克思主义理论的运用和对马克思经济学的研究中，对人的研究多有忽视，表现在经济学脱离现实经济活动和人的基本特性，单纯从意识形态和思想观念方面来考察经济问题，使经济学难以对人的活生生的社会生活作出全面的解释。经济学作为研究人类经济活动的学科，离开人和人的经济活动，经济学只能是对经济现象进行描述和解释，难以反映经济现象与经济过程的内在联系、解释经济现象背后的本质内容，会对经济实践产生理论误导，影响经济社会的健康持续发展。

（二）实现了经济学研究与哲学的深层次结合

马克思研究经济学时，决不是为经济学而经济学，也不是单纯地就经济学而研究经济学，注重对经济问题设置哲学价值导向，注重研究经济活动中的现实的人。马克思既反对从所谓"纯粹的客观性"或单纯的技术理性模式出发考察经济现实的做法，他认为这种做法撇开了主体的人，而且缺乏对人应有的地位的体现，把人降低或等同于"物"；同时，他又反对从抽象的人、人性、人道主义出发考察经济现实的做法，认为这种做法抛弃了客观的物，只能使人成为虚假的主体和片面的"道德人"。正像马克思在《1844年经济学手稿》中所说："从实在和具体开始，从现实的前提开始，因而，例如在经济学上从作为全部社会生产行为的基础和主体的人口开始，似乎是正确的。但是，更仔细地考察起来，这是错误的。如果我抛开构成人口的阶级，人口就是一个抽象。如果我不知道这些阶级所依据的因素，如雇佣劳动、资本等，阶级又是一句空话。而这些因素是以交换、分工、价格等为前提的。比如资本，如果没有雇佣劳动、价值、货币、价格等，它就什么也不是。"[①] 马克思的论述表明，从人本身出发而考察人，只能是从抽象的人出发而形成对人的抽象的理解；只有从关于人的各种规定——首先是最重要的经济范畴——出发，才能形成对人的具体的理解；只有展现经济范畴所构成的"具体"，才能揭示"现实的人"的"本质"即"一切社会关系的总和"。建立在唯物史观基础上的马克思经济学研究，以对"经济范畴"的分析而把旧哲学的"抽象的人"转化成作为"一切社会关系的总和"的"现实的人"，研究的不是"抽象的人"与"抽象的存在"，而是"现实的人"和"现实的历史"，"现实的人"是在劳动的过程中形成的，"现实的历史"是在劳动的历史中展开的，人的全部社会关系是在用以交换的劳动产品——商品——的历史性的交换过程中构成发展的。由此，体现出马克思经济哲学的独到之处，就在于他既能够揭示资本主义经济结构和人类社会历史本质的同时，又能够把它们视为以人的生产实践为基础的过程。

马克思把经济学研究与哲学研究有机结合起来，用哲学的视角与方法思

---

① 《马克思恩格斯选集》（第2卷）[M].北京：人民出版社，1995：18

考问题，从经验的经济学内容走向超验的哲学思考，既研究经济学视野中的经验层面，更揭示经济学经验层面背后的超验层面的哲学内容。马克思认定的"现实的人"既是"社会关系的总和"，又是能动的、有价值、理想追求的主体。因此，经济学要研究"物"，也要研究"人"。所以，马克思把"人本"理念和人文关怀引入经济学研究，明确批判了资本主义社会压抑人的个性发展的现实，又从社会历史发展规律出发，论证在未来共产主义社会实现每个人平等、自由和全面发展的历史必然性，明确把每个人自由而全面发展作为人类社会发展所追求的一个根本的理想价值目标。人的自由全面发展这一价值目标，贯穿于马克思经济学研究的始终。马克思曾明确地表达了自己的价值观："人以一种全面的方式，也就是说，作为一个完整的人，把自己的全面的本质据为己有"，[①]并且，"人不仅通过思维，而且以全部感觉在对象世界中肯定自己。"[②]从哲学层面考察人的发展问题，完整的人是马克思对"人的全面发展"理论的归纳，是对人和社会发展更为深刻的认识和表达，追求人的发展，是追求对人的深层次理解和多层次的发展。

所以，马克思经济学与资产阶级经济学不同，其独到之处在于科学性与人文性的辩证统一。在马克思的经济学中，揭示资本主义经济结构和人类社会历史的本质时，把它们视为以人的生产实践为基础和中介的合规律的过程，强调无产阶级解放之路的探求，必须从现实的人出发，关注现实的人尤其是无产阶级的地位、处境、命运和出路。在马克思的经济学中，对"人"的探讨既以对客观事实的科学研究为基础，又以对人的价值追求和发展要求为目的；对"物"的探讨既以人的价值取向为参照，又注重从物的基础、本源角度探究人文关怀的合理性和可能性，力图追求幸福、自由、每个人的全面发展这些人类的伟大理想，其消除人的异化、使人获得解放和全面发展的价值主题清晰地呈现了出来。在马克思经济学中科学性与人文性的辩证统一，体现得尤为彻底。

---

① ［德］马克思.《1844 年经济学哲学手稿》[M]. 北京：人民出版社，1979：50
② ［德］马克思.《1844 年经济学哲学手稿》[M]. 北京：人民出版社，1979：78

（三）超越了规范经济学与实证经济学的对立

在马克思那个时代，产业革命推动自然科学迅猛发展，从而引发了人们对"什么是科学"的关注和思考。这种思考和关注促使人们重新认定关于社会科学知识的特性。当时占主导地位的科学主义思潮是孔德的实证主义，它在方法论上把"休谟铡刀"（即认为事实领域和评价领域之间存在着一种合乎逻辑的严格区别）转化为判别科学与非科学的标准。在经济学界，英国经济学家纳索·威廉·西尼尔和约翰·斯图亚特·穆勒最先接受孔德实证主义。如西尼尔认为，作为科学的政治经济学应当是一种"纯粹经济学"，即排除哲学、伦理学方面的内容以及立法和行政领域中问题，只研究财富的性质、生产、交换和分配的经济学，它应以人们所观察到的一般的、主要的、不变的基本命题为前提。这就是米尔顿·弗里德曼后来所明确定义的实证经济学，其根本特点是：不接受任何伦理观念或规范性的判断。实证经济学是类似于自然科学的客观的科学，它只研究"是什么"的问题。

马克思开始经济学研究的时候，其经济学的研究方法在当时与主流经济学的研究方法有共同之处，就是必须要有实证分析。实证分析排斥或超脱一切价值判断，注重于建立经济事物之间的内在联系，寻找经济事物之间的规律，并运用这些规律来分析和预测人们经济行为的效果。它主要回答"是什么"的问题，其研究内容具有客观性，即其理论结论正确与否可以通过经验事实来进行检验。因为，马克思想要回答的问题是资本主义经济是如何运行的？即回答"是什么"的问题。为了找到问题的答案，也为了提供一条回答问题的有效途径，与当时的主流经济学一样，马克思采用的是抽象分析法。而抽象法是为了达到证实或证伪的目的而采用的具体研究方法，它服务于实证分析这一方法论思想。由劳动价值论到剩余价值论，由剩余价值论再到平均利润率理论，由抽象到具体，马克思一步步揭示了资本主义经济运行的基本规律及其内在矛盾，得出了合乎逻辑的结论，并且也被当时资本主义经济运行的众多现象所证实，具有很强的说服力和解释能力，揭示了资本主义制度的本质，对无产阶级产生了极大的感召力，从而引起了当时经济社会的一系列变革。马克思在《1844年经济学哲学手稿》中，反复强调对经济学的批判是"实证的批判"，即"实证的人道主义的和自然主义的批判"。[①]

但马克思在政治经济学研究中并没有忽略科学研究本身的价值意义，没有忽略研究者的价值取向对科学研究的影响，没有忽略"应是什么的问题"。在马克思科学的政治经济学研究的过程中，既注重经验的证明和实证研究，同样也注重逻辑推演和规范研究。针对资产阶级经济学中的资源配置问题，马克思认为基于力量博弈而形成的均衡世界并不是合理的，而是偏离了人类社会发展的合理要求，从而出现异化状态；为此，经济学不仅要认识世界，而是要改造世界，要对不合理的现实进行制度改造。基于这种思维，马克思经济学不仅对不合理的现实的经济生活进行分析，而且在经济学研究中确立了重视人的价值研究的方向，注重政治、文化等人文因素同经济的互动和注重制度分析的研究方法，从人文关怀的层面对体现事物合理状态的本质进行挖掘，进行规范分析。在马克思那里，规范分析方法和实证分析方法成为两种相互依赖并作为科学的政治经济学方法论系统中的子系统而存在的方法，马克思经济学在研究方法上对西方经济学的超越，就是将规范研究与实证研究结合了起来。在马克思的理论思维中，脱离了规范研究和价值批判的实证研究，不可能是科学的实证研究，而是庸俗化的实证研究；脱离了实证研究的规范研究和价值批判是一种抽象的人文主义，而抽象的人文主义是不可能真正关怀现实生活中的人的，要使规范分析有现实意义，也必须以实证理论为基础。马克思经济学作为一门科学的经济学，其科学性的根本体现之一是实证分析和规范分析的有机统一。

四、马克思经济学人文关怀精神的理论底蕴

通过梳理马克思在不同时期经济学研究中体现的人文关怀精神，可以看出马克思经济学人文关怀思想从不成熟到成熟的演变以及它们之间的关系。马克思经济学中的人文关怀精神之所以是科学的人本思想，在于马克思在经济学

[①] 《马克思恩格斯选集》（第 1 卷）[M] 北京：人民出版社，1995：48

研究中把经济问题升华到哲学的高度来分析，力求把经济问题与人、生产劳动和社会历史发展结合起来，从社会历史的根本结构和发展规律上对经济问题进行思考，揭示其内在本质并找到根本性的解决路径，实现了哲学与经济学的深层次结合，显示了马克思经济学深厚的理论底蕴和严谨的理论思维逻辑性与科学性。

（一）科学的人本主义为马克思经济学研究提供了正确的理论"路径"

马克思之前的思想家的人本主义人学思想都是从人的所谓永恒本性出发来理解人，论证人的解放。他们有的把人的本性归结为理智，有的归结为情感，即使是费尔巴哈，尽管他以人为支点，通过批判宗教本质，将人学"从天上降到地上"，但在他那里，人仅仅是生物学意义上的自然人，是没有差别的"类"意义上的人，"这个人不是从娘胎里生出来的，他是从一神教的神羽化而来的，所以他也不是生活在现实的、历史地发生和历史地确定了的世界里面。"[①] 与黑格尔相似，"费尔巴哈从来没有看到真实存在着的、活动的人，而是停留在抽象的'人'上，并且仅仅限于在感性范围内承认'现实的、单独的、肉体的人'。"[②]

马克思和恩格斯于 1845 年—1846 年之间合写了《德意志意识形态》，批判地继承历史上的人本主义，形成以"实践"和"劳动"为人的主体活动和本质的唯物辩证的历史观和方法论，即科学的人本主义。建立在实践基础上的科学人本主义关于人对物的超越的思想，阐明了社会经济发展中"人"与"物"的辩证关系，凸现了"以人为本"在社会发展中的核心地位。

经典作家提出的"实践"概念并不是某种先验的人的本质，而是扬弃人本主义人学观建立在唯物主义基础上的一个描述人与世界关系的范畴，它揭示出人与动物的本质区别。因为"一当人开始生产自己的生活资料的时候（这一

---

① 《马克思恩格斯选集》（第 4 卷）[M]. 北京：人民出版社，1995：236
② 《马克思恩格斯全集》（第 3 卷）[M]. 北京：人民出版社，1960：50

步是由他们的肉体组织所决定的），人本身就开始把自己和动物区别开来"。^①也就是说实践是人由动物的生存方式向人的生存方式转变的中介，它是人作为类存在物的现实的、具体的规定性。与此同时，以实践作为人与动物的区别更具有根本性的意义。人们固然"可以根据意识、宗教或随便别的什么来区别人和动物"，但这种区别一方面外延上具有无限扩展空间；另一方面，意识、宗教不可能作为本体论意义上质的差别的规定性，因为它们本身是在人的实践活动中产生的。除此之外，实践范畴还为作为主体的人与作为客体的外部世界的统一提供了新的基础，使我们能够从实践的意义上去理解人的本质，而不是像费尔巴哈一样，"把人的本质理解为'类'，理解为一种内在的、无声的，把许多个人纯粹自然地联系起来的共同性。"它是马克思对原有的人本主义人学思想的有意识的扬弃。

马克思从实践的角度出发，揭示出了人的社会现实性，揭示出人的本质，看到了真实存在着的、活动的人的一切社会关系，阐明了人的本质的现实社会和历史基础。他认为人的关系不仅仅是生物意义上的情感关系，还是各种各样的社会关系，人的本质是具体的、历史的，随着实践的发展而不断变化的。马克思建立在实践基础上的科学人本主义思想克服了唯心主义和旧唯物主义的片面性，也为以实践观为指导去考察社会、历史和人的问题，探讨经济社会发展规律打下了基础。

资产阶级经济学家在经济学研究中，颠倒了"经济范畴"与"现实"的关系，所以，他们的经济范畴有"形而上学"性。表现在把"经济范畴"（思维的规定）作为"经济事实"（存在的规定）的根据，把"经济范畴"视为对现实的描述，而忽视"抽象"中所隐含的形而上学设定。这种"忽视"，既遮蔽了政治经济学的"形而上学"，也掩盖了物和物的关系中的人和人的关系。而马克思在经济学研究中以科学的人本主义为根本观点和方法，就将经济学的客观范畴直接回归至人的本质活动的根源，把私有财产的起源问题变为异化劳动同人类发展的关系问题，通过异化劳动来解析私有财产及其经济范畴的本质和起源，并把其理解为发展着的历史本身产生出来而又加以扬弃的历史暂时现

---

① 《马克思恩格斯选集》（第 1 卷）[M]. 北京：人民出版社，1995：24-25

象，使这些范畴得到合乎历史主义原则的解释。马克思说："正如我们通过分析从异化的、外化的劳动的概念得出私有财产的概念一样，我们也可以借助这两个因素来阐明国民经济学的一切范畴，而且我们将发现其中每一个范畴，例如商业、竞争、资本、货币，不过是这两个基本因素的特定的、展开了的表现而已。"①

马克思经济学研究借助于科学的人本主义理论，实现了对现实经济关系的辩证把握，也实现了政治经济学对西方经济学的超越和经济学理论的提升。

（二）唯物史观是马克思经济学研究的理论基础和方法论基础

在经济学研究中，西方主流经济学家大多将主观唯心主义当做自己的哲学基础。他们把由个人主观感觉决定的个人行为动机当做分析社会经济现象的出发点，认为所有的经济活动最终都可以从个人心理中得到解释。例如，奥地利学派的代表人物杰文斯就把政治经济学的任务说成是研究如何"以最小痛苦的代价购买快乐，从而使幸福增至最高度""商品的价值完全定于效用""劳动是心或身所忍受的任何含有痛苦的努力"。② 在他看来，政治经济学是一门研究痛苦和快乐等个人主观感觉的学问。

马克思的政治经济学以历史唯物主义为基础，就为认识和观察社会经济现象提供了科学的方法论原则，与主观唯心主义有本质不同。体现在：首先，马克思运用唯物史观对资产阶级政治经济学的历史发展进行梳理、总结，进而确定了自己的理论出发点和研究重点，从而为马克思主义政治经济学在批判地继承资产阶级政治经济学的全部科学成果的基础上继续深入，指明了大方向。其次，在唯物史观基础上，马克思第一次明确将一定社会发展阶段上的生产关系作为自己经济学的研究对象，提出从抽象上升到具体的方法是政治经济学的唯一科学方法，并强调应当在社会生产和社会生活的总过程中来研究生产关系本身，使经济学研究回归到了人和人的活动，就像马克思所强调的，其经济学

---

① 《马克思恩格斯全集》（第42卷）[M]. 北京：人民出版社，1979：101
② ［英］斯坦利·杰文斯.《政治经济学理论》[M]. 郭大力译，北京：商务印书馆，1997：29，133，207

研究的出发点是这样一个简单而朴素的事实："人们首先必须吃、喝、住、穿，然后才能从事政治、科学、艺术、宗教，等等；所以，直接的物质的生活资料的生产，因而一个民族或一个时代的一定的经济发展阶段，便构成为基础，人们的国家制度、法的观点、艺术以至宗教观念，就是从这个基础上发展起来的，因而，也必须由这个基础来解释，而不是像过去那样做得相反。"① 再次，从唯物史观出发，马克思强调经济学研究要从社会结构的整体制约中分析现实的人。马克思认为，社会整体与个人行为的关系是辩证的。一方面，社会由个人组成，"历史不过是追求自己的目的的人的活动""社会结构和国家总是从一定的个人的生活过程中产生的"。另一方面，马克思又强调，"这里所说的个人不是他们自己或别人想象中的那种个人，而是现实中的个人，也就是说，这些个人是从事活动的，进行物质生产的，因而是在一定的物质的、不受他们任意支配的界限、前提和条件下活动着的人。"② 这里所说的界限、前提和条件，是指与生产发展的一定水平相适应的经济关系，以及人们在这种经济关系中所处的地位。人们的行为，无论从表面上看如何随心所欲，如何出于他的个人自由意志，最终都无法摆脱这种界限、前提和条件的限制和支配。在《资本论》序言中马克思有这样一段名言说明了社会关系对个人的制约性："……这里涉及到的人，只是经济范畴的人格化，是一定的阶级关系和利益的承担者。我的观点是：社会经济形态的发展是一种自然历史过程。不管个人在主观上怎样超脱各种关系，他在社会意义上总是这些关系的产物。"③ 正是基于对现实的人的关注以及对人的解放的追求，促使马克思和恩格斯以科学的态度去研究人所处于其中的现实的经济关系，研究人类社会的现实存在和发展，并由此揭示了社会发展的一般规律，使马克思经济学建立在科学的基础之上。

（三）人的自由全面发展是马克思经济学研究的哲学价值导向

马克思认为，国民经济学家作为"经验的生意人"，他们经济学的出发点

---

① 《马克思恩格斯全集》（第 19 卷）[M]. 北京：人民出版社，1963：374-375
② 《马克思恩格斯选集》（第 1 卷）[M]. 北京：人民出版社，1995：71-72
③ ［德］马克思 .《资本论》（第 1 卷）[M]. 北京：人民出版社，1975：12

是"理性经济人"。在他们的视野中，"人是微不足道的，而产品则是一切"。[①]
他们看到的只有"经济人"，即追求自利最大化的人；他们把工人仅仅是当作
生产要素来看待，他们"不考察不劳动时的工人，不把工人作为人来考察，却
把这种考察交给刑事司法、医生、宗教、统计表、政治和乞丐管理人去做"。[②]
在经典作家看来，国民经济学存在的问题在于其欺诈性、伪善性和非人性，对
经济事实的考察和研究缺乏人文关怀。与国民经济学相反，马克思用哲学的思
维与方法思考问题，把科学的"人本"理念引入经济学，既从彻底的革命人道
主义出发，明确批判资本主义社会压抑人的个性发展的现实，又从社会历史发
展规律出发，论证在未来共产主义社会实现每个人平等、自由和全面发展的历
史必然性，明确把每个人自由而全面发展作为人类社会发展所追求的一个根本
的理想价值目标。人的自由全面发展这一哲学价值导向，贯穿于马克思经济学
研究的始终。

面对政治经济学"对人的漠不关心"而只关注物质世界的发展趋势，马
克思的经济学研究将关注点放在了人的世界。马克思通过对作为造成这一现象
的直接原因的异化劳动的深刻剖析，批判了"国民经济学以不考察工人（即劳
动）同产品的直接关系来掩盖劳动本质的异化"。马克思通过批判国民经济学，
完成了批判尘世中的自我异化的任务，力图追求幸福、自由、每个人的全面发
展这些人类的伟大理想，其消除人的异化、使人获得解放和全面发展的经济学
研究的价值主题清晰地呈现了出来。

在《德意志意识形态》中，马克思曾根据所有制的不同形式将人类社会
历史过程划分为部落所有制、古代公社所有制或国家所有制、封建或等级所
有制、资本主义和共产主义这五种形态。在《1857—1858 年经济学手稿》中，
马克思又将人类社会的发展划分为三个历史阶段，即"人的依赖关系"占统治
地位的阶段、"以物的依赖性为基础的人的独立性"阶段和"建立在个人全面
发展和他们共同的社会生产能力成为他们的社会财富这一基础上的自由个性"
阶段。对不同阶段人类在自由全面发展价值导向下对自由和发展的追求进行了
探讨。马克思认为，第一个阶段包括原始社会、奴隶社会和封建社会，这一阶

---

① 马克思 .《1848 年经济学哲学手稿》[M]. 北京：人民出版社，1979：32

② 马克思 .《1848 年经济学哲学手稿》[M]. 北京：人民出版社，1979：14

段，"人的生产能力只是在狭窄的范围内和孤立的地点上发展着"，这只是人的发展的低级和愚昧状态；第二阶段即资本主义社会。马克思对资本主义的剖析是辩证和深刻的，既揭示了资本主义制度的暂时性和残酷性，同时也充分肯定了其必然性和进步性。一方面，在资本主义私有制下，人被物所统治，工人和资本家都沦为畸形的、片面的、异化的人，变成了资本的奴隶；另一方面，资本主义摧毁了"过去那种地方的和民族的闭关自守和自给自足状态"，创造了"比过去世世代代总共造成的生产力还要大，还要多"的生产力，形成了"普遍的社会物质关系，全面的关系，多方面的需求以及全面的能力的体系"，从而，它创造了消灭它自身的现实条件，为人的自由全面发展，为人类社会从第二阶段进入第三阶段提供了可能性。第三个阶段是"建立在个人全面发展和他们共同的社会生产能力成为他们的社会财富这一基础上的自由个性"①阶段。到了这个阶段即共产主义社会，劳动真正成为一种需要和享受，人与人之间真正实现了平等，人们将在丰富、全面的社会关系中获得自由、全面的发展，成为具有自由个性的人。

这一理论的提出，不仅开辟了从实际的历史过程考察人自身发展的真正的实证科学，而且直接体现了马克思对人本身及其存在和发展的关注，而他把社会发展的高级阶段归结为人的"自由个性"的发展，更是他的经济学说乃至整个马克思主义学说所具有的人文关怀精神的真正的、集中的体现。在马克思看来，在资本主义基础上建立起来的共产主义，除了具有生产力高度发达、生产资料公有制等特征外，更重要的衡量标准和特征是人的自由全面发展与解放。在共产主义社会，"把人的世界和人的关系还给人自己""对人的本质的真正占有""向社会的即合乎人性的人的复归""占有自己的全面的本质"，虽然表达不同，皆蕴涵着"人是目的"之意，不懈地追求人的解放和发展的马克思经济学，具有鲜明的人文诉求和人文意蕴。

人的自由而全面发展不但是全部马克思学说所揭示的深刻的历史规律，也是马克思经济学的最高价值理想。马克思在《1857—1858年经济学手稿》中，进一步深入阐述了人通过实践克服异化从而最终实现自由全面发展这一最

---

① 《马克思恩格斯全集》（第46卷上）[M]. 北京：人民出版社，1979：104

高主题。在该著作中，马克思通过对人的经济社会关系和社会经济形态演变的分析，更为深刻地论述了人的自由而全面发展的现实基础、实现条件和前景愿望。如果说实现条件是人的自由而全面发展的价值理想的最为关键之处，那么，在这部手稿中，马克思对此探讨得尤为详尽。可以说，《1857—1858年经济学手稿》是关于人的自由而全面发展思想的进一步深化。

由此可见，马克思经济学始终把对人的发展和人类解放的深刻关切作为对一切社会经济问题研究的动因和目的；而他对人的发展和人类解放的这种探索，又深深植根于对人类物质生活的生产史及其全部历史事实的经济学研究中。正是通过这一研究，他才最终揭示出人的发展和社会发展在历史发展过程中的内在逻辑规律。

（四）对人类解放现实道路的探索坚持了唯物史观的立论基础

从马克思经济学研究的思想历程可以看到，马克思经济学中的人文关怀思想和他的唯物史观是高度统一的，没有他的唯物地、历史地对资本主义社会的深刻认识，就没有马克思经济学科学的人文关怀思想。

马克思在经济学中研究人的问题时，将人与外部世界统一起来，引入了生产方式、生产关系等范畴，把人置于现实的生产中，真实地描述人的生存状态，使人的本质获得了一种历史的存在形式，也为人的解放找到了现实的道路，"只有在现实的世界中并用现实的手段才能实现真正的解放……'解放'是一种历史活动，不是思想活动。"[①]

"人类解放"是马克思倾注毕生精力的奋斗目标，也是他全部学说、包括经济学的最高价值目标。可以说，在马克思的全部著作中，没有一个问题不是围绕着"人类解放"这一主题而存在和加以阐述的。正如弗·梅林所说："卡尔·马克思对最高认识的不倦追求，是发源于内心的最深厚的情感的。正像他有一次率直地说过的，他的'皮肤不够厚'，不能把背向着'苦难的人间'。"[②]

在马克思看来，资产阶级不会自动放弃自己的统治，也没有任何其他的办

---

① 《马克思恩格斯选集》（第1卷）[M]. 北京：人民出版社，1995：237
② ［德］弗·梅林. 《马克思传》[M]. 罗稷南译，上海：三联出版社，1953：23

法能推翻统治阶级，只有通过无产阶级的革命斗争才能摧毁那产生不人道的一切社会制度，才能实现人的解放和自由全面发展。"被剥削被压迫的阶级（无产阶级），如果不同时使整个社会一劳永逸地摆脱任何剥削、压迫以及阶级划分和阶级斗争，就不能使自己从进行剥削和统治的那个阶级（资产阶级）的控制下解放出来。"① 而且，"无产者没有什么自己的东西必须加以保护，他们必须摧毁至今保护和保障私有财产的一切。过去的一切运动都是少数人的或者为少数人谋利益的运动。"② 无产阶级的运动是绝大多数人的、为绝大多数人谋利益的独立的运动。因此，马克思号召无产阶级通过革命斗争消灭阶级和阶级剥削，建立生产资料的社会所有制，"由社会全体成员组成的共同联合体来共同而有计划地尽量利用生产力；把生产发展到能够满足全体成员需要的规模；消灭牺牲一些人的利益来满足另一些人的需要的情况；彻底消灭阶级和阶级对立；通过消除旧的分工，进行生产教育、变换工种、共同享受大家创造出来的福利，以及城乡的融合，使社会全体成员的才能得到全面发展。"③ "代替那存在着阶级和阶级对立的资产阶级旧社会的，将是这样一个联合体，在那里，每个人的自由发展是一切人的自由发展的条件。"④ 这种联合把个人的自由发展和运动的条件置于他们的控制之下，使个人获得全面发展其才能的手段。马克思对"人的全面发展"实现途径的主张，与历史上同一主张的论者的最大区别，是他摆脱了人的全面发展的非实践性和非历史性，把"人的全面发展"与人的生产实践和理想社会制度紧密联系起来，为人们指出了一条实现人的全面发展的切实可行的道路。

马克思在《德意志意识形态》中明确指出："共产主义对我们来说不是应当确立的状况，不是现实应当与之相适应的理想。我们所称为共产主义的是那种消灭现存状况的现实的运动。"表明在马克思此时的理论视野中，共产主义已摆脱了原来的那种抽象性，它已不是人本主义人学对人本质的"复归"的呼唤，而是在历史唯物主义基点上，人类获得自身解放，成为"人类自主劳动的联合体"的现实运动。

---

① 《马克思恩格斯选集》（第 1 卷）[M]. 北京：人民出版社，1995：262
② 《马克思恩格斯选集》（第 1 卷）[M]. 北京：人民出版社，1995：223-224
③ 《马克思恩格斯选集》（第 1 卷）[M]. 北京：人民出版社，1995：294
④ 《马克思恩格斯全集》（第 1 卷）[M]. 北京：人民出版社，1995：86

第三章　马克思劳动价值论中的劳动者主体性思想

劳动价值论是马克思政治经济学的核心内容。马克思的劳动价值论，突出的是劳动和劳动者，强调"劳动是积极的、创造性的活动""劳动是生产的真正灵魂"。劳动者的创造能力是人类社会经济发展的根本动力和源泉。马克思的劳动价值论是他的唯物主义历史观在经济科学上的具体体现。

马克思劳动价值论强调劳动者的主体性，是"以人为本"的价值理论，与西方资产阶级经济学的"以物为本"的价值理论有本质的不同。马克思劳动价值论涉及作为劳动主体的人的劳动特性和本质，揭示了劳动创造价值的途径，批判了在资本主义制度下人在劳动中的异化和对商品、货币与资本的崇拜，阐述了劳动和价值的分配问题。在当今的社会主义市场经济条件下，马克思一个世纪前创立的劳动价值论，无论其表现形式或理论内涵已表现出不同于近代资本主义条件下新的变化和内容，但马克思劳动价值论中的劳动主体性思想，仍具有深远的理论价值和现实意义。马克思对人的劳动创造价值的肯定，对劳动中体现的人与人之间社会关系的揭示和对劳动产品公平正义分配的诉求，正是对劳动者在劳动中体现出的劳动自主性、创造性、成果享有性等的劳动主体性的尊重和肯定，对当代中国坚持以人为本、发展和谐劳动关系、构建和谐社会，具有重要的现实指导作用。

一、劳动价值论的产生与发展

劳动价值论思想最早萌芽于重商主义时期，但重商主义者只关心财富增量上的价值计算，对商品的买卖价格差价感兴趣，而忽视对商品价格基础的探讨，但他们对于价值和财富关系的研究推动了价值为主体的研究动力。直到17 世纪中叶，英法两国的资本主义工场手工业有了一定的发展，资本主义积累取代了原始积累，产业资本逐渐取代了商业资本的支配地位。这时，主流经济学家的研究才逐渐从流通领域转向生产领域。于是，古典政治经济学诞生了。

（一）古典政治经济学的劳动价值论思想

劳动价值论思想，最初萌芽于古典政治经济学对财富源泉的探索，而古典政治经济学开始具有科学的理论形态，也与劳动价值论思想的产生密切相关。

古典政治经济学又称为古典经济学、国民经济学，研究的主要目的是如何增加一国的国民财富。古典政治经济学的源头可以追溯到 16 世纪的重商主义，它的兴起是与西欧资本主义商品经济的发展进程相适应的，而这一过程也就是封建专制下的简单商品经济向资本主义市场经济转变的过程。劳动价值论思想萌芽，就是以这一转变过程为背景的。

简单的商品经济古已有之，但没有人提出过劳动价值论。在简单的个体私有制和直接的商品交换条件下，劳动作为商品交换议价的基础是再明显不过的了，没有人会怀疑商品是劳动的产物。但是当商品交换的发展因为商品媒介特别是以金属货币为媒介而变得复杂起来时，劳动作为商品交换的基础的事实——即劳动是价值的实体——就被货币媒介所掩盖；而同时，财富的本质也被其价值形式掩盖起来，因为在资本主义商品经济没有发展起来以前，社会财富就是劳动产品本身，是土地，是粮食，是一切直接的生活资料；而商品经济发展起来以后，一切货物，吃的、穿的都可以通过货币购得。重商主义者被这种处于转变中的现象所迷惑，错误地将货币视为财富的本质，主张通过商品贸易获得更多的货币。为了达到这个目的，重商主义者极力主张国家干预经济活动，即通过争夺海上霸权以保证国家的对外贸易活动。重商主义试图从商业流通领域去发现财富的源泉和本质，把财富和货币等同起来，其理论还远没有达到科学的形态，所以被马克思称为近代政治经济学的"科学前史"。但是，重商主义把全部的目光都倾注在商品流通领域，必然地会注意到商品交换价格的变化。而政治经济学科学探索的第一步，就从这里开始。恩格斯曾经回顾说："当政治经济学作为科学出现的时候，它的首要任务之一就是要找出隐藏在这种表面支配着商品价格的偶然情况后面，而实际上却自己支配着这种偶然情况的规律。在商品价格不断变动及其时涨时落的摇摆中，它要找出这种变动和摇摆所围绕的稳定的轴心。"①第一个明确提出这个任务并试图加以解决的人就是被马克思称赞为"现代政治经济学的真正创始者"的威廉·配第。

1. 威廉·配第的劳动价值论思想

威廉·配第作为英国古典政治经济学创始人，是政治经济学史上最早研究劳动价值论的经济学家。他于1662年出版了经济学名著《赋税论》，在该书中书中第一次提出了劳动价值论的思想，这些思想在书中写得比较分散，而且在一些论述中也比较浅尝辄止。但是，劳动价值论的一些基本的概念已经产生，为科学的劳动价值论奠定了最初的理论基础。

（1）区分了自然价格和政治价格

配第提出了自然价格和政治价格的概念，所谓"自然价格"，实际上就是指商品的价值，而政治价格则是指商品的市场价格，自然价格是政治价格涨落围绕的中心。他着重研究的是自然价格即价值问题。他这里的"自然价格"是与商品价值相一致的价格，也就是与生产商品"实际需要"的劳动数量相一致的价格；"政治价格"则是指按生产商品时"超过实际需要的劳动数量而实际耗费的劳动数量和多余开支所需要的费用来计算的商品价格"。这种价格是从标准的银币来衡量的，实际上就是市场价格。配第所着重研究的是价值，即商

---

① 《马克思恩格斯选集》（第1卷）[M]. 北京：人民出版社，1995：323

品的自然价格，并把它看作是分析其他经济问题的基础。

（2）探讨了关于价值的决定问题

威廉·配第通过举例的方式说明了劳动创造价值的思想。他认为商品价值是由生产商品所需要的劳动量决定的，而各种商品价值权衡的基础就是劳动时间。他举例说明，一个专门开采白银的人在一定时间内采掘了20盎司的白银，另一个专门生产谷物的人在同一时间内生产了20蒲式耳的谷物。配第认为，在这种条件下，当白银与谷物相比较时，两者的价值一定相等。他将这一原理表述为："假如一个人在能够生产1蒲式耳谷物的时间内，将一盎司从秘鲁的银矿采出来的白银运到伦敦来，那么，后者便是前者的自然价格。如果发现了新的更丰富的银矿，因而获得二盎司白银和以前获得一盎司白银同样容易，那么，在其他条件相等的情况下，现在1蒲式耳谷物售价五先令，同样低廉。"①

配第还分析了价值量与劳动生产率的关系，认为商品的自然价格同劳动生产率成反比。他认为："谷物的价格，在一个人能生产十人所需的谷物的时候，要比一个人只能生产六人所需的谷物的时候，来得低廉……一百个农民所能做的工作，如果由二百个农民来做的话，谷物价格就会上涨一倍。"②对此，马克思给予了很高的评价："配第在他的《赋税论》中，对商品的价值量作了十分清楚的分析和正确的见解。"

（3）阐述了货币价值量的决定问题

配第明确指出了一定数量的商品和一定数量的货币相交换是因为二者的劳动量相等。他说："即使从事白银的生产可能比从事谷物的生产需要更多的技术，并有更大的危险，但是结局是一样的。假如让一百人在1年中生产谷物，又让同数的人在同一时期中生产白银。我认为白银的纯产量就是谷物全部纯收获量的价格，前者等同部分，就是后者等同部分的价格。""我认为这是各种价值相等和权衡比较的基础。"③

可见，配第指出了货币本身的价值也是由劳动决定的。在配第看来，不

---

① ［英］威廉·配第.《赋税论》[M]. 马妍译，北京：商务印书馆，1978：98

② ［英］威廉·配第.《赋税论》[M]. 马妍译，北京：商务印书馆，1978：88

③ ［英］威廉·配第.《赋税论》[M]. 马妍译，北京：商务印书馆，1978：41、47

管是生产白银的劳动，还是生产谷物的劳动，有意义的只是二者相等的劳动时间，正是这一点决定了二者具有相等的价值量。

威廉·配第虽然开创了劳动价值论的先河，但他的劳动价值论思想有许多不足。配第混淆了创造价值的劳动和创造使用价值的劳动，把生产金银的具体劳动当成了生产价值的抽象劳动。配第把劳动分为两类：一类是生产金银的劳动，另一类是生产其他普通商品的劳动，在他看来，只有开采金银的劳动才能直接创造价值，生产其他商品的劳动，只有和生产金银劳动相互交换时才表现为价值。马克思在分析研究威廉·配第的理论时指出：他受货币主义的观点束缚，把特种的具体劳动即采掘金银的劳动叫做生产交换价值的劳动。配第实际上不自觉地谈到了创造价值的劳动和创造使用价值的劳动的不一致，但是，他不懂得劳动二重性，即创造价值的抽象劳动和创造使用价值的具体劳动，而是把生产金银的劳动当做是创造价值的，生产其他商品的劳动只是创造使用价值的，这样，就混淆了创造价值的劳动和创造使用价值的劳动。配第的两种劳动的区分的思想，后来由马克思加以进一步发展，提出了科学的劳动二重性理论。

威廉·配第提出了"劳动是财富之父，土地是财富之母"的重要论断，但他还没有能够区分财富概念和价值概念，导致他认为土地和劳动共同决定价值的错误结论。他说："我要指出的是，所有物品都是由两种自然单位——土地和劳动——来评定价值，换句话说，我们应该说一艘船或一件上衣值若干面积的土地和若干数量的劳动。理由是，船和上衣都是土地和投在土地上的人类劳动所创造的。"[①]这样一来，商品的价值不只是由劳动决定，而是劳动和土地共同决定价值，这就违反了他自己的关于价值是由耗费在生产商品时的劳动时间决定的正确结论。在土地和劳动这两者之间，配第更强调劳动的作用，他认为"土地的优劣，或土地的价值，取决于该土地所生产的产品量和为生产这些产品而投下的简单劳动相比，是多于投入的劳动量还是少于投下的劳动量"[②]。

虽然有这些不足，但并不妨碍威廉·配第成为开创劳动价值论先河的第一人。

---

① ［英］威廉·配第.《赋税论》[M]. 马妍译，北京：商务印书馆，1978：42
② ［英］威廉·配第.《赋税论》[M]. 马妍译，北京：商务印书馆，1978：88

2. 重农学派对劳动价值论的探讨

重商主义兴起于商品贸易强国英国，而农业生产发达的法国则兴起了重农学派。重农学派继续探讨了劳动价值问题。

与英国的商品贸易发达不同，法国是一个典型的农业国家，农业生产在国民经济中占有举足轻重的作用。受客观条件的限制，重农学派的研究重点不在流通领域，而是进入到生产领域，这就更进一步接近了价值的客观基础，具有重大理论意义。马克思说："重农学派把关于剩余价值起源的研究从流通领域转到直接生产领域，这样就为分析资本主义生产奠定了基础。"[①] 但这只是一方面，而在另一方面，重农学派所理解的劳动没有达到生产劳动的一般形态，只是一种具体形式的劳动，即农业劳动。"在重农学派看来，农业劳动是唯一的生产劳动，因为按照他们的意见，这是唯一的创造剩余价值的劳动。而地租是他们所知道的剩余价值的唯一形式。"[②]

重农学派的主要代表之一魁奈认为，财富的真正源泉是自然界——土地；农业是物质财富本身的创造，是"财富的增加"，而加工工业只是"财富的加算"，没有增加。魁奈认为只有农业劳动是创造价值的劳动。而重农学派的另一个主要代表杜尔哥也说："它（即土地耕种者的劳动）是唯一生产出超过劳动报酬的东西的劳动。"[③] 重农学派"还没有把一般价值归结为它的简单实体：劳动量或劳动时间。"[④] 这比起配第的价值理论来说，不是进步，而是倒退。配第首先提出要从"劳动"中寻找交换价值的客观基础，而魁奈则把价值探索引入了生产领域，为对资本主义商品经济分析奠定了基础，所以马克思称两人"平分了始创者的荣誉"。

3. 亚当·斯密对劳动价值论的发展

英国古典政治学家亚当·斯密在其著名的《国富论》一书中，对商品价值及其决定问题进行了深入探索，系统地发展了配第提出的劳动价值论，提出了许多有意义的创见。

---

① 《马克思恩格斯全集》（第 26 卷 I）[M]. 北京：人民出版社，1972：19
② 《马克思恩格斯全集》（第 26 卷 I）[M]. 北京：人民出版社，1972：21
③ 《马克思恩格斯全集》（第 26 卷 I）[M]. 北京：人民出版社，1972：37
④ 《马克思恩格斯全集》（第 26 卷 I）[M]. 北京：人民出版社，1972：19

（1）斯密对财富、使用价值、价值和价格几个概念进行了区分

他把土地和劳动的年产物称为真实的财富，说明他已经认识到财富的本质是物质财富（使用价值）。他说："……这种债务，对于真实财富，换言之，对于社会的土地和劳动的年产物，有什么影响。"[①]斯密不仅已经认识到财富的本质在于使用价值，而且还对经济学研究的价值概念的含义进行澄清，他说："价值一词有二个不同的意义。它有时表示特定物品的效用，有时又表示由于占有某物而取得的对他种货物的购买力。前者可叫做使用价值，后者可叫做交换价值。"[②]斯密认为只有交换价值才是价值研究的中心，人们需要为交换价值找到一个客观的基础和尺度。斯密还没有明确地区分交换价值和价值，但是他指出了"交换价值的真实尺度"就是一切商品的"真实价格"或"自然价格"，并认为"自然价格"决定商品的"市场价格"。显然，斯密已经意识到了价值和价格的差别，只不过他是用"自然价格"这个概念来表示商品价值。

（2）斯密强调劳动是商品价值的基础

"劳动是第一性价格，是最初用以购买一切货物的代价。世间一切财富，原来都是用劳动购买而不是用金银购买的。"[③]亚当·斯密还认为"劳动是衡量一切商品交换价值的真实尺度"，而且"只有劳动才是价值的普遍尺度和正确尺度，换言之，只有用劳动作标准，才能在一切时代和一切地方比较各种商品的价值。"[④]但是斯密也看到现实中以货币为价值尺度的情况，他说："劳动虽是一切商品交换价值的真实尺度，但一切商品的价值，通常不是按劳动估定的。要确定两个不同的劳动量的比例，往往很困难。两种不同工作所费去的时间，往往不是决定这比例的唯一因素，它们的不同困难程度和精巧程度，也须加以考虑。"因此，"以一种商品所能购得的另一种商品量来估定其交换价值，

---

① ［英］亚当·斯密.《国民财富的性质和原因的研究》（上卷）[M].郭大力、王亚南译.北京：商务印书馆，1974：3

② ［英］亚当·斯密.《国民财富的性质和原因的研究》（上卷）[M].郭大力、王亚南译.北京：商务印书馆，1974：25

③ ［英］亚当·斯密.《国民财富的性质和原因的研究》（上卷）[M].郭大力、王亚南译.北京：商务印书馆，1974：27

④ ［英］亚当·斯密.《国民财富的性质和原因的研究》（上卷）[M].郭大力、王亚南译.北京：商务印书馆，1974：26

比以这商品所能购得的劳动量来估定其交换价值，较为自然"。不过斯密又指出货币本身的价值也是经常变动的，"所以，只有本身价值绝不变动的劳动，才是随时随地可用以估量和比较各种商品价值的最后和真实标准。劳动是商品的真实价格，货币只是商品的名义价格。"①在斯密看来，商品与商品交换，就是劳动与劳动在等价交换的条件下，购买或支配的劳动量与耗费的劳动量是相等的。所以他提出劳动是衡量一切产品的交换价值的真正尺度。

（3）斯密根据劳动决定商品价值的原则区分了生产劳动和非生产劳动

他认为劳动创造价值，并且只有生产性劳动才创造价值。斯密认为"仆人的劳动不增加什么价值""君主及其下面的服务的文武官员，整个陆军和海军，都是非生产性劳动者"，甚至"牧师、律师、医生、各种文人；演员、滑稽剧演员、音乐家、歌剧歌唱家、歌剧舞蹈家都不创造价值"。至于经营者，他们除了"监督与指挥"外，从根本上说只不过是"驱使勤劳的人干活"，从而侵吞其中一部分"劳动"的产品的资本家或雇主。所以，归结起来，就是与资本相交换的劳动是生产劳动，不与资本相交换（与收入相交换）的劳动是非生产劳动。②对此，马克思给予了很高的评价："这里，从资本主义生产的观点给生产劳动下了定义，亚当·斯密在这里触及了问题的本质，抓住了要领。他的巨大科学功绩之一（如马尔萨斯正确指出的，斯密对生产劳动和非生产劳动的区分，仍然是全部资产阶级政治经济的基础）就在于，他下了生产劳动是直接同资本交换的劳动这样一个定义，也就是说，他根据这样一种交换来给生产劳动下定义，只有通过这种交换，劳动的生产条件和一般价值即货币或商品，才转化为资本（而劳动则转化为科学意义上的雇佣劳动）。"③

在古典经济学家里面，斯密的劳动价值论思想是最有创见的，但也有不足存在。第一，为了替资本主义制度辩护，在劳动价值论之外，又提出了收入价值论。从对生产劳动与非生产劳动的区分中可以看出，剥削的概念已经隐含

---

① ［英］亚当·斯密.《国民财富的性质和原因的研究》（上卷）[M]. 郭大力、王亚南译.北京：商务印书馆，1974：29

② ［英］亚当·斯密.《国民财富的性质和原因的研究》（上卷）[M]. 郭大力、王亚南译.北京：商务印书馆，1974：304-308

③ 《马克思恩格斯全集》（第26卷Ⅰ）[M]. 北京：人民出版社，1972：148

在斯密的理论当中了。斯密也意识到了这个问题，但是他是站在资产阶级的立场上主张发展商品生产和自由贸易的，因此为了论证资本及其利润的合法性，他又通过分析商品价值构成而提出了"收入价值论"。斯密将年产物的价值分解为利润、工资和地租三个部分，强调三者对于商品价值的决定意义。收入决定价值论的观点与劳动决定价值的观点显然是相互矛盾的，于是斯密又提出商品经济发展两阶段论，认为劳动价值论适用于"社会原始不发达状态"即简单商品经济阶段；收入价值论适用于"现代阶段"即资本主义市场经济阶段。从劳动决定商品价值演变到收入决定商品价值，工资、利润和地租不是来源于商品价值，反而成了商品价值的源泉。斯密的理论陷入了混乱，但是他的这一思想却启发了萨伊等人，为要素价值论提供了线索。恩格斯在《反杜林论》中就说过："在亚当·斯密那里，工资决定商品价值的意见还常常和劳动时间决定价值的意见混在一起，自李嘉图以来，前一种意见就被逐出科学的经济学之外了，今天，它仅仅还流行于庸俗经济学中。"① 第二，斯密认为劳动是交换价值的本质，是价值的实体，但是他又认为劳动也是商品，也有真实价格和名义价格的区分，提出了"购买到的劳动"决定价值的观点。这就等于是说"劳动的价值是其他价值的一般尺度"。这里存在一个矛盾，如果认为劳动的价值与其他价值具有共性，那就等于说价值尺度是用价值来作为价值的尺度，这就成了循环论证；而如果说劳动的价值与其他价值没有共性，那就等于说不可能找到一切价值的真实尺度。这是政治经济学中的一个重点问题，也是难点问题，英国古典经济学家并没能解决这个难题，后来马克思提出了"劳动力价值"概念，才使这个问题得到合理解决。

4. 李嘉图的劳动价值论思想及难题

李嘉图是古典政治经济学的集大成者，他在《政治经济学及赋税原理》一书中，对于劳动价值论的基本观点作出了资产阶级古典政治经济学家中最清晰的阐述，并且扩大了劳动价值论讨论的范围，把劳动价值论推向了古典政治经济学的高峰。

（1）李嘉图批判了斯密价值理论中的错误和矛盾性

---

① 《马克思恩格斯选集》（第 3 卷）[M]. 北京：人民出版社，1995：536

李嘉图认为亚当·斯密劳动价值理论存在着矛盾之处："亚当·斯密如此精确地说明了交换价值的原始源泉，他要使自己的说法前后一致，就应该认为一切物品价值的大小与他们的生产过程所投下的劳动量成比例，但他自己却又树立了一种价值标准尺度，并说各种物品价值的大小和们所能交换的这种标准尺度的量成比例。"[1] 李嘉图坚持商品价值由劳动时间决定。他认为商品价值只能由生产该商品时所耗费的劳动决定，而且价值量的大小与所耗费劳动量成正比，与劳动生产率成反比。李嘉图根据商品价值由劳动时间决定的观点，批评了斯密价值论中的错误，一是商品价值由购得劳动决定的观点。李嘉图认识到，在资本主义社会里，耗费劳动与购买到的劳动，在量上是不相等的。在他看来，生产商品中耗费掉的劳动量会随着商品生产的难易程度而变动，但是一定量商品所能购买到的活劳动量不会变化，因为工人的实际工资在一定社会内总是等于一定量必需的生活资料。因此，决不能把购买到的劳动量和耗费掉的劳动量看成是相等的，认为他们都能决定商品的交换价值。二是斯密的收入决定价值的观点。李嘉图同意斯密所说的商品价值分解为三种收入，即工资、利润和地租，但并非就意味着商品价值由这三者决定，所以，他不同意反过来说三种收入决定价值。他认为，收入在各阶级之间的分配，不会影响商品价值，因为商品先形成价值，然后才能分配。价值是第一性的，收入是派生的，所以商品价值无论怎样分配，都不会影响劳动时间决定价值的原理。这样就把价值决定与价值分配明显地区分开了。

（2）李嘉图对决定商品价值的劳动进行了具体分析

李嘉图区分了直接劳动和间接劳动、个别劳动和必要劳动的不同。他认为，直接劳动是指直接投入在商品上的劳动，也就是工人的活劳动；间接劳动是指投在劳动器具、工具、工场和建筑上的劳动。李嘉图认为，决定商品价值的劳动耗费不仅包括生产商品的直接的劳动，而且包括生产生产资料的间接劳动。直接劳动创造商品价值，间接劳动只把生产资料的原有价值转移到产品中去。耗费在生产资料中的劳动较多，则转移到产品中去的价值也较多；生产资料的使用时间越长久，则转移到产品中去的价值会较少。个别劳动是指每个生

---

[1] 李嘉图.《政治经济学及赋税原理》[M]. 北京：商务印书馆.1962：9

产者生产商品所实际耗费的劳动；必要劳动是指在最不利条件下必须耗费的劳动，也就是指所需产量使人们不得不在这种条件下生产。李嘉图认为，决定商品价值的劳动，不是个别劳动，而是必要劳动。他强调只有社会必须要劳动的时间决定商品的价值量。通过对商品价值决定的分析，李嘉图还总结出了商品交换的价值规律。

（3）李嘉图分析了使用价值和交换价值的关系

他强调商品的使用价值是交换价值的必要前提，是必不可少的，但同时也指出决定商品价值应以劳动尺度而不是以使用价值为尺度。另外，李嘉图已经初步地认识到交换价值是价值的外在表现，但是他还没有将两个概念明确地区分开来。

李嘉图对于劳动价值论的发展和完善作出了重大的贡献，但是其理论也存在诸多不足之处。第一，虽然区分了直接劳动和间接劳动，但是，由于他不了解生产商品的劳动具有二重性，所以不能说明工人在生产过程中用活劳动创造价值的同时，又是如何把生产资料中的物化劳动转移到商品中去的。虽然区分了个别劳动和必要劳动，但他不知道如何确定生产商品的社会必要劳动量，片面地认为必要劳动就是在最不利的生产条件下生产这一商品所必须耗费的劳动。第二，李嘉图混同了价值和生产价格，因此使他的劳动价值理论面临两个难题：即资本和劳动的交换如何同价值规律相符合；平均利润率的存在怎样同价值规律相符合。这两个难题最终导致了李嘉图理论体系"崩溃"和他的学派走向解体。

对李嘉图劳动价值论思想中的难题，恩格斯曾经进行了总结："1830 年左右，李嘉图学派在剩余价值问题上碰壁了。他们解决不了的问题，他们的追随者，庸俗经济学，当然更不能解决。使李嘉图学派破产的有以下两点：第一，劳动是价值的尺度。但是，活劳动在和资本进行交换时，它的价值小于所交换的物化劳动。工资，一定量活劳动的价值，总是小于同量活劳动所生产的产品的价值，或体现同量活劳动的产品的价值。这个问题这样来理解，实际上是无法解决的。它由马克思正确地提出，因而得到了解答。不是劳动有价值，劳动作为创造价值的活动，不能有特殊的价值，正像重不能有特殊的重量，热不能有特殊的温度，电不能有特殊的电流强度一样。作为商品买卖的，不是劳动，而是劳动力。一旦劳动力成为商品，它的价值就决定于它作为社会产品所体现的劳动，就等于它的生产和再生产需要的社会必需的劳动。因此，劳动力按照它的这种价值来买卖，是和经济学的价值规律决不矛盾的。关键是'不矛盾'。第二，按照李嘉图的价值规律，假定其他一切条件相同，两个资本使用等量的、有同样报酬的活劳动，在相同的时间内会产生价值相等的产品，也会生产相等的剩余价值或利润。但是，如果这两个资本所使用的活劳动的量不相等，那么，它们就不能生产相等的剩余价值，或如李嘉图派所说的利润。但是情况恰恰相反。实际上，等额的资本，不论它们使用多少活劳动，总会在相同时间内生产平均的相等的利润。因此，这就和价值规律发生了矛盾。李嘉图学派已经发现了这个矛盾，但是他的学派同样没有能够解决这个矛盾……马克思的《批判》手稿中，已经解决了这个矛盾；按照《资本论》的计划，这个问题要在第三卷来解决。"①

李嘉图混淆价值和生产价格的原因在于，其一，他研究政治经济学缺乏历史观点，把资本主义社会绝对化了。他抹杀了简单商品生产和资本主义商品生产的根本区别。他不了解价值规律在这两个阶段中的作用形式不同。在简单商品生产条件下，商品是按耗费的劳动时间决定的价值出售的，但是在资本主义条件下，由于剩余价值转化为利润，利润又转化为平均利润，所以商品不再按耗费的劳动时间所决定的价值出售，而是按生产价格出售。可是，李嘉图以为在资本主义条件下商品仍然是按耗费的劳动时间所决定的价值出售，市场价格还是围绕价值上下波动。其二，由于李嘉图研究一般理论时，应用抽象法不充分，没有把剩余价值的转化形式，即平均利润与剩余价值区别开来，致使他混同了价格和生产价格。

虽然李嘉图的理论有不足，但他坚持劳动价值论，并以劳动价值理论为基础，努力探讨资本主义的分配关系，又通过分配关系的研究深化了劳动价值理论，使之成为古典政治经济学最成熟的劳动价值理论。马克思对李嘉图给予了极高的评价，称他为英国古典政治经济学的"最后的伟大的代表"。

---

① 《马克思恩格斯全集》（第24卷）[M]. 北京：人民出版社，1972：24–25

（二）马克思劳动价值论的形成

马克思在继承古典政治经济学的基础上，创造性地发展了劳动价值理论，并在科学的劳动价值理论的基础上，创立了剩余价值理论，从而构筑起自己独特的经济学理论大厦。

1. 马克思对古典政治经济学劳动价值论思想的批判

从威廉·配第第一个提出劳动价值论的命题，到李嘉图将古典政治经济学的劳动价值理论推向一个高峰，古典政治经济学家们为后人研究价值理论提供了丰富的历史材料。在资本主义不断上升的历史背景下，古典政治经济学家们力求发现交换价值的客观基础，强调以人的劳动作为决定商品价值的客观基础，这是经济学发展历程中表现出来的自发的唯物主义倾向，同时也是古典政治经济学取得的最重大的成就之一。

马克思对资产阶级古典政治经济学的劳动价值论思想的认识经历了一个从批评到合理的继承的过程。和恩格斯一样，马克思开始研究政治经济学时，并不赞成李嘉图的劳动价值论思想。

马克思和恩格斯生活的时代，关于交换价值的理论主要有两类：一类是效用价值论，代表人物是法国经济学家让·巴蒂斯特·萨伊，他认为："所谓生产，不是创造物质，而是创造效用"。"物品的效用就是物品价值的基础。"[①]而另一类是生产费用论，主张交换价值取决于商品的生产费用（成本）。大卫·李嘉图就认为，价值是由生产费用即生产中所耗费的劳动时间决定的。虽然他也承认，"一种商品如果完全没有用处，或者说，如果无论从哪一方面说都无益于我们欲望的满足，那就无论怎样稀少，也无论获得时需要费多少劳动，总不会具有交换价值。"[②]但是，他认为，"使用价值无法用任何已知的标准加以衡量，不同的人对它有不同的估计"，[③]因此，它不能作为衡量商品价值

---

① ［法］萨伊.《政治经济学概论：财富的生产、分配和消费》[M].陈福生等译.北京：商务印书馆，1963：59

② ［英］李嘉图.《政治经济学及赋税原理》[M].北京：商务印书馆 1962：7

③ ［英］李嘉图.《政治经济学及赋税原理》[M].北京：商务印书馆 1962：368

量的尺度。

以上两种价值理论开始并没有获得马克思、恩格斯的赞同。恩格斯在《国民经济学批判大纲》中认为，资产阶级政治经济学随着阶级矛盾和阶级斗争的发展日益走向反动，它把私有制看成是人类社会永恒不变的现象，把经济范畴和经济规律也看成是永恒存在的自然范畴和自然规律，它"带有最令人厌恶的自私自利的烙印"，是十足的"私经济学"。[①] 据此，恩格斯对价值问题作了分析。在价值范畴上，恩格斯批判萨伊的物品效用决定价值的观点的同时，也批判了李嘉图用生产费用决定价值的观点。恩格斯认为李嘉图在说明商品价值决定时抛开了竞争这个重要因素。在恩格斯看来，竞争是资本主义生产的主要规律，因此只要谈到商品交换和商业，就不应该抛开竞争，没有竞争就根本没有商业。所以，恩格斯认为李嘉图所谓的"抽象价值"及"抽象价值是由生产费用决定"等观点，都是一些不切实际的东西，恩格斯由此又否认了价值的客观性和历史性。

恩格斯对资产阶级经济学的批判和对劳动价值论的看法对马克思产生了很大影响。马克思看过《国民经济学批判大纲》后极为称赞，并作了详细摘要。在《1844 年经济学哲学手稿》中，马克思对李嘉图的观点也进行了和恩格斯一样的批判，他说："在价值决定中，李嘉图仅仅抓住生产费用，萨伊仅仅抓住效用（有用性）。""当他谈交换价值时总是指自然价格，而撇开他称之为暂时或偶然原因的竞争的偶然性……不得不假定现实是偶然性，抽象是现实的。"[②]

此外，马克思在当时资本主义经济发展的事实面前，对资本主义"当前的国民经济事实"进行了深入分析，认为古典经济学家把交换价值的来源仅仅看成由劳动成本所致，劳动成本决定商品的全部交换价值，这种观点无法真正解释利润的来源，因而也就无法揭示资本主义生产的真正秘密。因此，这样的劳动价值论无法被马克思和恩格斯完全接受。再加上马克思当时关注的是资本主义竞争以及竞争中的价格波动问题，而不了解价格与价值之间的关系，也不赞成李嘉图对劳动价值论研究中运用的抽象方法，更不赞成李嘉图在抽象了资

①　中共中央编译局.《马克思恩格斯文集》（第 1 卷）[M]. 北京：人民出版社，2009：65
②　《马克思恩格斯全集》（第 42 卷）[M]. 北京：人民出版社，1979：95

本主义竞争之后对劳动创造价值的研究。马克思当时将研究的关注点放在了对资本主义经济的实证性批判方面，注重对资本与雇佣劳动之间关系的研究，认为异化劳动和私有财产才是反映资本主义经济事实的一般的、内在本质规定的经济范畴。马克思在批判资产阶级政治经济学的基础上，以异化劳动为思路，分析了政治经济学的基本范畴和"当前的国民经济事实"，试图以劳动异化理论来揭示工人阶级遭受剥削的秘密和资本主义生产关系的本质。这时，对马克思的研究来说，劳动就只是处于异化状态，并没有意识到价值与劳动之间存在着关系。因此，对资本主义现实劳动过程的否定，致使马克思无法赞同资产阶级古典政治经济学的合理内核——劳动价值论。

2. 马克思对劳动价值论的承认和肯定

马克思恩格斯在研究政治经济学之初，对资产阶级古典政治经济学的劳动价值论思想基本上持有否定态度。但随着研究的不断深入，马克思逐渐摆脱了抽象人性论的束缚，对经济现象的认识开始真正地立足于唯物主义的立场上，与此相伴随，马克思对商品价值问题的研究探讨也逐步深入。

从《神圣家族》到《德意志意识形态》，马克思初步完成了他的唯物史观创立工作。唯物史观的创立为马克思政治经济学的研究，特别是劳动价值论的研究提供了方法论原则和基础，使马克思实现了向历史唯物主义者的转变，开始由劳动价值论的怀疑者逐步转向劳动价值论的拥护者。马克思在 1844 年底与恩格斯合作完成的《神圣家族》是这一转变的最早文献。这一文献的写作基本反映出马克思正处于由劳动价值论的怀疑者向拥护者转变的过渡之中，这一文献也就由此成为马克思后来走向发展和创新劳动价值论的起始性标志。

在 1845 年的《神圣家族》中，马克思对李嘉图的劳动价值论思想有了新的认识，他提出："生产某个物品所必须花费的劳动时间属于这个物品的生产费用，某个物品的生产费用也就是它值多少，即它能卖多少钱（如果撇开竞争的影响）。"[①] 这说明马克思已觉察到可以撇开竞争的影响来考察价值。他还提出，"在直接的物质生产领域中，某物品是否应当生产的问题即物品的价值问题的解决，本质上取决于生产该物品所需要的劳动时间。因为社会是否有时间

───────────────

① 《马克思恩格斯全集》（第 42 卷）[M]. 北京：人民出版社，1979：61

来实现真正人类的发展，就是以这种时间的多少为转移的。"[1]这说明马克思已开始理解了价值在竞争中的现象形态与在生产过程中的本质规定之间的区别，从而也初步理顺了价格现象与价值本质的关系。

在分析和批判蒲鲁东和黑格尔左派的观点时，马克思指出："除劳动时间和劳动材料外，国民经济学家还把土地所有者的地租以及资本家的利息和赢利也算入生产费用。在蒲鲁东那里，地租、利息和利润都消失了，因为在他那里私有财产消失了。于是剩下的只有劳动时间和预支费用。由于蒲鲁东把劳动时间，即人类活动本身的直接规定，当做工资和产品价值规定的量度，因而就使人成了决定性的因素；而在旧国民经济学中却是资本和地产的物质力量起决定作用，这就是说，蒲鲁东恢复了人的权利。"[2]显然，马克思是把私有财产的消失和人的权利的恢复看作劳动时间决定价值的条件了，这一看法，与他还没有完成唯物史观的创立是直接有关的。与此同时，马克思在批判黑格尔左派否定劳动时间决定价值的观点时指出：他们否定劳动时间决定价值的原因就在于，他们"把空闲的时间和充实的劳动时间等量齐观。"这表明马克思这时已明确认为商品的价值本质上是取决于生产这一商品所需要的劳动时间。

由此可见，在《神圣家族》中，马克思已经开始向劳动价值论靠近，但由于还没有搞清楚价值、交换价值和价格的关系，还没有弄懂价值规律的作用及作用形式，更重要的是，还没有真正完成唯物史观的创立，所以，他还不可能从根本上站到劳动价值论的立场上来。但就像列宁认为的那样，这个时期马克思已经开始接近劳动价值论了。

马克思对劳动价值论的态度发生根本转变是在 1845 年秋到 1846 年 5 月与恩格斯合著的《德意志意识形态》中。《德意志意识形态》关于唯物史观基本原理的创立，使马克思对社会物质资料生产是社会存在和发展的基础的原理有了透彻理解，不仅认识到社会历史不是人的思想、观念的历史，而是物质生活的生产的历史，推动社会历史发展的基础是生产力和交往形式（生产关系），而且也看到所有制关系是人们生产活动和生产过程中产生的交往形式的依赖关系。马克思恩格斯高度概括了唯物史观的实质，即"从直接生活的物质生产出

---

① 《马克思恩格斯全集》（第 42 卷）[M]. 北京：人民出版社，1979：62
② 《马克思恩格斯全集》（第 2 卷）[M]. 北京：人民出版社，1957：62

发来阐述现实的生产过程，并同这种生产方式相联系的、它所产生的交往形式即各个不同阶段上的市民社会理解为整个历史的基础，从市民社会作为国家的活动描述市民社会，同时从市民社会出发阐明意识的所有各种不同的理论产物和形式，如宗教、哲学、道德等，而且追溯它们产生的过程。"① 唯物史观的创立，使马克思在政治经济学的研究中，不仅肯定了李嘉图的劳动价值论是对现代资产阶级社会经济过程的科学阐述，而且提供了探索劳动价值论的方法论基础。《德意志意识形态》对价值问题的论述虽然篇幅不多，但对价值问题的研究有了进一步的发展，意义非常深远，也表明马克思对劳动价值论有了更深入的理解。

（1）关于商品价值的决定。马克思已经摆脱了之前所提出的价值由偶然因素决定的观点，明确认为，"在竞争的领域中面包的价格是由生产成本决定的，而不是由面包师任意决定的。"金属货币的价值，"完全是由生产成本即劳动决定的"。② 生产成本是指生产某种商品所花费的费用，包括物化劳动和活劳动的消耗。生产过程中生产出的商品在资本主义社会中有不同的组成部分，其中一部分用来补偿工人的工资，一部分则成为资本家的利润。从这些论述中可以看到，马克思这时已不再把利润看作是价值的余额，而认识到它是由价值转化而来的，并且与补偿工人工资的那部分价值一样，都是由劳动决定的。当然，马克思在商品价值决定问题上还没有深入到劳动的性质和内涵的研究上，也没有能正确区分价值、交换价值和价格。

（2）关于竞争与价值的关系。马克思已经摆脱了之前所认为的竞争具有消灭一切商品的内在价值的破坏性力量的观点，赋予了竞争新的意义，即具有根据社会需要来调节社会劳动的分配机制。竞争的这一新意义正是竞争对劳动价值论来说的不可或缺的意义。马克思还认为，商品的价值由生产成本即劳动决定，是通过竞争的作用实现的，只有这样，商品的价值才能最终由生产该商品所耗费的劳动来决定。当然，马克思在竞争与价值的关系问题上，还没有深入到竞争使利润平均化问题的研究上，但他却意识到了竞争的这一作用。所以，马克思在对"真正的社会主义者"格律恩的"供求论"进行批判中指出：

---

① 《马克思恩格斯选集》（第 1 卷）[M]. 北京：人民出版社，1995：92
② 《马克思恩格斯全集》（第 3 卷）[M]. 北京：人民出版社，1956：430，466

"格律恩先生采纳了政治经济学关于需求和供给的最庸俗的原理；而为了利用需求和供给这两个概念来达到自己的目的，他删去了其中必要的中间环节，从而把它们变成最纯粹的幻想。"①马克思的这一分析，为他后来探索价值理论中的"必要的中间环节"奠定了重要的基础。

3. 马克思劳动价值论的初步形成

马克思从根本上改变对劳动价值论的立场和态度，是从摆脱蒲鲁东的影响开始的。这一任务在1847年上半年写作的《哲学的贫困》中得以完成。

《哲学的贫困》是为反对蒲鲁东而写的著作，在该著作中唯物史观成为马克思研究经济学的方法论基础，初步建立了政治经济学的科学方法。马克思认为，政治经济学是一门历史科学，研究的是与社会生产力的发展相适应的、具有过渡性的、历史上暂时的生产关系的产生、运动及其内部联系，研究的是人们借以进行生产、交换、分配和消费的经济形式及其发展的规律性。马克思第一次公开表述了自己向劳动价值论发生根本转变的立场，他高度评价了李嘉图在政治经济学领域中所作的贡献，认为："李嘉图给我们指出资产阶级生产的实际运动，即构成价值的运动。""李嘉图的价值论是对现代经济生活的科学解释。李嘉图从一切经济关系中得出他的公式，并用来解释一切现象，甚至如地租、资本积累以及工资和利润的关系等那些骤然看来好像是和这个公式抵触的现象，从而证明他的公式的真实性；这就使他的理论成为科学的体系。"②在这一文献中，马克思不仅承认了李嘉图劳动价值论的历史功绩，充分地利用并批判地吸收了李嘉图劳动价值论的合理成分，并在一些理论观点上实现了对李嘉图的超越。马克思还利用李嘉图的理论来反对蒲鲁东的价值理论，对蒲鲁东的价值理论进行了深入批判。由于运用了唯物史观，从而使他的这种批判显现出很强的针对性，在完成劳动价值论的科学革命方面迈出了极为重要的一步。

（1）马克思通过剖析蒲鲁东关于使用价值和交换价值对立的观点，揭示了物与物关系中隐藏的人与人的社会关系。蒲鲁东为了确立他的价值理论，将价值分为使用价值和交换价值，企图通过说明价值的二重性，来解释使用价值变成交换价值的过程。蒲鲁东在对价值矛盾的研究中，由于不理解使用价值与

---

① 《马克思恩格斯全集》（第3卷）[M]. 北京：人民出版社，1956：613
② 《马克思恩格斯全集》（第4卷）[M]. 北京：人民出版社，1958：92-93

交换价值二者之间的根源和性质，把使用价值等同于富裕、把交换价值等同于稀少，把使用价值等同于供给、把交换价值等同于需求。进而认为使用价值与交换价值的矛盾是丰裕与稀少的矛盾，是效用与意见的矛盾，并把矛盾看成是由人的自由意志引起的两种对立的力量，所以，蒲鲁东所研究的不是现实的经济关系及运动规律，而是理性自身。马克思从唯物史观的立场出发，批判了蒲鲁东的观点，他认为交换价值与使用价值的对立并不是发生在蒲鲁东所谓"效用"与"意见"之间，而是发生在出卖者所要求的交换价值与购买者所提出的交换价值之间。对于卖者，现有生产力发展水平限定他在一定水平内进行生产，对于买者，"他的意见是以他的资金和他的需要为基础。这两者都由他的社会地位来决定，而社会地位却又取决于整个社会组织。"[①]马克思从客观存在的真实的社会关系入手，透过表面的物与物之间的关系，把隐藏于其中的人与人的社会关系揭示了出来，也说明了商品所具有的使用价值和交换价值两个因素的对立统一关系。

（2）马克思批判了蒲鲁东的"构成价值"的观点，阐明了价值决定的社会性，坚持了劳动决定价值的原理。马克思指出："蒲鲁东先生在政治经济中的全部发现———'构成价值'是什么呢？只要承认某种产品的效用，劳动就是它的价值的源泉。劳动的尺度是时间。产品的相对价值由生产这种产品所需的劳动时间来确定。价格是产品的相对价值的货币表现。最后，产品的构成价值不过是体现在产品中的劳动时间所构成的价值。像亚当·斯密发现分工一样，蒲鲁东先生也自以为发现了'构成价值'。"[②]马克思之所以批判蒲鲁东，是因为其价值构成理论是基于对个人行为分析的理论：他认为个人既然花费了一定的劳动就应当取得等量的劳动的回报，只有这样的社会才是公平合理的社会。因此，在这里作为商品交换价值来源与尺度的"劳动时间"是个人的劳动时间，个人的劳动时间之所以成为"价值尺度"，在他看来是因为这是合乎人性的先天的理性要求，应当根据这个先天理性要求来建立平等的合理的社会。所以马克思说："被蒲鲁东先生当作由劳动时间先天决定交换价值中所得出的结果，大概只能用下面的这种规律来说明：今后产品应当完全按照花费在产品

---

① 《马克思恩格斯全集》（第4卷）[M]. 北京：人民出版社，1958：86-87

② 《马克思恩格斯全集》（第4卷）[M]. 北京：人民出版社，1958：88

上的劳动时间来交换。不论供求关系怎样，商品的交换应当永远像商品的生产量完全适合需求那样来进行。"① 在马克思看来劳动之所以成为价值的来源，劳动量之所以成为价值的尺度，并不是由于从个人本位的立场出发所要求的"公平合理"，而是社会经济活动的客观规律性所决定的，价值决定具有社会性。马克思认为商品的价值由劳动时间决定总是社会的，是和供求相联系的，"供求的'比例性关系'，也就是一种产品在生产总和中所占的比例，根本不决定于这种产品按照相等于生产费用的价格的出售。只有供求的变动告诉生产者，某种商品应当生产多少才可以在交换中至少收回生产费用。这种变动是经常的，所以资本也就不断出入于各个不同的工业部门。"② "在以个人交换为基础的社会中，单只这种摇摆运动已使劳动时间成为价值尺度。完全构成了的'比例性关系'是不存在的，只有构成这种关系的运动。"③ 可见，马克思已经清楚劳动时间决定价值与供求之间的关系，即要承认劳动时间决定价值，就必须承认供求的变动已使劳动时间成为价值尺度。马克思的这一认识为他后来提出决定价值的劳动时间是社会必要劳动时间奠定了基础。

（3）马克思批判了蒲鲁东关于"商品应精确地按其所包含的劳动时间进行交换"的论点，阐释了决定商品价值的劳动的特性。蒲鲁东从由劳动时间构成的价值中得出了两个结论：其一，一定的劳动量和同一劳动量所创造的产品是等价的；其二，任何一个劳动日和另一个劳动日都是相等的。这就是说，商品是按照其中包含的劳动时间进行交换，即精确地遵循劳动小时与劳动小时交换的原则。马克思指出："如果认为这种由劳动时间来衡量价值的产品的交换会使一切生产者得到平等的报酬，这种说法就是假定，平等分配还在交换以前就存在了。"④ 显然，"蒲鲁东先生的谬误是由于他把至多不过是一种没有根据的假设看做结果。"⑤ 把劳动时间作为价值尺度，不同的劳动日并非等价的，不同人之间的劳动日也不是等价的。但不能由于劳动日的价值不等，不同人之间

---

① 《马克思恩格斯全集》（第4卷）[M]. 北京：人民出版社，1958：103
② 《马克思恩格斯全集》（第4卷）[M]. 北京：人民出版社，1958：105-106
③ 《马克思恩格斯全集》（第4卷）[M]. 北京：人民出版社，1958：106
④ 《马克思恩格斯全集》（第4卷）[M]. 北京：人民出版社，1958：95
⑤ 《马克思恩格斯全集》（第4卷）[M]. 北京：人民出版社，1958：96

的劳动日价值不等，就认为价值就不是用劳动时间来衡量。在马克思看来，在这种情况下，使用劳动时间作为价值尺度，"就需要有一个可以比较各种不同劳动日价值的尺度表；确定这种尺度表的就是竞争。""竞争决定着一个复杂劳动日中包含着多少简单劳动日。"① 竞争使商品中所包含的复杂劳动还原为简单劳动，从而复杂劳动是复合的简单劳动。可见，马克思已经较为清楚地说明了决定商品价值的劳动的性质是简单劳动。

（4）马克思批判了蒲鲁东关于"劳动价值"和"劳动的价值产品"的观点，阐明了劳动价值和商品价值的关系。蒲鲁东错误地使用"劳动价值"来衡量商品的价值，认为按商品所包含的价值进行交换就可以消除资本主义的弊端，实现永恒公平。马克思批判了蒲鲁东这一观点，指出："用劳动价值来确定商品的相对价值是和经济事实相抵触的。这是在循环论中打转，这是用本身还需要确定的相对价值来确定相对价值。""蒲鲁东先生是把以下两种衡量的方法混为一谈了：一种是用生产某种商品所必要的劳动时间来衡量，另一种是用劳动价值来衡量。"② 在马克思看来，"劳动价值"是无法用来确定或衡量商品价值的，因为"劳动价值"说明的是生产商品所需要的劳动时间，用"劳动价值"衡量商品的价值，也就是用价值来衡量商品的价值，这是循环论证，不能说明任何问题。"劳动价值"本身需要加以确定，那它就无法成为确定商品价值的尺度。马克思反复强调："像任何其他的商品价值一样，劳动价值不能作为价值尺度。""只要承认某种产品的效用，劳动就是它的价值的源泉。劳动的尺度是时间，产品的相对价值由生产这种产品所需的劳动时间来确定。"③ 可见，马克思已经认识到，劳动就是产品价值的源泉，任何产品的"相对价值"恰好由包含在产品中的劳动量来决定。

（5）马克思批判了蒲鲁东关于货币的观点，初步揭示了货币的本质。蒲鲁东站在唯心主义的立场上，企图把货币的起源同生产关系割裂开来，只从金银的自然属性说明货币的性质。蒲鲁东认为："习惯赋予贵金属作为交换手段的特殊职能是纯粹契约的职能。""没有人注意到，金银在一切商品中是价值已

---

① 《马克思恩格斯全集》（第4卷）[M]. 北京：人民出版社，1958：96
② 《马克思恩格斯全集》（第4卷）[M]. 北京：人民出版社，1958：98
③ 《马克思恩格斯全集》（第4卷）[M]. 北京：人民出版社，1958：97-98

经达到构成的第一种商品。在宗法时期，金银作为交易对象出现，而且还一锭锭地互相交换，然而当时它们已经具有占统治地位的明显趋向并且比其他商品占显著的优势。君主们逐渐地占有了贵金属，并且在上面打了自己的印章经过君主的神圣化以后就产生了货币。"①按照他的观点，金银天然就是货币，金银最早成为货币。马克思对蒲鲁东关于的金银等于货币的神话，进行了辛辣的讽刺，"金银最早成为货币。这就是蒲鲁东先生伟大的启发，这就是在他以前没有人发现过的真理。"②马克思在批判所谓"经过君主的神圣化以后就产生了货币"的教条时写道："在蒲鲁东先生看来，君主的专横就是政治经济学中的最高原因。"③蒲鲁东还荒谬地认为，法律和权力可以创造货币和交换能力。他说"法国皇帝菲力蒲一世在查理大帝时代的土尔银币中掺进了三分之一的杂质。他以为他既占有铸造钱币的垄断权，也就能像一切垄断产品的商人处理自己商品那样地处理货币。"④马克思对此批判道："菲力蒲一世并不像蒲鲁东所说的那样创造了金银，他只是创造了钱币的名称。"⑤马克思认为钱币的名称可以改变，但金银的价值并不会因此有什么变化。金银的价值像其他商品一样，是由劳动时间来确定的。如果在金银上盖上了假标记，那也只能像用冒牌商品欺骗顾客一样，蒙混一时，迟早要受到贸易规律的惩罚。金银并非天然是货币，金银标记也没有创造货币的神奇力量。马克思就是这样通过对蒲鲁东的批判，一步一步地揭示了货币的本质，提出了一个重要的思想，"金银之所以在法律上具有交换能力，只是由于它们具有事实上的交换能力，而它们之所以具有事实上的交换能力，那是因为当前的生产组织需要普遍的交换手段。法律只是事实的公认。"⑥由此可见，货币并不是来自金银的自然属性，货币也不是来自法律和权力。"货币不是一种东西，而是一种社会关系。"⑦

（6）马克思找到了研究政治经济学和发展劳动价值论的科学方法。马克

---

① 《马克思恩格斯全集》（第4卷）[M]. 北京：人民出版社，1958：119，120
② 《马克思恩格斯全集》（第4卷）[M]. 北京：人民出版社，1958：120
③ 《马克思恩格斯全集》（第4卷）[M]. 北京：人民出版社，1958：121
④ 《马克思恩格斯全集》（第4卷）[M]. 北京：人民出版社，1958：122
⑤ 《马克思恩格斯全集》（第4卷）[M]. 北京：人民出版社，1958：123
⑥ 《马克思恩格斯全集》（第4卷）[M]. 北京：人民出版社，1958：124
⑦ 《马克思恩格斯全集》（第4卷）[M]. 北京：人民出版社，1958：119

思充分运用唯物史观来研究劳动价值论，他批判了蒲鲁东认为经济范畴是历来存在、永恒观念的错误观点，阐明了经济范畴的客观性、历史性；在批判蒲鲁东形而上学臆造经济范畴体系的基础上，阐明了经济范畴之间的内在联系和矛盾，提出了政治经济学研究的方法，即必须从生产关系的整体上研究生产关系，必须从生产关系整体的内部联系上研究经济范畴。马克思明确反对在"物"的层面理解任何一个经济范畴，包括商品价值范畴。他说："机器正像拖犁的牛一样，并不是一个经济范畴"。"经济范畴只不过是生产方面社会关系（指生产关系）的理论表现，即其抽象。"① 在这里马克思已经看到了"物"后面的人的关系，为后来《资本论》中透过物研究人的关系打下了基础。"把现代经济关系赤裸裸地揭露，把资产阶级最大的秘密戳穿"，② 让我们看清楚资本主义经济制度的实质，这就是劳动价值论的重大意义和价值。

　　1847 年 12 月的下半月，马克思在"布鲁塞尔德意志工人协会"上作了几次讲演，在此基础上写成《雇佣劳动与资本》，这是第一部正面叙述马克思经济学观点的论著，马克思依据辩证唯物主义和历史唯物主义的观点，深刻分析了资本主义的经济关系，揭露了资本主义剥削的秘密和实质。马克思在研究中选择了以"劳动"这一特殊商品为突破口，通过对其使用价值与交换价值的区分揭露工资的实质是资本与劳动的不等价交换，由此马克思也就指出了资产阶级与工人阶级对立的经济根源。虽然这时马克思还没有形成剩余价值概念，但是却为以后确立剩余价值理论开辟了一条道路。另外，马克思对资本的本质进行了分析。斯密和李嘉图都认为资本本质上是积累起来的劳动，包括生产工具、原料和各种生产资料，但是马克思认为这种认识是不正确的。马克思指出资本的本质不在于它的物质内容，而是在于它的社会属性，"资本也是一种社会关系。这是资产阶级的生产关系，是资本主义社会的生产关系。"③ 马克思认为，构成资本的物质资料，并非从来就是资本，而是要在一定的社会生产条件下，才成为资本。

　　由于资本的本质是社会关系，因此，它既包括物质产品，也包括交换价

---

① 《马克思恩格斯全集》（第 4 卷）[M]. 北京：人民出版社，1958：163，143

② 《马克思恩格斯全集》（第 4 卷）[M]. 北京：人民出版社，1958：94

③ 《马克思恩格斯选集》（第 1 卷）[M]. 北京：人民出版社，1995：345

值，因为交换价值也代表一定的社会关系。马克思认为资本与雇佣劳动是互为前提、相互产生的关系，也就是说，能够出卖劳动力的无产阶级的存在，是资本存在的社会条件。由上可见，马克思在劳动价值论方面的研究已经超越了李嘉图。

4. 马克思劳动价值论的完成

马克思运用唯物史观对劳动价值论的探索获得突破性进展，并最终完成，主要表现在《资本论》的创作过程中。一方面，19 世纪 50 年代初的《伦敦笔记》，对价值理论和货币理论做了深入的研究；另一方面，马克思于 19 世纪 50—60 年代先后完成的《资本论》手稿，创立了科学的劳动价值论。

在《伦敦笔记》中，马克思基于有关价值和货币理论重要文献的研究，以及对当时理论界关于价格、货币理论论战的密切关注，研究了价值和货币问题。

在价值理论方面，马克思首先肯定了李嘉图关于使用价值与交换价值的区分，以及生产商品的劳动量决定价值的观点，通过举例论证商品的相对价值量同资本的不同部分的比例关系，说明了资本采用劳动生产率高的机器进行生产，可以降低产品的成本和价值，可以在商品销售中处于有利地位，从而深化了李嘉图劳动时间决定价值的观点。其次，在对资本主义社会的财富与资本本质的分析中，马克思批评了李嘉图对价值与财富的混同，认为"李嘉图只是在概念上去分清价值与财富的区别"，其实，"价值和财富在本质上是不同的。财富取决于充裕程度，而价值取决于生产的难易"，[①] 由此分析了价值与产品产量的运动，虽然马克思这时还未能从交换价值中抽象出价值，也未能提出使用价值的范畴，但他的分析已经包含着商品是价值与使用价值的统一体、劳动生产率与单位商品价值量成反比的思想萌芽。再次，马克思赞成李嘉图对"对外贸易是价值增值的源泉"观点的批判，确信只有劳动时间才能决定商品的价值。他指出："我们所能交换的只是我们的劳动，我们劳动的产品。""价值永远也不可能通过对外贸易而增加。"[②] 同时，马克思还分析了流通和新价值生产的关系，提出流通过程固然不能增加新价值，但是新价值创造的唯一途径却在于流

---

① 《马克思恩格斯全集》（第 44 卷）[M]. 北京：人民出版社，1982：108-109
② 《马克思恩格斯全集》（第 44 卷）[M]. 北京：人民出版社，1982：117-118

通过程。

在货币理论方面，马克思重点探讨了货币、信用和危机问题。19 世纪 40 年代末，欧洲经济学界围绕英国 1844 年皮尔银行法的实施展开了激烈争论，通货学派认为，货币发行的数量决定货币的价值，银行券的发行应该遵循金银流通的规律；与此相对立，银行学派则认为货币和信用制度是造成经济危机的根由，1844 年皮尔银行法是导致 1847 年经济危机的原因。通货学派与银行学派关于价格和货币理论及政策的争论，成为马克思深入研究劳动价值论的重要切入点。马克思研读了大量相关理论资料和实际资料，推翻了李嘉图的货币数量理论，明确指出："即使在实行纯金属流通的情况下，金融货币的数量和它的增减，也同贵金属的流进或流出……没有任何关系。"[①] 他对货币的五种职能作了探讨，写了《完整的货币体系》手稿。此外，还总结了自己对货币、信用和危机之间关系的研究，写了《反思》的短文，在赞同斯密把贸易分为实业家之间贸易和实业家与消费者之间贸易的基础上，萌发了社会生产分为两大部类的思想；在批驳把信用看作经济危机产生根由观点的基础上，初步提出了生产力与资本主义生产关系之间的矛盾是经济危机产生的根源的思想。

1856 年上半年，英国面临着一场以金融货币危机为特征的严重的经济危机，经济学发展面临新的挑战，为了对这种挑战作出回应，也为了迎接危机之后的无产阶级革命，马克思开始总结经济学研究的成果，决心为无产阶级革命提供理论上的服务。从 1857 年 7 月到 1858 年 5 月间，马克思写的一系列经济学手稿，被我国学术界统称为《1857—1858 年经济学手稿》。这是马克思从 1843 年以来政治经济学理论研究的结晶。《1857—1858 年经济学手稿》对政治经济学的研究对象、研究方法，以及政治经济学理论体系的结构作了详尽的论述，这些研究成果标志着经典作家运用唯物史观完成了劳动价值论的科学革命，形成了自己关于劳动价值论的新的观点。

（1）剔除了资产阶级古典经济学价值理论研究中的唯心主义、形而上学的倾向，确定了以商品作为价值理论研究的出发点。以此为基础，马克思从价格的现象形态中揭示出价值的本质，从交换价值的外在形态中揭示出价值的内

---

① 《马克思恩格斯全集》（第 27 卷）[M]. 北京：人民出版社，1985：175

容，并在阐明使用价值是交换价值的物质承担者的基础上，明确了商品的两个因素，即使用价值和价值。

（2）揭示出商品的二重存在形式，即作为"自然存在"的形式和作为"纯经济存在"的形式，也即商品本身和商品价值的二重存在、商品的内在价值和外在交换价值的二重存在。在对商品的二重存在形式的分析中，马克思进一步揭示了生产商品的劳动的二重性质，即一种是抽象的、质上相同只是在量上不同的劳动，另一种是自然的、在质上不同的劳动。

（3）在价值形式发展的分析中，马克思提出了劳动时间的二重含义，即商品生产各自特殊的劳动时间和决定交换价值的一般劳动时间，确立了社会必要劳动时间的最本质的规定性。

（4）从商品价值的内在规定上推导出货币的起源和本质。在现实的交换过程中，商品的二重存在形式由"观念"转化为"实际"，即一方面是作为交换的商品本身，另一方面是与交换的商品本身相分离的，并作为交换价值独立存在的特殊商品。这种特殊商品就是货币。货币是商品内在矛盾发展的必然结果。据此，马克思初步得出了科学的劳动价值论的两点重要结论：①"产品的交换价值产生出同产品并存的货币。因此，货币同特殊商品的并存所产生的混乱和矛盾，是不可能通过改变货币的形式而消除的……同样，只要交换价值仍然是产品的社会形式，废除货币本身也是不可能的。"①②货币具有商品交换价值尺度、交换手段、在契约上作为商品的代表、同其他一切特殊商品并存的一般商品四个属性。"所有这些属性都单纯来自货币是同商品本身相分离的、物化的交换价值这一规定。"②

（5）形成了价值形式发展性质的基本思路。一方面，金作为货币实际上是在自身的一定量的物质形式上表现了商品世界其他一切商品的价值；另一方面，价值形式发展的原因就在于在商品交换中，商品生产中的一定量的劳动时间，并不表现在商品自身上，而表现在与含有同一劳动时间的、与其他一切产品相等的、可兑换的特殊商品上。货币就是作为这一特殊商品而成为商品交换可兑换的媒介的。马克思的这一论述，在他后来公开出版的《政治经济学批

① 《马克思恩格斯全集》（第 30 卷）[M]. 北京：人民出版社，1995：94—95
② 《马克思恩格斯全集》（第 30 卷）[M]. 北京：人民出版社，1995：95

判》第一分册的著作中得到了充分发挥。

从 1861 年 8 月到 1863 年 7 月间，马克思又写了的一部内容丰富的手稿，被我国学术界统称为《1861—1863 年经济学手稿》。其最突出的理论研究成果，就是对生产价格理论这一劳动价值论的充分发展形式作了研究。马克思探明了价值到生产价格的转化关系，考察了这一转化的内在机制。在论述价值向生产价格的转化中，马克思首先区分了三种不同含义的生产费用，即为生产过程预付的商品中包含的劳动、商品生产本身所花费的费用、预付资本的价格加平均利润决定的价格，认为在这三种含义的生产费用中，只有第一种含义的生产费用，才是同"剩余价值向利润形式的转化……相适应的。"[①]以此为基础，马克思指出，在价值转化为生产价格的同时，按价值计算的生产费用也必然转化为按生产价格计算的生产费用。其次，提出了两种不同形式的竞争理论，即同一生产部门内部的竞争和不同生产部门之间的竞争，揭示了竞争机制在价值转化中借助于资本转移发挥的作用。然后，揭示了"平均价格规律"。马克思以五个资本生产部门（资本 I 到资本 V）为例，对价值转化为生产价格整体过程中，平均利润率的形成及实质作了分析，提出了生产价格的较为完备的定义，即"商品的平均价格等于它的生产费用（商品中的预付资本，不论是工资、原料、机器还是其他）加平均利润。"[②]

马克思在《1861—1863 年经济学手稿》中分析的生产价格理论，是马克思在政治经济学领域完成的重要变革之一，生产价格作为商品价值的具体和发展形态，是商品经济发展到一定阶段的结果。正如马克思所指出的，"商品按照它们的价值或接近于它们的价值进行的交换，比按照它们的生产价格进行的交换，所要求的发展阶段要低得多。而按照它们的生产价格进行交换，则需要资本主义发展到一定的高度。"[③]因而，"把商品价值看作不仅在理论上，而且在历史上先于生产价格，是完全恰当的。"[④]马克思的生产价格理论建立在劳动价值论的基础上，是在明确了商品的价值本质之后，以价值规律为核心建立的

---

① 《马克思恩格斯全集》（第 26 卷 III）[M]. 北京：人民出版社，1975：446

② 《马克思恩格斯全集》（第 26 卷 II）[M]. 北京：人民出版社，1973：67

③ ［德］马克思.《资本论》（第 3 卷）[M]. 北京：人民出版社，1975：197

④ ［德］马克思.《资本论》（第 3 卷）[M]. 北京：人民出版社，1975：368

价格理论，所以，生产价格理论也是劳动价值论在资本主义经济关系发展到一定阶段的具体运用，该理论的建立，为科学的剩余价值分配理论、地租理论的建立，以及为揭示资本主义剥削关系的实质，奠定了重要基础。

19 世纪 60 年代是马克思劳动价值理论的完成阶段。1867 年《资本论》第一卷出版，马克思采用历史与逻辑相统一的方法，从分析商品细胞的基本矛盾开始，对资本主义生产方式下的商品、劳动、价值、货币进行了全面剖析，在对古典劳动价值论继承扬弃中创立了科学的劳动价值论。在《资本论》第一卷中，马克思系统地阐述了劳动二重性学说。这样，"劳动创造价值"已精确为抽象劳动创造价值，在社会商品再生产过程中，进一步精确为抽象劳动创造新价值和具体劳动创造使用价值并转移所消耗的生产资料中的旧价值这样的两重性。马克思十分珍重自己的这一理论创见，他认为："商品中包含的劳动的这种二重性，是首先由我批判地证明了的"，而且还是他政治经济学理论中"最好的地方"。① 由于劳动二重性理论的创立，使"劳动创造价值"这一古老命题从此有了崭新的含义。长期以来困扰劳动价值论发展的理论障碍已被排除，劳动二重性成了理解政治经济学的枢纽，成了马克思剖析资本主义经济关系的最重要的理论武器之一。马克思运用劳动价值论进一步发现了剩余价值理论，从而揭示了资本主义社会剩余价值的来源、资产阶级与工人阶级剥削与被剥削的对抗关系和社会主义替代资本主义的历史必然性，使科学的劳动价值论成为马克思经济学的重要理论基石。

后来恩格斯对马克思的遗稿进行了整理，先后于 1885 年和 1894 年出版了《资本论》第二卷、第三卷，使劳动价值论的全部思想完整展现。

二、马克思劳动价值论中的劳动者主体性思想

马克思的唯物史观认为，历史是人民自己创造的，人类社会的发展应该

---

① 《马克思恩格斯全集》（第 31 卷）[M]. 北京：人民出版社，1972：331

"以人为本"，将人当作了全部历史活动和现实活动的本源和中心。而人作为全部历史活动和现实活动的本源和中心又主要是通过他的劳动实践活动表现出来，因此，马克思的"以人为本"的唯物史观，反映在他的政治经济学研究中，就是承认和坚持劳动价值论，强调劳动者的劳动对社会经济发展的重要性，突出劳动者的主体地位。

劳动主体性是指人在生产实践中的创造能力、创造欲望和对劳动成果的需要、享用的劳动权益。主要是在劳动中体现出的劳动自主性、能动创造性、成果享有性等。马克思劳动价值论中的劳动主体性，主要体现在马克思对劳动主体的劳动自主性、创造性和对劳动产品的享有性的充分肯定，以及对蔑视劳动主体性的商品拜物教的批判等。

（一）马克思劳动主体性思想产生的社会背景及其内涵

价值问题首先要回答的是谁创造了价值、创造价值的实体的问题。马克思劳动主体性思想产生于 19 世纪 40 年代，形成于 50—80 年代。它的形成有深刻的理论背景和社会背景，是人类生产力发展和人的发展的必然要求。

马克思的主体性思想源于对德国古典哲学家对人的主体精神的思考和追求。在马克思之前的古典哲学家中，对人的主体精神的探寻做出卓越贡献的主要是康德、笛卡尔和黑格尔。康德提出的"人为自然立法"，以及黑格尔提出的"实体即是主体"的思想，笛卡尔提出"我思故我在"，使人的理性的光辉和力量得到前所未有的彰显，费尔巴哈也从人的现实生物性的角度对人本主义进行了弘扬，开启了高扬理性力量和人的主体精神的先河。

马克思劳动主体性思想产生的社会现实背景，主要是随着资本主义生产方式的建立和工业革命的推进，资本主义生产和社会出现了一些新的特点。一方面是大批无产者的工人阶级的形成。另一方面是资本主义大工业以及科学技术的发展，带来资本主义社会前所未有的异化和对抗现象，社会出现了许多蔑视劳动主体性的不合理、不公平的现象，机器大工业对工人阶级的排挤，造成失业、饥饿等一系列社会问题。如何看待资本主义的生产方式和制度，如何看待广大工人阶级在新兴资本主义生产条件下的生存状况，是马克思深刻关注的问题。马克思从对异化劳动对劳动主体性蔑视的剖析和批判，形成了自己关于劳动主体性的本质和内涵的思想。他认为劳动主体性的实质，就是劳动者作为劳动主体，对体现自身主体价值和自由自觉活动的类本质的劳动具有能动性、创造性和支配权，达到主体与客体的统一，而不是被劳动支配和奴役。

劳动主体性的主要内涵，包括劳动者是自身劳动活动的承担者和主体，对劳动行为和劳动关系应具有自主性；劳动者应是劳动产品的主体，能够占有、享有主体生产的劳动成果；劳动是人的本质力量的体现，人类在劳动中展现其自由创造的类本质，因此作为劳动主体的劳动者应具有高度的自由自觉性，按照人内在固有的尺度和美的规律去创造；人的劳动是在一定社会关系中进行的，劳动者与他人和社会应具有劳动关系的和谐性；此外，人的劳动是全面而丰富的，"动物的生产是片面的，而人的生产是全面的"，劳动应具有全面性。

马克思劳动主体性思想的核心是：人的本质是劳动，人应该真正占有和发展自己的这种类本质，从而在认识世界和改造世界的历史性活动中成为真正的自由自觉的存在者。

（二）马克思劳动主体思想的发展历程

马克思研究经济问题的关注点就是人，这种关注在马克思那里始终一贯。他的劳动价值论揭示了他对人的地位、人的本质、人的发展、人的解放问题的认识，构建了以人的全面而自由发展为旨归的劳动主体性思想，体现了其经济学的人本意蕴和人文关怀。其劳动主体性思想的历史发展主要可分为三个阶段。

第一阶段（1844—1845），这是马克思劳动主体性思想初步形成时期。主要著作是《1844年经济学哲学手稿》。马克思认为，资产阶级政治经济学虽然揭示了劳动在现代市民社会中的基础性地位，但它却是从资产阶级的立场出发，而不是从工人阶级的立场出发去理解劳动的，资产阶级经济学家对现实劳动的理解是基于人的类本质的"抽象"理解，是抽象劳动。根据上述认识，马克思试图超出仅仅诉诸直观的经验事实去批判私有财产的做法，以"劳动"为出发点去揭示以私有财产为前提的整个资产阶级社会的内在剥削机制。

这个时期马克思还没有摆脱传统的人本主义思想的影响，所以对现实社会关系的观察还是从人本主义价值批判逻辑，即从符合人的类本质的"真正的人"的观点出发去进行分析，提出了以"异化劳动"为中心概念的异化理论。马克思以异化劳动理论为基础，考察了资本主义制度下人的发展的片面性，在《1844年经济学哲学手稿》中提出了"人的类特性恰恰是自由的自觉的活动""已经产生的社会，创造着具有人的本质的这种全部丰富的人，创造着具有丰富的、全面而深刻的感受力的人"。①由上可见，由于受费尔巴哈人本主义思想的影响，马克思这个时期主要从"类的本质"批判了资产阶级经济学家从物的角度看待劳动主体的局限性。

马克思也意识到了以传统人本主义的价值批判去分析资本主义社会经济结构的不足，他指责"国民经济学把工人只当作劳动的动物，当作仅仅有最必要的肉体需要的牲畜"。认为，"宣布劳动是生产的真正灵魂"的国民经济学只不过表述了异化劳动的规律罢了。②因此，随着异化劳动概念的引出，他就可以以"异化劳动"为理论出发点去解释资产阶级经济学中各种自相矛盾的经济理论，从而达到对资产阶级社会经济现象的科学说明。所以，马克思在研究资本主义社会经济现象时，逐步采用客观分析的方法，弱化了其原本的人本主义价值批判。在写作《1844年经济学哲学手稿》期间，随着经济学研究的深入，一方面，马克思通过对"异化劳动"理论的展开论述，揭示了资本主义社会劳动主体性异化的事实。他深刻指出："劳动为富人生产了奇迹般的东西，但是为工人生产了赤贫。劳动创造了宫殿，但是给工人创造了贫民窟。劳动创造了美，但是使工人变成畸形。劳动用机器代替了手工劳动，但是使一部分工人回到野蛮的劳动，并使另一部分工人变成机器。劳动生产了智慧，但是给工人生产了愚钝和痴呆。"③马克思通过对资本主义社会劳动主体的基本特征的描述，让人们看清了资本主义社会人被资本所奴役、支配的颠倒现象。另一方面，马克思也揭示了资本主义社会对象化劳动的意义所在。即人以自然界为基础并在改造自然界的过程中确认自己的主体性的一般生产劳动，它是人类生存和发展的永恒基础，这种劳动的发展，带来的是整个人类的不断进步趋势。随着研究

---

① ［德］马克思.《1844年经济学哲学手稿》[M]. 北京：人民出版社，2005：82
② 《马克思恩格斯全集》（第42卷）[M]. 北京：人民出版社，1979：100-101
③ 《马克思恩格斯全集》（第42卷）[M]. 北京：人民出版社，1979：90-91

的深入，马克思概括了自己的具有人文精神的自由自主性、能动创造性、自觉全面性的劳动主体性思想内涵。

从马克思研究的思想历程看，当他执著于对资本主义社会的批判时，他总是尽可能地把对象化劳动理想化，为的是要用一种真正人的本质（自由自觉的劳动）来和人的现实存在（异化劳动）相对比。而当他着眼于对资本主义社会的历史性分析时，他又客观地说明人类的生产劳动的意义，凸显劳动主体性作用。从一般意义上来讲，劳动不论其异化与否，对于整个社会生活和全部人类历史都具有基础性的作用。

第二阶段（1845—1846），这是马克思劳动主体性思想形成时期。代表著作是《关于费尔巴哈的提纲》和《德意志意识形态》。较之第一阶段从类的本质考察劳动主体性思想，这时期马克思从一定的生产力和生产关系中考察人的属性，标志着马克思对劳动主体性问题的研究以历史唯物主义为理论基础。马克思在《关于费尔巴哈的提纲》中，从历史唯物主义基础上揭示了社会生活的本质和人的本质。这是马克思首次摆脱人本主义影响，从历史唯物主义的角度对人的本质进行了深刻揭示，提出社会生活在本质上是实践的，人的本质并不是单个人所固有的抽象物，在其现实性上，它是一切社会关系的总和。马克思、恩格斯在他们合著的《德意志意识形态》中，从人类生产实践和社会历史中对社会分工进行了历史的考察，并以此来研究人的全面发展问题。他们指出个人是受分工支配的，分工使他们成为片面的人，使他们畸形发展，使他们受到限制。私有制是异化劳动产生的原因。马克思、恩格斯通过对分工这一现象的探讨，首次把人的全面发展与生产力联系起来，站在历史唯物主义的立场探讨劳动的主体性地位、作用和人的全面发展问题。

马克思从生产力和生产关系的矛盾运动分析中认为，资本主义社会的发展已经在自身内部，创造和提供了一种人类真正确立自我主体地位的现实可能性，可是资本主义生产方式由于自身的性质却无法真正实现这种彻底的人的解放（按照马克思原来的说法，资产阶级革命只是完成了人的"政治解放"）。因此，这还必须再通过一次新的革命来解决这个问题。马克思这个时期的经济学研究，更关心的是人的解放的现实道路问题。共产主义和消灭一切私有制是《德意志意识形态》一书中社会历史辩证法的现实落脚点。在这里共产主义不再像《1844年经济学哲学手稿》中那样，表现为一种理论逻辑的推论和价值伦理批判，而是一种现实的历史客观趋势的反映。"共产主义对我们来说不是应当确立的状况，不是现实应当与之相适应的理想。我们所称为共产主义的是那种消灭现有状况的现实的运动。"① 现在，"共产主义者根本不进行任何道德说教"，私有制的否定也不再是因为它是"非人"的，而受到某种伦理意义上来自价值论的批评，而是成为社会历史发展达到一定质点后的客观变革要求。在经典作家看来，在共产主义社会中，人类会重新恢复、确立应有的劳动主体性地位，成为历史的主人。这些观点的提出，标志着马克思劳动主体性思想的形成。

第三阶段（1848—1875），是马克思劳动主体性思想的深化期。以《共产党宣言》《1857—1858 经济学手稿》《1861—1863 经济学手稿》和《资本论》为代表性著作，具体分析考察了资本主义历史条件下劳动主体性的特点和类型，批判了资产阶级古典经济学家劳动主体性思想的错误，提出了关于劳动主体性自由全面发展的理论。《共产党宣言》首次从人的解放提出了共产主义联合体的基本特征，这就是"在那里，每个人的自由发展是一切人的自由发展的条件。"这一时期，马克思、恩格斯在论证共产主义代替资本主义的历史必然性，从发展生产力、消灭私有制和旧的分工等方面阐述了作为劳动主体的人的全面发展的实现条件和途径。《1857—1858 经济学手稿》《1861—1863 经济学手稿》和《资本论》标志着人的全面发展理论的成熟和最终确立。马克思从人和社会的关系出发，揭示了三大社会形态中人的发展状态。通过历史考察，说明人的全面发展的历程和人类社会历史发展一样是一个自然历史过程。马克思通过对资本主义生产、交换、分配、流通过程的分析，发现了资本主义运行的内在规律——剩余价值规律，同时在剩余劳动时间中发现了人的全面发展的条件和尺度即自由时间。《资本论》标志着以马克思劳动价值论为基石的政治经济学的确立，马克思坚持以剩余价值学说为基础，全面揭示了人的全面发展的科学内涵和历史必然性，论证了人的全面发展途径和条件，确立了发扬劳动主体性思想的关于人的全面发展理论的科学体系。

---

① 《马克思恩格斯选集》（第 1 卷）[M]. 北京：人民出版社 1995：87

（三）马克思劳动价值论中的劳动主体性思想的体现

马克思的劳动价值论研究了作为劳动主体的人的劳动特性和本质，揭示了劳动者在人类社会及其发展过程中的主体性地位，批判了资本主义制度下对劳动主体性的扭曲、异化，探索了人的解放和人的发展问题，呈现出以人的全面而自由发展为旨归的劳动主体性思想，蕴含着尊重劳动、尊重劳动者的人文情怀。

1. 突出价值创造中劳动的决定性作用和人的首位性彰显劳动主体性

马克思把感性活动的人作为唯物主义哲学和政治经济学的出发点，无论是哲学还是经济学，都把人的主体性看作是商品经济、市场经济社会人的主要特征，把成为独立、自主、自由的主体作为改造世界的社会实践的最终目标，在主体与客体的相互依存、相互渗透中，突出实践主体的能动性、创造性、自主性和目的性，也即是高扬主体自我意识的主体精神。

马克思的劳动价值论批判的是"以物为本"的价值理论，突出的是劳动和劳动者对价值的创造、财富的增加以及人类社会发展的重要作用。价值是一般人类劳动的凝结，劳动是人类所特有的行为和关系，人或者劳动者始终是劳动的主体。马克思指出："劳动首先是人和自然之间的过程，是人以自身的活动来引起、调整和控制人和自然之间的物质变换的过程。"① 这就是说，人类的劳动是人们利用自然、改造自然，把自然物质变成适合人类需要的物质资料的生产过程。这个过程是由人的活动引起、调整和控制的。马克思认为活劳动是创造价值的唯一源泉，只有无差别的劳动才创造价值，虽然商品的价值是由劳动、资本、土地等生产要素协同创造的结果，但在生产过程中，人的因素与物的因素的作用是不一样的，只有人的活劳动才直接创造价值，而物化劳动靠活劳动转移价值，本身并不增加价值。马克思的活劳动创造价值论，从根本意义上说就是肯定人的劳动主体性的能动性与创造性的特质和作用，是他的唯物主义历史观在经济学上的具体体现。

在《资本论》第一卷中，马克思立足于社会现实，以人们的劳动和在劳

---

① 《马克思恩格斯全集》（第 23 卷）[M]. 北京：人民出版社，1972：201-202

动中形成的关系为突破口，系统地研究了劳动形成价值的特性。他集中分析了商品的二因素性（使用价值和价值）和劳动的二重性（具体劳动和抽象劳动），认为劳动的二重性决定着商品的二因素性。通过分析劳动创造价值的过程，认为创造价值的劳动是活劳动，不是物化劳动。物化劳动是物化为价值的劳动，它不创造价值。马克思认为："唯一与物化劳动相对立的是非物化劳动，活劳动。前者是存在于空间的劳动，后者是存在于时间中的劳动；前者是过去的劳动，后者是现在的劳动；前者体现在使用价值中，后者作为人的活动进行着，因而还只处于它物化的过程中；前者是价值，后者创造价值。"[1]在社会生产过程中，活劳动作为抽象劳动，是创造新价值的劳动，是价值的唯一源泉；活劳动作为具体劳动，则保存了原先存在于生产资料中的价值，并把它转移到了新产品中。物化劳动是凝结在产品中的劳动，是积累了的人类劳动。虽然物化劳动是创造价值不可或缺的重要条件，但是在劳动过程中劳动主体的活劳动是价值创造的唯一源泉。劳动者的劳动主体性，更多的体现为劳动的自主性和创造性，人在价值创造中的作用依然是最重要的因素。对此，恩格斯曾经强调指出，马克思"第一次确定了什么样的劳动形成价值，为什么形成价值以及怎样形成价值，并确定了价值不外就是这种劳动的凝固"。[2]

马克思的劳动价值论突出价值创造过程中人的主体性和人的首位性，就是要揭示人类社会发展的内在动力在于劳动者的主体地位的肯定，主体作用的发挥，主体精神的发扬，主体价值的实现。马克思在劳动价值论的研究中，透过商品看到了人，看到了隐藏在物与物关系背后的人与人之间的关系。马克思通过商品二因素和劳动二重性学说不仅继承并丰富了劳动决定价值的思想，而且还实现了经济学研究主题从物转向了人。所以，马克思的劳动价值论是科学的价值论。

2.高度评价人的劳动在人类社会发展中的作用表达对劳动主体性的充分肯定

人及其劳动是马克思科学劳动价值理论的核心。马克思是从劳动出发去说明社会的形成和发展的，他明确指出："整个所谓世界历史不外是人通过人

① 《马克思恩格斯全集》（第47卷）[M].北京：人民出版社，1979：33
② 《马克思恩格斯文集》（第6卷）[M].北京：人民出版社，2009：21

的劳动而诞生的过程，是自然界对人来说的生成过程。"①马克思还把工业看成是完成了的劳动，或者说是劳动发达了的形式。因为工业较少地依赖于自然环境，而充分地表现出人的创造力量，所以马克思认为，工业是认识人的本质力量的打开了的书本。

马克思认为人的本质是劳动，劳动是人特有的活动，也是人类基本实践活动，劳动创造了人本身，也创造了人类社会。人在劳动中表现出的自由创造的类特性，是人与动物的本质区别。马克思通过劳动二重性学说，一方面从抽象劳动创造商品的价值的角度揭示了人类的活劳动是形成商品价值的唯一源泉，价值是由劳动创造的，在人类的发展和社会的进步过程中，劳动始终是第一位的因素，离开了人的劳动，人类社会就不可能发展。另一方面，马克思又从具体劳动生产使用价值的角度提出，"劳动作为使用价值的创造者，作为有用劳动，是不以一切社会形式为转移的人类生存条件，是人和自然之间的物质变换即人类生活得以实现的永恒的自然必然性。"②这样，马克思的劳动价值理论就又从具体劳动创造商品的使用价值的角度阐明了人类劳动在社会发展中的基础作用。在马克思看来人类历史是在一定的社会形式中由"劳动"展开的历史。劳动者的劳动创造能力，是人类社会经济发展的源泉，只有劳动者才是经济和社会发展的根本动力。发展社会生产力最根本的途径，就是要使全体社会劳动者的劳动潜能得到自由和全面的发挥；发展社会生产力的最终目的，就是使每个社会劳动者的体力、智力和各方面能力得到自由和全面的发展。可见，马克思把人和人的劳动在社会经济活动中的作用提到空前的地位上，他本人甚至称自己的经济学是"劳动的经济学"。马克思的劳动价值论对人的劳动在人类社会发展中的重要作用的肯定，是他的唯物主义历史观在经济学上的应用和具体体现。

3. 主张劳动的平等性和自主性表达了对劳动主体性的尊重

马克思在创立科学的劳动价值论的过程中，从古典经济学家提出的商品的交换价值范畴中抽象出了商品价值概念，揭示了商品价值"质"的规定性，明确了商品价值是人的活劳动创造的，价值就是凝结在商品中的一般人类劳

---

① 《马克思恩格斯全集》（第 42 卷）[M]. 北京：人民出版社，1979：131
② 《马克思恩格斯全集》（第 23 卷）[M]. 北京：人民出版社，1972：56

动。而且，也明确了商品价值量由社会必要劳动时间决定。按照价值规律的要求，商品交换必须要把个别劳动时间还原为社会必要劳动时间，做到等价交换，任何一方不能无偿占有对方的产品。商品价值"质"的规定性和"量"的可比性，以及价值规律的要求，表明了在商品经济条件下人类劳动的平等性和劳动者对其产品的主体性。从另一个角度来看，马克思认为劳动是人类为了维持生存而必须进行的活动，这是不容自由选择的，是不可避免的，这是一种永恒的自然必然性，任何时代的人都概莫能外。也就是说，人类社会要发展，每个人都要从事自己应该承担的那部分劳动，使劳动普遍化。在劳动中，人们可以展现和发展自己协调人与自然关系的能力，展现和发展对自己社会生产关系的驾驭能力，展现作为劳动活动主体应该有的自主性，正如马克思对未来理想社会描述的那样，"社会化的人，联合起来的生产者，将合理地调节他们和自然之间的物质变换，把它置于他们的共同控制之下，而不让它作为盲目的力量来统治自己；靠消耗最小的力量，在最无愧于和最适合于他们的人类本性的条件下来进行这种物质变换。"[①] 所以，马克思的劳动价值论，在更广深的意义上揭示出：人只有在劳动意义上，才是人化自然的主体，才是现实社会关系的主体，才是人的本质力量存在和发展的主体。他不仅将人们的劳动与商品的价值的创造联系在一起，而且将劳动者的平等地位和历史命运与劳动，也即人的本质相联系，为劳动主体性地位的确立和实现提供了思路和实现路径。

马克思在异化劳动理论中对异化劳动造成的人与劳动产品分离、人与人的类本质的异化的揭露，实质上是对劳动公平正义的诉求。这种公平正义的要求是对劳动主体劳动权益的尊重和保障。

4. 对商品拜物教的批判彰显了对劳动主体性地位的人文反思

马克思经济学的最大特点就是对资本主义制度及其制度中人的生存状况的关注。通过解剖分析资本主义制度的现实，马克思得出的结论是在资本主义制度下，人们已被"物化"——已失去了人的主体性。马克思对资本主义进行了尖锐的批判，商品拜物教理论就是马克思对资本主义制度的批判性思考。

马克思通过对商品拜物教的批判揭示了在资本主义生产方式下，人们经

---

① 《马克思恩格斯全集》(第 25 卷) [M]. 北京：人民出版社，1975：926-927

济关系和人的劳动主体性的异化。马克思认为商品拜物教的社会根源是商品本身，他指出，商品神秘的性质不是来自于别的什么地方，恰恰源于商品这种形式本身，商品的价值形式将一种劳动的社会性质反映在一种物的自然属性上，这样，单个生产者的私人劳动同社会总劳动的关系就脱离了生产者而外化为一种物与物的虚幻的形式。"商品形式的奥秘不过在于：商品形式在人们面前把人们本身劳动的社会性质反映成劳动产品本身的物的性质，反映成这些物的天然社会属性，从而把生产者同总劳动的社会关系反映成存在于生产者之外的物与物的社会关系。"①因为商品不仅是人类劳动创造的产品，而且是劳动交换的中介和社会经济关系的载体，商品才有了神秘性，这种神秘性到资本主义社会进一步得到了发展。"使用物品当作价值，正像语言一样，是人们的社会产物。后来科学发现，劳动产品作为价值，只是生产它们时所耗费的人类劳动的物的表现，这一发现在人类发展史上划了一个时代，但是它绝没有消除劳动的社会性质的物的外观。"②本来是人类通过自己的双手创造的物质财富，而这种物质财富却异化为一种异己的存在，反过来与自己相对抗，甚至控制了人类，使其"俯首称奴"。在这种异化中，人类失去了自我，对商品顶礼膜拜，人与人之间的关系被物与物之间的关系所掩盖，于是，人的世界变成了物的世界，在巨大的物质财富面前，人反而显得无能为力。物对人的支配变成了一种"自然必然性"，于是，"人们便把物的这种支配作用奉为神明，进行偶像崇拜。"而货币形式——这一商品世界的完成形式，更是将私人劳动的社会性质以及私人劳动者的社会关系掩盖得天衣无缝，作为财富的象征和代表，成为被人崇拜的对象，本身便显得更为耀眼了——仿佛"一从地底下出来，就是一切人类劳动的直接化身"。③

　　马克思对商品拜物教、货币拜物教和资本拜物教的批判，实质上是对资本主义社会劳动主体与客体相颠倒与异化的批判，是对资本主义经济生活中人被物奴役的批判。价值本质上是在物的掩盖下人与人的特殊经济关系，资本主义社会人与人的关系变成物与物的关系，人的关系被物化的同时，物的关系也

---

① ［德］马克思.《资本论》(第 1 卷) [M]. 北京：人民出版社，2004：89
② 《马克思恩格斯全集》(第 23 卷) [M]. 北京：人民出版社，1972：91
③ 《马克思恩格斯全集》(第 44 卷) [M]. 北京：人民出版社，1982：112–113

在人格化，而人们已被"物化"使人跪倒在自己的创造物面前，物的至上性造成劳动主体性的丧失，劳动者一旦散失了劳动主体性就将难以体会到人的有意义的存在状态。只有随着资本主义生产方式的否定和产生这种主客颠倒关系的客观条件的消除，劳动主体性的尊严和价值才能复归。马克思对资本主义生产的物役性和拜物教的批判，隐藏的是其对劳动主体性地位的人文反思和人文关怀。

5. 共产主义社会是劳动主体性思想在逻辑上的应然设定

在马克思看来，共产主义是对私有财产的积极扬弃，也就是说，它扬弃异化劳动并不否定对象化劳动。因为对象世界是人的本质的对象化，重新占有对象世界不过是人一度丧失的本质的复归。马克思在研究未来社会建设问题时，从是否体现主体性以及是否促进人的主体性来构建制度，来得出制度演化的标准以及制度演化的逻辑推论，即未来的制度要比现存的制度更能体现人的主体性。马克思把能体现或者说能使人的主体性得到最佳彰显的制度命名为"共产主义制度"，在马克思看来，共产主义并不是某些人头脑中想象出来的'人的本质'的概念的产物，也不是一种与私有财产抽象对立的东西，它尤其不是"消灭财产，其结果是普遍没有财产或贫困"的共产主义。[①] 马克思这里讲的共产主义"是和生产力相适应的"现代资本主义社会历史发展的客观结果。并且，"共产主义和所有过去的运动不同的地方在于，它推翻一切旧的生产关系和交往关系的基础，并且第一次自觉地把一切自发产生的前提看作是前人的创造，消除这些前提的自发性，使它们受联合起来的个人的支配。"[②] 也正是在那时，即"到了外部世界对个人才能的实际发展所起的推动作用为个人本身的驾驭的时候"，共产主义就不再是理想，而是现实。[③] 在那个现实的历史发展中，人才真正确立了自己的主体地位，成为历史的主人。所以，马克思认为，劳动主体性地位的肯定和主体性作用的发挥，人的自由全面发展的实现，必须以消灭旧社会的生存条件为基础，消灭个人隶属于一定阶级的现象，建立新的社会制度。

---

① 《马克思恩格斯全集》（第3卷）[M]. 北京：人民出版社，1956：553
② 《马克思恩格斯选集》（第1卷）[M]. 北京：人民出版社，1972：77
③ 《马克思恩格斯全集》（第3卷）[M]. 北京：人民出版社，1956：330

马克思还指出，社会历史发展中的人类主体被物所奴役的现象"不能靠人们从头脑里抛开关于这一现象的观念办法来消灭，而只能靠个人重新驾驭这些物的力量"去消灭。他明确指出，人类主体被外部对象奴役的特写历史现象（"异化"）的消除，只有在具备了来自于物质生产发展的"实际前提之后"才有可能。所以，"共产主义制度"作为未来社会的制度设计，它是作为马克思制度思想的宗旨——人的主体性学说在逻辑上的合理推论。马克思认为，在共产主义社会中，人类主体"在真正的共同体和条件下，各个人在自己的联合中并通过这种联合获得自己的自由。"经典作家通过对人的全面自由发展理论的探索，不断深化对人的本质、人的解放和人的发展的认识，创立了人的全面而自由发展为旨归的劳动主体性思想。

劳动主体性的观点是马克思从劳动价值论中得出的必然结论，马克思的劳动价值论是关于劳动主体的价值理论。马克思不仅将劳动置于人的本质的高度，更将劳动生产力置于人类历史发展的第一推动力的高度。马克思对人类历史的审视必然要求恢复劳动者在历史中应有的地位。所以，马克思批判资本主义不合理的地方，则正是未来社会——共产主义社会要努力去确立的地方。建立共产主义社会，从根本上说，就是为了确立劳动者在社会生产生活中的主体地位。劳动价值论是劳动者（无产阶级）解放的经济宣言。

三、马克思劳动主体性思想的人文关怀

马克思的劳动价值论按照劳动决定价值、活劳动创造价值、无差别的人类劳动凝结为价值的逻辑线索，揭示了劳动者在人类社会及其发展过程中的主体性地位，蕴含着尊重劳动、尊重劳动者、尊重劳动群众的人文关怀精神。

1. 马克思劳动主体性思想体现了"以人为本"的最高原则

马克思认为人的本质是劳动，劳动是人特有的活动，也是人类基本实践活动，劳动实践是主体和客体之间能动现实地双向对象化过程。人的劳动实践活动同时能动的改变了主体和客体，使客体主体化和使主体客体化。在劳动实践中，作为主体的人能动地把握改造客体的能力，人创造了客体也创造了主

体；劳动创造了人本身，也创造了人类社会，展现了劳动主体的自由自觉的创造性和主体性。马克思认为，"整个所谓世界历史不外是人通过人的劳动诞生的过程，是自然界对人说来的生成过程。"因此，劳动主体的创造性活动是人类社会发展进步的重要推动力，人类的任何一次发展与进步都离不开劳动主体性作用。劳动主体性的发展是时代进步的标志。

马克思的劳动价值论强调价值的实体是无差别的人类劳动，人的劳动是劳动过程中最主要的要素。强调在生产过程中人的因素与物的因素的作用不同，劳动者或者说劳动力，不是一般的生产要素，而是主导的、起决定性作用的生产要素。马克思的劳动主体性思想以人为核心，深刻地思考人在生产活动中的主体性，探讨发挥劳动者主动性、创造性和积极性的条件、途径，关心人的生存，追求人的自由全面发展，揭示劳动主体性的发展对社会进步的作用，因而，马克思劳动价值理论比任何别的价值理论都更重视人、尊重人、依靠人，体现"以人为本"的最高原则。

2. 马克思劳动主体性思想为人的问题的思考提供一种科学的价值判据

在劳动价值论中，马克思区分了物化劳动和活劳动在价值创造中的不同作用，揭示了活劳动创造价值事实，肯定了劳动者与其他生产要素相比，在价值创造中所凸显出来的主体性、能动性和创造性作用。在《政治经济学批判》中马克思曾经指出，"活劳动只不过是这样一种手段，它使物化的死劳动增殖价值，赋予死劳动新的灵魂，没有工人的活劳动，生产资料就会腐化，成为无用的东西……机器和纱一旦中断了同活劳动的关系，机器就会生锈，纱也就会成为无用的赘物，而且还会腐坏……机器不在劳动过程中服务就没有用，不仅如此，它还会由于自然界物质交换的破坏作用而解体，铁会生锈，水会腐朽。"[①] 所以，马克思的劳动价值论通过揭示劳动者的主体性作用，为人的本质、人的价值、人的尊严、人的权利、人的生存与发展等问题的认识和解决提供了一种科学的价值判据，为人类科学辨别和反思各种反人性、反人道的社会现象，更加理智、智慧的思考和解决人的发展问题提供了科学指导。

---

① 中共中央编译局.《马克思恩格斯文集》(第8卷)[M]. 北京：人民出版社，2009：110

3. 马克思劳动主体性思想体现了马克思经济学服务于劳动人民利益的阶级立场

马克思在劳动价值论中强调了活劳动是创造价值的唯一源泉，这一命题蕴含着一个深层的价值判断，即一切价值都是由劳动人民创造的。在分析资本主义条件下价值创造和价值实现时，他进一步指出在资本主义条件下，活劳动也即工人的劳动才是创造资本主义价值的唯一源泉，揭示了价值全部由工人创造，而剩余价值却被资本家无情占有的事实，体现出马克思对于作为现实生命的劳动主体的生命特性的关切，并对使劳动主体性丧失的异化劳动的表现和根源作了深刻批判。为了使人的劳动主体性获得回归、呵护、张扬与发展，马克思沿着劳动——价值的创造——价值的占有关系——阶级斗争——人的解放这样的思路和线索，分析了资本主义的历史过渡性，寻找到了扬弃私有制、消弭异化劳动的共产主义的理想社会，"在那里，每个人的发展是一切人的自由发展的条件"，人的劳动主体性将得到丰富而完善地展现。马克思劳动价值论的劳动者主体性思想，充分体现了马克思经济学的无产阶级立场。

四、马克思劳动主体性思想的当代价值

马克思劳动价值论揭示了价值的本质在于劳动，指出了能动的劳动对于社会以及人自身发展所起到的至高无上的作用。劳动价值论坚持维护劳动者的利益，揭露和反对资本主义剥削，倡导人的个性自由和全面发展，其主旨在于确立一种真正符合劳动者利益的社会价值观和价值体系，促进人的解放和发展。到目前为止，社会主义还是一项远未完成的事业，以劳动者为主体和中心的价值体系并没有完全地确立起来。因而，马克思通过劳动价值论确立的价值目标，仍然是马克思主义者和社会主义国家需要长期坚持的价值原则和价值追求。

1. 有助于形成尊重劳动的社会环境提高人民群众的主体地位

坚持马克思的劳动价值论，尊重劳动和保护劳动，就其本质含义而言，就是要尊重在一切劳动形式下从事劳动的主体——劳动者。古典经济学派曾经把劳动看作是创造财富的源泉，但在其对物的世界和人的世界所持有的扭曲的世界观和价值观的支配下，劳动所创造的物的升值与作为劳动者的人的贬值之间，始终是按正比的架构而发展着的。马克思的劳动价值论反复强调"活劳动是创造价值的唯一源泉"，实质上是对"生产要素论"者把劳动力等同于一般生产要素、把人等同于物的错误思想的批判，是对之前西方哲学家受机械唯物主义的影响而忽视人的主体性的错误倾向的否定，是对劳动过程中人的价值的重新审视。生产力是人类改造自然的能力，它包括劳动者、劳动资料和劳动对象三个要素。但劳动者是其中的主导因素，一切生产工具的变革，任何一项高新科技的发明，都是通过人的劳动，即体力劳动和脑力劳动的结合而创造的，并要通过劳动者在具体劳动过程中的运用，才能不断地推动人类社会生产力的进步和发展。因此，重视和尊重劳动者应当是马克思劳动价值论主体性思想的出发点和落脚点。

坚持马克思劳动价值论中的劳动主体性思想，有利于在全社会营造尊重劳动的社会氛围，摒除"劳心者治人，劳力者治于人"的错误观念，克服轻视甚至鄙视体力劳动和简单劳动的错误倾向，引导人民群众牢固树立"以辛勤劳动为荣，以好逸恶劳为耻"的荣辱观；也有利于进一步提高人民群众的主体地位，发挥人民群众建设中国特色社会主义的能动性，推动我国社会主义市场经济健康发展，促进社会主义初级阶段人的全面发展；也有助于促进社会公平公正和自我价值的实现，加速全面建成小康社会的进程，推进中华民族伟大复兴目标的实现。一个民族的伟大复兴不仅是财富的复兴，而且更重要的是人的主体性的复兴，人的主体性的复兴才是真正而全面的复兴。

只有在社会主义国家，劳动者才受到了前所未有的尊重和认可。社会主义国家通过建立生产资料的社会主义公有制度，在人类的文明史第一次真正确立了劳动者的主人翁地位。社会主义国家尽可能地从一切方面维护劳动者作为社会主人的权利。首先，社会主义国家以法的形式将劳动人民的主人翁地位确立下来。我国的宪法就明确地强调，劳动人民是国家的主人，一切权力属于人民。其次，"劳动光荣"是社会主义国家的基本道德准则，劳动成为每个人的权利和义务，社会主义的价值观倡导诚实劳动，赞美劳动，赞美劳动者。此外，社会主义国家强调劳动的创造作用，重视发展社会生产力，并主张通过发展生产来推动人的全面发展。

在我国，党和国家的一切方针、政策和路线，始终都以人民的利益为根本出发点。当前，我国正在进行的社会主义经济、政治体制改革，也是从劳动人民的立场上出发，着眼于实现和维护劳动人民的根本利益，达成劳动人民幸福安康的愿望。而且，只有始终重视劳动人民，把劳动者利益放在第一位，改革才能不断深入，发展才能取得更大的成就。

2.为我国坚持以人为本的科学发展观和构建和谐社会提供了理论依据

马克思的劳动价值论强调活劳动是创造价值的唯一源泉，既突出了劳动者是生产劳动的主体，又表达了人的发展应该是生产劳动的目的的发展观的要求。这对于我们如何看待经济发展和社会进步具有极为重要的现实意义。

在传统的发展观中，西方社会从近代以来长期是以物质财富的增加为标准，财富的增加就意味着一国的经济发展和社会繁荣。物质财富是人的劳动创造物，是社会历史发展的物质基础。没有千百万年来的物质积累，就不可能有现代社会的巨大生产力和丰富的社会生活。如果从人类总体的角度来看，坚持物质财富标准有一定的意义。但是，一个国家的现代化发展决不简单等于经济增长，一国总体财富的增加也并不等于人民的普遍福利。马克思以劳动价值论为基础，对劳动者主体性地位的回归和主体性作用的发挥进行了设想，即社会发展的以人为本和人与自然、人与社会、人与人间的协调和谐发展，才是为人的自由全面发展提供的保障和条件。

社会的千变万化确证着劳动者的主体作用，也反映出人的发展与社会的发展互为目的、互为手段，两者之间是一种相互影响和相互推动的互动关系，而社会和谐正是这种关系的表征和体现。党的十八大提出了全面建成小康社会、建设社会主义和谐社会的宏伟目标，正是马克思劳动主体性思想的生动体现。要使劳动者主体地位得到确立，主体作用得到有效发挥，在社会实践活动中，必须要坚持以人为本和人的全面发展的价值观，坚持以科学发展带动社会发展，重视劳动者在发展中的主体地位，始终坚持尊重人、关心人、理解人、爱护人、解放人和发展人的价值导向；在经济社会发展中，要关注个体生存价值，正确处理各方面的关系，突出人文关怀这一永恒主题；同时，要为广大劳动主体的人民群众创造更加公平正义、更加广阔自由的促进和保障劳动主体精神文化及民主权力充分发展的社会环境，让每个人的自由发展与全社会的全面发展协调同步、相互促进，更加充分地体现社会主义社会劳动人民当家作主的制度优越性和先进性，真正体现在充分保障劳动主体性方面与资本主义制度相比较的优势。

我国贯彻落实以人为本的科学发展观，构建社会主义和谐社会，都与马克思劳动主体性思想的价值取向相一致，是对马克思劳动主体性思想的坚持和实践。但在我国的现实社会中，还存在诸多影响劳动者主体性作用发挥和健康发展的因素，需要在理论上进行反思，在实践上进行积极探索，不断深化改革，采取相应的措施解决矛盾和问题，才能更充分地体现社会主义的优越性。

3. 为我国在现代化进程中重视劳动者主体的利益诉求和人文关怀提供了重要启示

马克思在一百多年前就深切认识到伴随着资本主义工业化的发展和生产现代化的推进，工人阶级将不断丧失作为劳动主体性的劳动自由和身心和谐，认为异化将成为人的主体性丧失的主要社会矛盾。当今世界的资本主义发展和现代化进程是一个世纪前的马克思无法预见的，但马克思关注的人的自由与全面发展的主题没有改变，人与人、人与自然、人与社会的冲突和矛盾依然影响着当代人的心灵，对社会公平正义的寻求，对生命价值和尊严的呵护，对人的自由而全面发展的追求，仍然是这个时代的主题。

马克思劳动主体性思想坚持以人为本的价值观，具体体现为对无产阶级和广大人民群众生存、生活状况的深切关怀，对人的全面发展的深切关注，这是马克思人文关怀精神最直接、最深刻的表达。

在当代中国，建设中国特色社会主义和实现现代化目标，是最广大人民群众劳动主体性作用的发挥和创造的过程，发展的终极目标是全体人民共享发展成果，实现人的自由而全面发展。所以，在我国的现代化建设中要重视劳动者主体的利益诉求，既要着眼集体的国家利益，又要重视和关心每个个体存在的价值和利益，让以人为本惠及人民群众，从经济利益、民主权利、发展机会、医疗教育、社会环境等方面，实现好、维护好、发展好最广大人民的根本利益。要把解决区域经济发展不平衡、根治环境污染、消除两极分化、加快民主进程、共享发展成果、缩小城乡差别，作为推进现代化建设、突出以人为本的具体措施，解决在物质生产和生活、政治文化生活、精神文明建设、社会建设等方面人文缺失的问题，把培植和重视人文关怀作为社会主义现代化进程中不断强化和发扬的时代主题，作为全面建成小康社会的当代要义。

4. 为我国不断改善民生保障劳动者主体的切身利益提供了工作导向

我国经济迅速发展的同时，社会建设相对滞后，特别是民生问题。从我国的现实经济问题出发，关注和着力改善民生，是落实科学发展观和以人为本的必然要求，也是马克思劳动主体性思想在当代中国的具体发扬。不断顺应各族人民过上更好生活的新期待，继续把保障人民的生存权、发展权放在首位，着力保障和改善民生，着力解决人民群众最关心、最直接、最现实的问题，切实保障公民的政治、经济、社会和文化权利，促进社会更加公正、和谐，努力使每一个社会成员生活得更有尊严、更加幸福，应该是保障和改善民生的核心。

民生问题涉及作为劳动者主体的人民群众生存、发展和保障状况。马克思认为劳动者的衣、食、住、行基本生存条件和状况，以及基本的发展权，是劳动者的基本主体权益。我国改革开放以来，坚持以解放生产力、发展生产力、实现共同富裕为目标，并以是否有利于发展社会主义社会的生产力，是否有利于增强社会主义国家的综合国力，是否有利于提高人民的生活水平作为衡量改革开放成效的标准，让广大人民群众共享改革发展的成果，体现了最大民生思想，坚持了马克思主义的原则。在当前我国发展的新阶段，实现好、维护好、发展好最广大人民根本利益是发展的根本目的，增进人民福祉、促进人的全面发展是发展的出发点和落脚点。促进人的全面发展，相当程度上就要保障人民利益的全面性、整体性和发展性。人民的利益体现在经济、政治、文化、社会等各个方面，持续推进民生改善，就是要求在发展经济不断提高人民群众物质生活的基础上，保障人民的生存权和发展权；就是要扩大人民民主，保障人民享有更多更切实的民主权利；就是要提高全民族文明素质，使人民基本文化权益得到更好保障；就是要推进以改善民生为重点的社会建设，关注人的价值、权益和自由，关注人的生活质量、发展潜能和提高幸福指数。所有这一切，是要让改革发展成果让人民共享的现实体现。

在新的发展时期，我国民生问题的解决需要继续以保障劳动者主体切身利益为出发点，继续深入发展。在十三五规划中，对解决民生问题切入点指向更加明确，不仅集中反映在全力实施脱贫攻坚、提升全民教育和健康水平、提高民生保障水平等，而且也反映在推进新型城镇化，加快改善生态环境，强调增加公共服务的供给，继续实施扩大就业战略，缩小收入差距，完善社会保障，应对人口老龄化，保障妇女、儿童、残疾人基本社会权益等具体方面。而经济发展构成了人民共享成果的基础，供给侧改革是要更好地满足民生需求，新型城镇化新在以人为本和农民的市民化，扶贫脱贫与生态环境均是在补民生短板，提升全民教育与健康水平、全面提升民生保障水平等则是在全面推进全民共享改革发展成果。这样的民生政策的安排和民生工作的推进，将会形成一个共享发展理念指导下能够让全体人民普遍受惠、民生质量得到提升的新格局。

5. 为我国完善分配制度实现劳动分配公平正义目标提供了指导

马克思关于活劳动是价值创造唯一源泉的思想，确立了劳动者的社会主体地位，是劳动者生存价值与发展正义诉求的体现，也是对劳动者劳动尊严的认同，为构建维护最大多数人根本利益的公平、正义、合理的经济制度和分配制度奠定了理论基础。

在公有制的社会主义社会，坚持马克思劳动价值论中对劳动主体的劳动权益、劳动分配公平正义的诉求，就应该充分尊重和维护创造社会财富的劳动者的权益，坚持按劳分配原则，使广大人民最大限度享受劳动收益和劳动成果。所以，收入分配制度的改革和完善，要以维护和保障劳动者的合法权益为前提，突显价值创造者在收入分配格局中的应有地位。

在当今中国，随着社会转型的加快和社会改革的深化，不同群体、不同地区、不同行业之间的利益冲突加大，社会分配不公现象已成为影响经济发展、社会和谐的一个不可忽略的因素。这种分配不公、利益不均的收入分配矛盾，实质上是对最广大普通劳动群体的劳动主体性权益的歧视，它产生的贫富差距、行业失衡、收益不等的诸多社会矛盾，与社会主义制度所要求的共同富裕、缩小差距的制度优越性是相悖的。所以，在我国新的发展阶段，分配制度的完善和分配政策的调整，必须始终以尊重和维护劳动者的权益为核心，坚持把维护社会公平放到更加突出的位置。要逐步提高劳动者收入在国民收入中的比重，控制劳动者收入在 GDP 中分配比例持续下降的局面；要规范国民收入初次分配中的分配秩序，加强对企业工资的调控和指导，维护劳动者的合法权益；还要借助于更有力的调控手段逐步实现公平分配，包括打破城乡二元结构、加强对垄断行业收入分配的监督和管理、不断提高中低收入阶层的劳动报酬等；同时，要综合运用多种手段，依法逐步建立以权利公平、机会公平、规则公平、分配公平为主要内容的社会公平保障体系，使全体人民共享发展的成果，让劳动群众的基本尊严和基本生存条件能够得到维护和满足，让广大劳动群众的基本发展条件能够得到保证，让广大劳动群众的生活水准和发展能力能够随着社会发展进程的推进而不断得以提升。有了充分体现公平正义的分配制度和分配方式，才能在社会认同上达成共识，才能构建良好的社会秩序，从源头上奠定我国长期繁荣和稳定的基础。

第四章　马克思剩余价值理论的人文底蕴

　　建立在劳动价值论基础上的剩余价值理论通过对资本主义经济制度和资本主义生产过程的解剖和分析，通过对剩余价值创造与分配的研究，揭示出了工人阶级在生产过程中的主体地位和重要作用，揭露了资本主义社会剥削的秘密和人剥削人的现实，科学论证了资本主义发生、发展和灭亡的客观经济规律，完成了政治经济学上的革命，并成为工人阶级维护最广大劳动人民群众根本利益、实现自身和全人类解放，提供了的强大思想理论武器。

一、马克思剩余价值理论的创立过程

　　马克思在人类科学史上有两个伟大发现，这就是唯物史观和剩余价值学说。恩格斯在评价第二个伟大发现时写道："这个问题的解决是马克思著作的划时代的功绩。它使社会主义者早先像资产阶级经济学者一样在深沉的黑暗中摸索的经济领域，得到了明亮的阳光的照耀。科学的社会主义就是从此开始，以此为中心发展起来的。"[①] 因为，剩余价值学说透过资本主义社会的种种假象，揭穿了资本主义剥削的秘密，说明了资本主义生产实质上就是剩余价值的生产，资本主义的生产过程就是资本家剥削工人剩余价值的过程，这就揭示了资本主义生产方式的实质和特征，揭露了无产阶级和资产阶级之间对立的经济现实，指出了无产阶级革命的历史必然性。剩余价值学说的创立使政治经济

---

① ［德］恩格斯.《反杜林论》[M]. 北京：人民出版社，1970：201

学发生了革命，它成为马克思经济学理论的基石。

马克思的剩余价值理论不是建立在某个单纯的理论之上，是经过对古典政治经济学研究成果的批判继承，以及在他所创立的科学的劳动价值理论的基础上，通过对资本主义社会剩余价值创造与分配问题不断深入地研究，才终于逐步建立起来的。

（一）马克思对剩余价值理论的初步研究

马克思是在 1843 年开始研究政治经济学的。当时他把资产阶级政治经济学一律看作是为资本主义辩护的错误理论，因而在批判资产阶级政治经济学的过程中，也否定了作为资本主义经济生活科学反映的劳动价值论，同时还否定了建立在劳动价值论基础之上的利润论和地租论。例如在他早期的政治经济学笔记里，把利润和地租都看作是对私有制交纳的"贡赋"，他认为这种"贡赋"的大小取决于竞争，只有消灭私有制，这种贡赋才能消灭。可见，当时马克思对剩余价值还缺乏真正的研究。

马克思对剩余价值的研究，是从考察雇佣劳动与资本的关系开始的。在《1844 年经济学哲学手稿》里，马克思认为"资本，即对他人劳动产品的私有权""资本是对劳动及其产品的支配权"，[1] 并进而指出，在资本主义制度下，整个社会分裂为有产者和无产者两个阶级，此时"工人降低为商品，而且是最贱的商品。"[2] 在这部著作中，马克思不仅考察了私有制下劳动和资本的对立关系，而且还指出劳动和生产资料相分离的结果是使劳动成为商品，即"异化了的劳动"。尽管这部著作中还存在着一些不成熟的提法，但他当时事实上已经开始研究资本主义雇佣劳动。

19 世纪 40 年代中期，马克思和恩格斯写成了《神圣家族》《英国工人阶级状况》和《德意志意识形态》等重要著作，这些著作表明，马克思已完成了从唯心主义到唯物主义、从革命民主主义到共产主义的转变。正是由于马克思在唯物主义历史观方面的成就，为他在政治经济学领域的革命奠定了世界观和

---

① 《马克思恩格斯全集》（第 42 卷）[M]. 北京：人民出版社，1979：62
② 《马克思恩格斯全集》（第 42 卷）[M]. 北京：人民出版社，1979：89

方法论的基础。

在《神圣家族》中，马克思和恩格斯不仅首次提出了雇佣劳动这个范畴，而且还提出："无产阶级执行着雇佣劳动因替别人生产财富、替自己生产贫困而给自己做出的判决。"[①] 从 1845 年 9 月到 1846 年 5 月，马克思和恩格斯合写了《德意志意识形态》一书，详细地考察了资本和雇佣劳动的关系是怎样随着资本主义的产生和发展逐步发展起来的，特别是第一次使用了"劳动力"这个术语，尽管此时他们还没有把这一概念固定下来，还没有把劳动力和劳动严格地区分开来，但已经包含有这一区分的萌芽。

1847 年马克思发表了《哲学的贫困》一书和《雇佣劳动与资本》的讲演，前者对自己的经济理论作了"论战性的表述"；后者以正面的、系统的又是通俗的形式阐述了自己的经济学观点。在这些著作中，马克思对资产阶级政治经济学的各个流派进行了具体的、科学的分析，初步把具有科学成分的古典政治经济学同为资本主义制度辩护的庸俗经济学区别开来，批判地吸收了古典政治经济中包括劳动价值学说在内的科学成分，他在《哲学的贫困》中肯定了："李嘉图的价值论是对现代经济生活的科学解释。"[②] 由于这一转变，马克思对李嘉图的利润论和地租论也作了肯定的评价，认为这些理论是李嘉图最重要的科学贡献之一。

恩格斯说过，在马克思以前很久，人们就已经认识到剩余价值的存在，并且指出过这部分价值是生产资料占有者无偿占有的那部分劳动产品的价值。古典政治经济学的创始人威廉·配第最早从地租的形态上考察了剩余价值的来源，他认为地租就是农产品的价值扣除了工资和生产资料（即种子）的价值以后的余额。重农学派提出了一条重要的原理，即剩余价值不是在流通领域而是在生产领域创造出来的。不过，也只限于在地租的形态上认识剩余价值的存在。亚当·斯密把剩余价值的研究扩大到社会劳动的各个部门，他认为一切生产部门（包括农业和工业）的劳动都创造剩余价值。他不仅提出了利润这个范畴，而且在其劳动价值论的基础上，把利润和地租归结为工人的剩余劳动。从这个意义上讲，斯密认识到了剩余价值的真正起源，但是在他的理论中剩余价

---

① 《马克思恩格斯全集》（第 2 卷）[M]. 北京：人民出版社，1957：44

② 《马克思思格斯全集》（第 4 卷）[M]. 北京：人民出版社，1958：93

值同利润是混淆不清的，而且还包含一些错误和庸俗成分。大卫·李嘉图比斯密又前进了一步，他始终一贯地把利润看成是工人劳动耗费的结果。按照他的意见，劳动的价值（即工资）只不过是工人劳动创造的价值的一部分，只有这一部分属于工人所有，其余部分的价值则被资本家所占有，成为资本家的利润。这些观点无疑是正确的。但是，由于对剩余价值的占有表明了资本主义剥削的实质，因此古典政治经济学家作为资产阶级的思想代表，是不可能去建立真正的剩余价值理论的。他们那些正确的见解，并没有成为他们前进的起点，反而被他们自身理论上的矛盾所淹没。根据恩格斯在《资本论》第二卷序言中的概括，李嘉图学派在剩余价值问题上遇到了两大难题：一是价值规律同雇佣劳动和资本相交换的矛盾；二是价值规律同平均利润规律的矛盾。由于他们无法解决这些矛盾，最终导致整个理论体系的瓦解。

而且正如马克思所指出的，古典经济学家并没有把剩余价值本身作为一个专门范畴同它在利润和地租中所具有的特殊形式区别开来。这就是说，在马克思以前，古典经济学家已经确定我们现在称为剩余价值的那部分产品价值的存在，同样也明确这部分价值是由占有者不付等价物的劳动产品构成的，但他们的研究并没有深入。马克思立足于社会现实，以劳动者的劳动和在劳动中形成的关系为突破口，着重并系统地研究了劳动形成价值的特性，提出了劳动二重性原理，为揭示剩余价值的秘密奠定了理论基础。

在 1847 年 7 月完成的《哲学的贫困》一书中，马克思第一次对剩余价值问题作了科学的表述。马克思在驳斥蒲鲁东认为强制实行等价交换就能够在资产阶级范围内消灭资本主义剥削时，批判了蒲鲁东把劳动创造的价值和"劳动商品"的价值相混同、把生产商品的劳动和"劳动商品"相混同等谬论，阐述了他对剩余价值理论的独特见解："等量的劳动时间的交换并没有改变生产者的相互地位，正如工人和工厂主的相互关系没有任何改变一样。"[1] 他揭示资本主义剥削的秘密正是建立在"劳动本身就是商品"的基础上，即资本家对雇佣工人进行剥削的基础之上，"由于劳动被进行买卖，所以它本身就是商品。为什么人们要买它呢？'由于人们认为劳动中隐含着价值'。"[2] 马克思还指出，正

---

① 《马克思恩格斯全集》（第 4 卷）[M]. 北京：人民出版社，1958：95
② 《马克思恩格斯全集》（第 4 卷）[M]. 北京：人民出版社，1958：95

是"劳动产品在直接劳动者与积累劳动占有者之间的不平等分配"，[①]使得劳动所创造的价值要比"劳动"本身的价值要大，其中的差额（实际上是剩余价值）即以利润形式为资本家阶级所占有。后来，马克思对此评价说："我们见解中有决定意义的论点，在我的1847年出版的为反对蒲鲁东而写的著作《哲学的贫困》中第一次作了科学的、虽然只是论战性的概述。"[②]

1847年底，马克思在布鲁塞尔德意志工人协会上作了《雇佣劳动与资本》的著名演讲，更全面地分析了"劳动商品"，第一次把剩余价值理论问题公布于世。在演讲中，马克思不仅说明了"劳动"只有在资本主义制度下才能成为商品，而且还揭示了资本增殖的秘密就在于资本和雇佣劳动的交换后面。马克思指出："工人拿自己的劳动换到生活资料，而资本家拿归他所有的生活资料换到劳动，即工人的生产活动，亦即创造力量。这种力量不仅能补偿工人所消费的东西，并且还使积累起来的劳动具有比以前更大的价值。"[③]恩格斯后来分析指出：上述两部著作可以证明，19世纪40年代末的马克思"不仅已经非常清楚地知道'资本家的剩余价值'是从哪里'产生'的，而且已经非常清楚地知道它是怎样'产生'的。"[④]可见，尽管当时马克思还未将劳动和劳动力区分开来，也还未将剩余价值从它的各种具体形态中抽象出来，但是，他已为彻底地解决剩余价值理论的这两个问题铺平了道路，从而为他建立科学的剩余价值理论打下了基础。

（二）马克思剩余价值理论的提出

马克思在《1857—1858年经济学手稿》中第一次系统地阐述了剩余价值理论的基本要点。他在劳动价值论的基础上论证了剩余价值的起源和本质，把剩余价值从其各种具体形式中抽象出来，从而抓住了剩余价值的本质，解决了古典政治经济学的第一个难题。

---

① 《马克思恩格斯全集》（第4卷）[M]. 北京：人民出版社，1958：95
② 《马克思恩格斯选集》（第2卷）[M]. 北京：人民出版社，1995：34
③ 《马克思恩格斯全集》（第6卷）[M]. 北京：人民出版社，1961：489
④ ［德］马克思.《资本论》（第2卷）[M]. 北京：人民出版社，1975：12

1849 年 8 月，被逐出巴黎的马克思来到了伦敦，开始进一步深入研究政治经济学。19 世纪 40 年代，马克思在经济学研究方面取得的成果已经为创建劳动价值论和剩余价值论奠定了基础，因而马克思经济学说的发展在 1850 年代显得特别突出。在《1857—1858 年经济学手稿》中，提出了劳动二重性的原理，从内容上区分了创造使用价值的具体劳动和形成价值的抽象劳动，并且认为，对劳动二重性的认识是"对事实的全部理解的基础"。① 马克思在劳动价值论方面的研究成果为剩余价值学说的创立奠定了科学基础。马克思在《1857—1858 年经济学手稿》中不仅首次明确地提出并分析了资产阶级经济学在剩余价值起源问题上碰到的第一个难题，而且就在这部著作中，还成功地解决了这个难题，创建了剩余价值理论。

马克思在《1857—1858 年经济学手稿》中对剩余价值问题的考察，是从商品价值着手，进而分析了货币，然后研究货币到资本的转化，从而接触到资本主义经济制度的"核心"即剩余价值。马克思认为，要揭示剩余价值的起源和实质，就不能避开资本与劳动相交换的问题，因为货币要转化为资本，就不能离开这种交换；同时，剩余价值的产生，虽然不是来自这种交换行为，但又是以它为前提的。所以马克思在《1857—1858 年经济学手稿》中，就从价值规律同雇佣劳动和资本相交换的矛盾这一难题着手，一步一步地分析解剖，最终把剩余价值产生的秘密展现在了人们面前。

1. 区分了劳动和劳动力的不同，为解决古典经济学家的难题找到了突破口

在《1857—1858 年经济学手稿》中，马克思第一次明确地把"劳动"和"劳动能力"或"劳动力"加以区别，并且阐明了成为商品的是劳动力，而不是劳动。在他看来，劳动不过是"劳动能力"的表现或机能，因此认为"活劳动就是活劳动能力的劳动，就是活劳动能力生命的表现"。② 不仅如此，马克思还认识到劳动在工人出卖商品时是不存在的，因为劳动在生产过程开始以后才存在，而这时它不属于工人，已经合并于资本，属于资本家所有。可是，当劳动存在时，由于"资本通过同工人交换，占有了劳动本身，劳动成了资本的一个要素，它现在作为有生产能力的生命力，对资本现存的、因而是死的对象性

① 《马克思恩格斯全集》(第 31 卷) [M]. 北京：人民出版社，1963：331
② 《马克思恩格斯全集》(第 46 卷上) [M]. 北京：人民出版社，1979：460

发生作用。"① 显然，一个在工人出卖商品时并不存在，而当它存在时又不属于工人所有的东西，工人不可能把它作为商品出卖。

基于上述认识，马克思断定：工人与资本家相交换时，他用以出卖的商品是劳动能力，而不是劳动。因此马克思在考察劳动力成为商品的历史前提时，明确地指出："工人已经不能以其他商品的形式、物化劳动的形式换出自己的劳动，他能够提供的可供出售的唯一商品就是存在于他的活的身体中的活劳动能力。"② 马克思在研究雇佣劳动和资本的交换时指出，"工人出卖的只是对自己劳动能力的定时的支配权"，而且一再强调"资本和劳动之间的交换，不是货币和劳动之间的交换，而是货币和活的劳动能力之间的交换"。③ 此外，马克思还根据这种新的见解，批评李嘉图由于不懂得"资本家换得的是劳动能力"，错误地"让资本家同活劳动相交换"，因而"在他的体系里就留下了无法解决的二律背反"等。

在《1857—1858 年经济学手稿》中，马克思还首次提出劳动力商品的二因素，并且论证了劳动力这一特殊商品的特殊性质。马克思把关于一般商品二因素的原理应用于劳动力商品的研究，认为它也具有使用价值和价值两个因素。劳动力商品的价值"不是由买者使用这个商品的方式决定的，而只能由商品本身存在的物化劳动量决定，在这里也就是说，由把工人本身生产出来所花费的那个劳动量决定"。④ 但是，劳动力商品不同于一般商品的特殊性质，并不在于它的价值，而在于它的使用价值，这是马克思在《1857—1858 年经济学手稿》中首次提出并加以论证的。他指出，"劳动能力本身是这样的使用价值：这种能力的消费同劳动的物化，从而同交换价值的创造直接一致。"⑤ 由此可见，劳动力商品的"特殊使用价值"的"特殊性质"在于，它是"创造价值的使用价值"，而劳动力商品的使用价值之所以能创造价值，则是由于"劳动能力作为使用价值，只有在劳动本身的活动中才能实现"。⑥ 而劳动本

① 《马克思恩格斯全集》（第 46 卷上）[M]. 北京：人民出版社，1979：255
② 《马克思恩格斯全集》（第 46 卷下）[M]. 北京：人民出版社，1980：513
③ 《马克思恩格斯全集》（第 46 卷下）[M]. 北京：人民出版社，1980：514
④ 《马克思恩格斯全集》（第 46 卷上）[M]. 北京：人民出版社，1979：241
⑤ 《马克思恩格斯全集》（第 46 卷下）[M]. 北京：人民出版社，1980：512
⑥ 《马克思恩格斯全集》（第 46 卷下）[M]. 北京：人民出版社，1980：514

身在抽掉了它的"特殊性质"以后，又表现为"抽象劳动"，因而"是作为价值的活的源泉存在"。①

马克思在区分劳动和劳动力的基础上科学地阐释了剩余价值的起源和实质。马克思认为，资本家通过与工人的交换，他尽管只支付了劳动力的价值，却换来了劳动力的使用价值，而这个使用价值"是价值的实体和增殖价值的实体"②"是比物化在劳动能力中的劳动时间更多的劳动时间"。③由劳动力的使用价值所创造的，超过劳动力价值即工资以上的价值，就是剩余价值。

对劳动和劳动力的区分，使马克思解决了价值规律同雇佣劳动和资本相交换的矛盾，揭示了剩余价值产生的条件。但是，劳动力的买卖属于流通领域，而在流通领域中是不创造价值和剩余价值的。因此，要说明剩余价值究竟是怎样被创造出来的，就必须考察资本家在购买到劳动力以后开始的对劳动力的消费，即考察资本主义的生产过程。在《1857—1858年经济学手稿》中，马克思正是按照这个思路把对剩余价值的研究一步一步地引向深入。他把资本与劳动的交换区分为发生在流通中的劳动力的买卖，和发生在生产中的由于劳动力的消费所引起的价值增殖这两个过程；并且一再强调第二个过程不仅"在性质上与交换不同"，而且"直接与交换对立"，因此"它本质上是另一种范畴"。④由于区分了这两个性质不同的过程，就更清楚地说明了工人和资本家之间实质上的不等价交换，是怎样在价值规律即等价交换的基础上进行的。也就是说，资本和劳动交换的第一个过程是完全按照等价原则进行的，符合价值规律要求，但是资本家购买工人的劳动力以后，在使用过程中却得到比他原来支出的更大的一个价值。这样，马克思从理论上证明，资本家购买劳动力获得剩余价值并不违反价值规律，而正是在价值规律的基础上产生的。

2. 提出了资本主义生产过程二重性原理，揭示了剩余价值产生的秘密

马克思在结束了对资本与劳动相交换的研究以后，便转入对资本主义生产过程的考察。

---

① 《马克思恩格斯全集》（第 46 卷上）[M]. 北京：人民出版社，1979：253
② 《马克思恩格斯全集》（第 46 卷下）[M]. 北京：人民出版社，1980：187
③ 《马克思恩格斯全集》（第 46 卷下）[M]. 北京：人民出版社，1980：186
④ 《马克思恩格斯全集》（第 46 卷上）[M]. 北京：人民出版社，1979：231–232

马克思在劳动二重性学说和劳动力商品学说的基础上，首次提出并论证了资本主义生产过程的二重性，阐述了剩余价值是如何在生产中被创造出来的，说明了资本价值增殖是怎样发生的。因此，资本主义生产过程二重性原理的提出，是马克思创立剩余价值理论的一个极其重要的标志。

资产阶级古典政治经济学虽然知道资本主义生产是利润的生产，但由于他们资产阶级立场的局限性，又把资本主义生产方式看成是永恒的自然方式，因而并不了解资本主义生产的实质，以致于把商品生产和资本主义生产混为一谈，把生产资料看成是资本，等等。马克思从根本上克服了资产阶级古典政治经济学的局限性，他在《1857—1858 年经济学手稿》中把经济范畴的物质内容和社会形式加以区别，并且从"生产一般"和"生产特殊"的双重见地上来进行研究，揭示出资本主义生产的二重性。在马克思看来，如果抽掉资本主义生产过程的社会形式，就其物质内容来考察，那么它首先表现为"劳动过程"，或"物质生产过程""一般生产过程""简单生产过程"等。① 而在"劳动过程"的表现形式上，资本主义生产过程的社会特点也就消失了，它仅仅表现为"一切生产形式所共有的"物质资料的生产，因而表现为"生产一般"。资本主义生产过程首先表现为"劳动过程"，这就是它的一重性质。但是，马克思又认为，任何社会生产都只能作为一定历史条件卜的社会生产而出现，因而又是"生产特殊"。因此，把资本主义生产作为"生产特殊"来加以考察，它又是"价值自行增殖过程"。资本主义生产过程表现为价值增殖过程，这正是它的另一重属性，也是最本质的属性。马克思提出："资本的价值增殖过程通过简单生产过程并在简单生产过程中实现"。② 也就是说，剩余价值的生产不能离开物质资料或使用价值的生产，因此，资本主义生产具有二重的性质，一方面，工人用具体劳动创造使用价值，是物质资料或使用价值的生产过程，即劳动过程；另一方面，工人的抽象劳动形成价值和剩余价值，即价值增殖过程。在马克思看来，这种生产过程的二重性正是生产商品的劳动的二重性在资本主义条件下的具体的、特殊的表现形式。所以，马克思认为："这种结果的二重

① 《马克思恩格斯全集》（第 46 卷上）[M]. 北京：人民出版社，1979：263
② 《马克思恩格斯全集》（第 46 卷上）[M]. 北京：人民出版社，1979：335

性只能用他的劳动本身的二重性来解释"。① 此外，马克思还指出：由劳动二重性过渡到资本主义生产二重性的根本原因是劳动力成为商品，劳动变成了雇佣劳动。因为资本家生产的目的是追求剩余价值，必然要千方百计地把雇佣工人的工作日延长到补偿劳动力价值所需要的劳动时间之上，使工人在生产过程中创造的价值超过劳动力价值，从而使价值形成过程转变为价值增殖过程。

资产阶级古典政治经济学家既不懂得资本主义生产过程的二重性，更不懂得价值增殖过程究竟如何发生。资产阶级古典政治经济学无法回答的问题，在马克思的剩余价值理论中圆满地得到了解决，他不仅提出资本主义生产过程的二重性，而且还论证了为什么资本主义的同一生产过程具有两重属性，并且具体地说明了剩余价值是如何在生产中被创造出来的，从而回答了资本的价值增殖之所以发生的原因。

马克思根据劳动二重性学说，首先分析了价值的保留和新价值的创造问题。他认为，在生产过程中，一方面，工人运用生产工具，通过"有目的的活劳动"而作用于劳动对象，"按照劳动目的对它进行加工"，生产某种产品，在生产中既保留了作为资本物质形式而存在的生产资料的使用价值，也保留了生产资料的价值；另一方面，在生产过程中，工人的劳动作为"抽象劳动"，它又是"价值的活的源泉"，因而能够在"旧价值上追加新价值"。旧价值的保存和新价值的创造，在时间和空间上并不是分开的两个行为，而是工人同一劳动过程中的两个方面。

其次，马克思根据劳动力商品的特点，把劳动力的价值和劳动力的使用即劳动所创造的价值严格地加以区别，说明了剩余价值的产生，论证了简单生产过程如何转化为价值增殖过程。马克思指出，如果劳动力的价值或工资"正好是劳动在生产过程中创造的价值的等价物"，那么，"产品的交换价值没有增加"，资本价值也没有增殖。② 因此，简单生产过程要转化为价值增殖过程，就只有当生产结果的产品价值"大于资本原有各组成部分所包含的劳动量"，而这又"只有当物化在劳动价格中的劳动小于用这种劳动所购买的活劳动时间才

---

① 《马克思恩格斯全集》（第 23 卷）[M]. 北京：人民出版社，1972：225
② 《马克思恩格斯全集》（第 46 卷上）[M]. 北京：人民出版社，1979：282

是可能的"。① 马克思分析的这种可能性，正是资本主义的现实，因为"劳动能力不等于它能实现的活劳动，不等于它完成的劳动量"。② 也就是说，劳动力的价值不等于劳动力的使用即劳动所创造的价值。所以，当工人劳动一个工作日时，"资本家在（劳动）价格中只支付了半个工作日，而在产品中却得到整个物化工作日；也就是说，他在交换中对后半个工作日什么也没有支付"。所以，马克思得出结论说："剩余价值总是超过等价物的价值。"③ 由于剩余价值的产生，资本价值发生了增殖，简单生产过程就转化价值增殖过程。

为了揭示剩余价值的源泉，回答资本能够实现增殖的原因，马克思在《1857—1858 年经济学手稿》中把工人劳动分为"必要劳动"和"剩余劳动"两个组成部分，指出剩余价值"不是起源于流通"，而是"从资本主义生产过程本身中产生"的，它来源于超过工人"维持生命的直接需要而形成的剩余劳动"。④

由上可见，马克思在考察简单生产过程转化为价值增殖过程时，实际上已经认识到价值形成过程和价值增殖过程的区别和联系。由于马克思提出了资本主义生产过程二重性原理，剩余价值的起源和本质问题得到了科学的说明。

3. 首次阐明了不变资本和可变资本的区分，揭示了剩余价值的真正来源

对于不变资本和可变资本区分问题的研究，马克思在 19 世纪 40 年代就已经开始了。但是，这一原理的建立，则是在《1857—1858 年经济学手稿》中。

在分析价值增殖过程时，马克思根据劳动二重性学说，分析了用于购买生产资料的这部分资本价值是怎样由于同活劳动相接触而被保存下来，用于购买劳动力的这部分资本又是怎样带来剩余价值，从而发生价值增殖的。通过对这两部分资本在价值增殖过程中不同作用的分析，第一次使用了不变资本和可变资本这两个范畴来区别资本在构成上的不同部分，指出资本中"体现在劳动材料和劳动工具中的那些部分"是"不变部分"；"和活劳动相交换的部分"是"可变部分"。前者通过工人的具体劳动，把消耗掉的生产资料原有价值转移到

① 《马克思恩格斯全集》（第 46 卷上）[M]. 北京：人民出版社，1979：286
② 《马克思恩格斯全集》（第 46 卷下）[M]. 北京：人民出版社，1980：73
③ 《马克思恩格斯全集》（第 46 卷上）[M]. 北京：人民出版社，1979：286-287
④ 《马克思恩格斯全集》（第 46 卷上）[M]. 北京：人民出版社，1979：363

新产品中去，不改变原有价值的量；后者通过工人的抽象劳动形成新产品中的新价值，这种新价值不仅补偿资本家雇佣工人时所支付的价值，而且能提供一个超过劳动力价值的增殖了的价值，即剩余价值。

不变资本和可变资本的划分，清楚地说明了剩余价值不是由资本家垫支的全部资本带来的，而只是由其中的可变资本带来的，从而深刻地揭示了资本主义剥削的实质。恩格斯在谈到马克思的这一理论贡献时写道："他（马克思——引者注）确定了资本分为不变资本和可变资本，就第一个详尽地阐述了剩余价值形成的实际过程，从而说明了这一过程，而这是他的任何一个前人都没有做到的；因而，他确定了资本自身内部的区别，这个区别是洛贝尔图斯和资产阶级经济学家都完全不可能作出的，但是这个区别提供了一把解决经济学上最复杂的问题的钥匙，关于这一点，这第二卷又是一个最令人信服的证明，以后我们会知道，第三卷更是这样。"[①] 不变资本和可变资本划分原理的确立，使马克思对剩余价值起源和本质问题的研究，提高到一个新的水平。

4. 区分了剩余价值和利润的不同，阐明了剩余价值的本质

阐释剩余价值的本质，要求把剩余价值和它的转化形式即利润加以区别，因为剩余价值在利润形式上表现为全部预付资本的产物，就把其本质掩盖了。所以区分剩余价值和利润，是马克思创立剩余价值理论的又一个重要突破。

在马克思以前的经济学家从未考察过剩余价值的一般形式，而只是在利润、利息、地租等具体形式下对剩余价值作过一些研究，他们时而把利润说成是工人劳动产品的"扣除"，时而又认为利润是全部资本的产物，等等，证明古典政治经济学家并没有真正搞清剩余价值和利润的不同。在政治经济学史上，首次区分剩余价值和利润，从而在剩余价值的纯粹形式上考察剩余价值，是马克思的科学功绩。而这一艰巨任务是马克思在《1857—1858 年经济学手稿》中完成的。

在这部著作中，当马克思对资产阶级经济学进行了深入的批判以后，进一步感受到区分剩余价值和利润的必要性，他写道："在过去的经济学中，关于剩余收益的学说不是在纯粹的形式下考察的，而是同实际利润的学说混为一

---

① 《马克思恩格斯全集》（第 24 卷）[M]. 北京：人民出版社，1972：22

谈，而后一学说则归结为各种不同的资本分享一般利润率的份额，因此产生了极大的混乱和神秘性。"① 同时，由于这时马克思已经掌握了不变资本和可变资本的区别，认识到剩余价值的产生仅仅同可变资本相联系，这在理论上使他有可能把剩余价值和利润加以区别。在《1857—1858 年经济学手稿》中，当马克思考察资本的价值增殖问题时，第一次使用了"剩余价值"② 这个科学范畴，后来又在资本章第三篇中阐述了剩余价值到利润的转化，提出了作为剩余价值转化形式的利润理论。

马克思在研究中运用了科学的抽象法，把反映资本主义制度本质特征的剩余价值范畴，和它在资本主义外部表现上所具有的利润形式加以区别，指出："利润是剩余价值的第二级的、派生的和变形的形式。"③ 或者说，"利润无非是剩余价值的另一种形式，从资本的观点来说是更加发展的形式。"④ 因此，按照马克思的分析，利润和剩余价值的关系，不过是形式和内容、现象和本质之间的关系。利润是剩余价值的转化形式，剩余价值是利润的基础，因而利润在本质上是剩余价值。

马克思认为，剩余价值转化为利润，是由资本主义制度的内在矛盾所决定的。因为劳动的客观条件与主观条件相分离，劳动在生产过程中合并于资本，成为资本的一个要素，因而劳动的生产力表现为资本的生产力，劳动所创造的价值和剩余价值也就表现为资本所创造的价值和剩余价值了。再者，资本的独立运动，也产生了一种神秘性，好像资本能够自行增殖。加之再生产过程（包括生产和流通）所出现的复杂的现象，"剩余价值就不再表现为由资本同活劳动的简单的直接的关系所确立的东西；相反，这一关系只表现为资本的总运动的一个要素。"⑤ 因此，如同劳动的生产力表现为资本的生产力一样，本来由剩余劳动创造的剩余价值，却歪曲地表现为资本的产物。而剩余价值在表现为资本的产物时，剩余价值就转化为利润了。正因为剩余价值到利润的转化根源

① 《马克思恩格斯全集》（第 46 卷下）[M]. 北京：人民出版社，1980：199
② 《马克思恩格斯全集》（第 46 卷上）[M]. 北京：人民出版社，1979：276
③ 《马克思恩格斯全集》（第 46 卷下）[M]. 北京：人民出版社，1980：95
④ 《马克思恩格斯全集》（第 46 卷下）[M]. 北京：人民出版社，1980：283
⑤ 《马克思恩格斯全集》（第 46 卷下）[M]. 北京：人民出版社，1980：264

于资本主义的内在矛盾，所以马克思才提出，"剩余价值转化为利润形式……尽管是以对剩余价值本性的错觉为依据的，或者不如说，尽管掩盖了剩余价值的本性，但从资本的观点来看，却是必要的。"①

马克思对剩余价值和利润的区分，标志着把剩余价值从具体的特殊形式中抽象了出来，在剩余价值的纯粹形式上考察剩余价值。他指出剩余价值固然是利润的基础，但它和通常所说的利润究竟是不同的。马克思指出，在利润形式上，剩余价值表现为全部资本的产物，好像资本的每一部分都参加新价值的创造，这就"掩盖了剩余价值的本性"②"剩余价值起源的痕迹消失了"。③ 所以，利润是剩余价值的表现形式，但又是歪曲了的表现形式。

以上事实说明，马克思在《1857—1858 年经济学手稿》中，在科学的劳动价值论基础上阐明了剩余价值的起源，并把剩余价值从其各种具体形式中抽象出来，从而抓住了剩余价值的本质，在剩余价值的纯粹形式上研究剩余价值，形成了剩余价值理论。

（三）马克思对剩余价值理论的发展

马克思在《1861—1863 年经济学手稿》中进一步分析了剩余价值的本质及其与表现形式的关系，论证了价值到生产价格、利润到平均利润的转化，创立了科学的地租理论，从而完成了剩余价值学说的创立过程。

1. 进一步研究了资本和剩余价值的本质及其与转化形式的关系

资本和剩余价值理论是《1861—1863 年经济学手稿》的主要内容。在该著作中，马克思以"资本最初的表现形式"，也是"资本的最一般形式"G—W—G'为基础，分析了产业资本和商业资本、借贷资本的产生、作用过程及相互转化关系。马克思认为，商业资本和生息资本尽管是历史上最古老的资本形式，但是，在资本主义生产方式的基础上，它们都表现为产业资本的"派生的、第二级的形式"。这是因为，"产业资本是在资产阶级社会占统治地位的资

---

① 《马克思恩格斯全集》（第 46 卷下）[M].北京：人民出版社，1980：289
② 《马克思恩格斯全集》（第 46 卷下）[M].北京：人民出版社，1980：289
③ 《马克思恩格斯全集》（第 46 卷下）[M].北京：人民出版社，1980：95

本主义关系的基本形式，其他一切形式都不过是从这个基本形式派生的，或者与它相比是次要的，——派生的，如生息资本。次要的，也就是执行某种特殊职能（属于资本的流通过程）的资本，如商业资本。所以，产业资本在它的产生过程中还必须使这些形式从属于自己，并把它们转化为它自己的派生的或特殊的职能。"①对资本的"基本形式"和资本"派生形式"关系的分析，是理解资本一般与资本特殊关系的关键，也是揭示剩余价值一般到剩余价值特殊（产业利润、商业利润、利息）转化的基础。

在资本形式的转化过程中，产业资本转化为商业资本，是资本的主要形式（生产过程）向资本的次要形式（流通过程）的转化；产业资本转化为借贷资本，则是职能资本（产业资本、商业资本）向非职能资本的转化。在借贷资本 G—G' 的运动形式上，资本的一般形式 G—W—G' 取得了最外在化的表现，成了一种"毫无内容的形式，不可理解的、神秘的形式"。②在这一过程中，资本的形式越来越和它的内在本质相异化，越来越与资本的本质失去联系。在借贷资本运动中，资本"取得了它的纯粹的拜物教形式"。③《1861—1863 年经济学手稿》对资本形式转化及其过程的理解，深刻揭示了资本的本质及其转化的、衍生的各种资本形式的关系与本质。

2. 研究了利润到平均利润、价值到生产价格的转化，解决了李嘉图理论体系的矛盾

平均利润和生产价格理论的形成，是《1861—1863 年经济学手稿》最显著的理论创新成果之一。在马克思经济学中，价值转化为生产价格的理论是劳动价值论和剩余价值论发展的综合成果。一方面，生产价格作为价值的转化形式，对其形成机制和形成过程的理解，是以劳动价值论为基础的，不理解价值实体、价值实现及其转化机制，就不可能搞清抽象层次上的价值向具体层次上的生产价格转化的逻辑过程；另一方面，生产价格中的平均利润是剩余价值的转化形式，离开了剩余价值理论就不可能搞清剩余价值到利润、利润到平均利润的内在转化关系。《1861—1863 年经济学手稿》在从资本一般转化为资本

---

① 《马克思恩格斯全集》（第 26 卷Ⅲ）[M]. 北京：人民出版社，1974：518–519
② 《马克思恩格斯全集》（第 26 卷Ⅲ）[M]. 北京：人民出版社，1974：517
③ 《马克思恩格斯全集》（第 26 卷Ⅲ）[M]. 北京：人民出版社，1974：516

特殊的论述中，探讨了剩余价值一般向剩余价值的具体形式——利润、利息等等的转化过程；在对价值转化为生产价格的论述中，探讨了剩余价值转化为利润，利润转化为平均利润的过程。

资产阶级古典经济学家从现实生活中认识到同量资本应得到同量利润，但由于他们不知道当利润采取平均利润的形式时，价值就采取了生产价格的形式，因此，他们无法在价值规律的基础上解释平均利润和生产价格问题。古典经济学最著名的代表人物李嘉图在这个难题面前只好宣布：在利润率和价值发生矛盾的地方，取得胜利的照例是利润率而不是价值。这样，李嘉图学派的理论体系因此而导致瓦解。马克思在撰写《1861—1863 年经济学手稿》的过程中，才根本上解决了这个问题。

马克思在 1862 年 1 月写的《剩余价值理论》第一册第三章中，最早提到了作为价值转化形式的生产价格这个概念。他说："商品的平均价格也总是不同于商品的价格，这一点我将在后面说明。"① 在这里虽然未作更多的论述，至少是在思想上已经明确了生产价格不同于价值。后来，马克思在《剩余价值理论》第二册以及第三册中，详细地表述了平均利润和生产价格学说的基本思想。

马克思指出，部门内的竞争和部门间的竞争，引起价格"平均化的双重运动"。一方面是部门内的竞争，使该生产部门生产的商品价值由平均劳动时间来决定，即个别价值转化为市场价值；另一方面是部门间的竞争，每个企业主都努力把自己的资本从利润较小的部门转移到比较有利的部门，结果使不同部门的利润平均化而形成"共同的利润率"，即市场价值转化为市场生产价格。在这种转化过程中，部门内和部门外的竞争是同时交错进行的，其最后结果是价值转化为生产价格、利润转化为平均利润。马克思还分析了这"两种转化"的关系，他认为第一种剩余价值到利润、剩余价值率到利润率的转化，表现为剩余价值对产生剩余价值的所有单个资本的关系，而不管这些单个资本的各组成部分与剩余价值生产保持怎样的有机关系。第二种利润到平均利润的转化，"这第二种转化所涉及的不再只是形式，而是除形式外还涉及实体本身，也就

---

① 《马克思恩格斯全集》（第 26 卷 I）[M]. 北京：人民出版社，1972：76

是说，改变利润的绝对量，从而改变在利润形式上表现出来的剩余价值的绝对量。第一种转化并没有触及这个绝对量。"①经过这两种转化，剩余价值的内在规定性逐步地转化为利润、平均利润的外在规定性。这两种转化的结果就是，剩余价值和平均利润的内在联系在其外在化的形式上完全消失了。

马克思还指出，价值转化为生产价格"仅仅涉及总资本所赚得的剩余价值在不同部门之间或在不同生产领域的各个资本之间的分配"。②这种利润的平均化，没有使剩余价值总额发生任何变化，平均利润总量仍然等于剩余价值总量。所以，价值转化为生产价格只是价值范畴在资本主义经济条件下的发展和变化，与价值规律并不矛盾。这些观点都表明，在《1861—1863年经济学手稿》中，马克思的生产价格理论已经形成。

马克思生产价格理论的形成，顺利地解决了李嘉图理论体系的根本矛盾。《1861—1863年经济学手稿》提到，由于"李嘉图把不依各个生产领域使用的劳动量为转移的费用价格的平均化看作是价值本身的变形，从而把整个原理推翻了"。③对于等量资本获得等量利润这一经济现象，"如果想不经过任何中介过程就直接根据价值规律去理解这一现象……就是一个比用代数方法或许能求出的化圆为方问题更困难得多的问题。"④通过对一系列中介环节的分析，通过对价值本身的质的转化关系的分析，马克思已经科学地证明：等量资本获得等量利润是在生产价格规律作用形式的基础上形成的。在生产价格规律中，各部门资本家都依据统一的平均利润率，获得与各自预付资本量大小成比例的平均利润。各部门中商品的价值和生产价格的差额，主要是由各部门创造的剩余价值和获得的平均利润的差额引起的，归根到底是由剩余价值在各生产部门之间重新分配引起的。因此，等量资本获得等量利润的现实，并不是对劳动价值论的否定，相反是劳动价值论在资本主义经济关系一定发展阶段的具体表现。同样，生产价格理论的创立也绝不是劳动价值论的"终结"，相反是劳动价值论内在生命力的体现。

---

① 《马克思恩格斯全集》（第48卷）[M]. 北京：人民出版社，1985：284-285
② 《马克思恩格斯全集》（第26卷Ⅱ）[M]. 北京：人民出版社，1973：221
③ 《马克思恩格斯全集》（第26卷Ⅲ）[M]. 北京：人民出版社，1974：23
④ 《马克思恩格斯全集》（第26卷Ⅲ）[M]. 北京：人民出版社，1974：90

3. 创立了科学的地租理论

马克思在研究平均利润和生产价格理论时以地租作为"例解",说明了价值转化为生产价格是符合价值规律的。马克思指出德国庸俗经济学家洛贝尔图斯失败的原因,是在绝对地租理论的出发点问题上,即在价值和生产价格之间的关系问题上完全赞同了"斯密—李嘉图的教条",他们认为价格和生产价格之间不存在差额。马克思说,如果从这个前提出发,那么,"同量劳动……在农业中生产价值会比在工业中生产的价值高。因而商品的价值就不是由商品中包含的劳动量来决定了。这样一来,政治经济学的整个基础就被推翻了。"[①]李嘉图为了维护价值规律,不得不否认绝对地租。但是,这个观点,显然同资本主义的现实相矛盾。

1862年8月9日,马克思给恩格斯的信中写道:"我必须从理论上证明的唯一的一点,是绝对地租在不违反价值规律的情况下的可能性。"同时指出:"这是从重农学派起直到现在的理论论战的中心点。"[②]

在《1861—1863年经济学手稿》中,马克思在批判李嘉图等人的地租理论基础上,研究一步一步深入,科学地说明了绝对地租产生的原因、条件及其实现形式。首先,马克思认为,李嘉图之所以否认存在绝对地租,同他对资本主义土地所有权性质的理解有关。事实上,因为存在着土地所有权,资本才不得不把价值超过生产价格的余额让给土地所有者,绝对地租的存在是土地所有权造成的结果。马克思指出,李嘉图否认存在绝对地租,还和他不理解生产价格理论有关。他认为,如果存在绝对地租(即与各类土地的肥沃程度无关的地租),那么农产品等的出售价格就会由于高于生产价格而经常高于价值,这就会推翻价值规律。其次,马克思还依据资本有机构成理论,揭示了绝对地租形成的条件。马克思认为,一方面,资本主义农业在生产力的发展水平和劳动生产率方面落后于工业,农业中的资本有机构成较工业为低,能生产更多的剩余价值,利润率较高,因而有绝对地租的来源;另一方面资本主义土地所有权的垄断,阻止了自由竞争,妨碍资本由工业自由转入农业,因而从农业部门得到的超额剩余价值(农产品的市场价值超过社会生产价格的余额)不参加平均利

---

① 《马克思恩格斯全集》(第26卷Ⅱ)[M]. 北京:人民出版社,1973:269

② 《马克思恩格斯全集》(第30卷)[M]. 北京:人民出版社,1974:276

润的形成。他说："一定的人们对土地、矿山和水域等的私有权，使他们能够攫取、拦截和扣留在这个特殊生产领域即这个特殊投资领域的商品中包含的剩余价值超过利润（平均利润，由一般利润率决定的利润）的余额，并且，阻止这个余额进入形成一般利润率的总过程。"[①] 这样一来，农产品的销售价格就按照由劣等地的生产条件决定的农产品价值来决定，农业资本家除了按照工业中形成的平均利润取得利润而外，还有超额利润，用以向土地所有者缴纳绝对地租。

由上可见，在《1861—1863 年经济学手稿》中，马克思已完成了科学的平均利润和生产价格理论以及地租理论，从而基本上完成了剩余价值学说的创立过程。

（四）马克思剩余价值理论的最终完成

从 1863 年 8 月至 1865 年底，马克思又对《1861—1863 年经济学手稿》中尚未充分阐述的部分作了大量的补充和修改，完成了《资本论》前三卷的更为详细的新手稿。在这部手稿中，第一册《资本的生产过程》，研究了剩余价值是怎样生产的；第二册《资本的流通过程》，研究了剩余价值如何实现为利润，第三册《两者的统一，或资本和利润、利息》，研究了剩余价值在实现为利润后如何转化为平均利润，又最后如何分割为产业利润、商业利润、利息和地租。这样，剩余价值学说得到了更详尽、更系统的论述，并形成一个完整的理论体系。

马克思第一次公开发表剩余价值理论，是在 1865 年 6 月在第一国际总委员会上所做的《工资、价格和利润》的报告中。在报告中，马克思精辟地论述了剩余价值理论的基本要点，深刻地阐述了劳动创造的价值大于劳动力本身的价值就是剩余价值的源泉，而资本家之所以能无偿地占有剩余价值就是因为存在着资本和劳动力之间的等价交换。

马克思剩余价值理论的最终完成是在 19 世纪 60 年代末至 80 年代，其标

[①] 《马克思恩格斯全集》（第 26 卷 Ⅱ）[M]. 北京：人民出版社，1973：30

志就是《资本论》的发表。1867年9月，由马克思亲自编辑的《资本论》第一卷胜利出版，之后马克思又继续改写和补写了二、三卷的手稿，恩格斯在马克思逝世（1883年）后，又分别于1885年、1894年编辑出版了《资本论》第二、三卷。《资本论》第一卷以剩余价值的生产为研究的中心，通过对剩余价值的起源、本质、后果和历史趋势的分析，揭示出资本主义基本矛盾产生和发展的根源，最终得出私有制必然灭亡的革命性结论。《资本论》第二卷考察的是产业资本的再生产过程，研究了剩余价值如何实现为利润。《资本论》第三卷考察的是资本主义生产的总过程，研究了剩余价值在实现为利润后如何转化为平均利润，又最后如何分割为产业利润、商业利润、利息和地租。其中，《资本论》第一卷在整部《资本论》中有着极为重要的地位，它所分析的"资本的生产过程"是第二卷"资本的流通过程"和第三卷"资本主义生产的总过程"的基础，它所揭示的剩余价值的起源和本质理论是《资本论》的核心，而它所得出的"资本主义私有制的丧钟就要响了，剥夺者就要被剥夺了"①的科学结论是整部《资本论》的主题。在《资本论》中，马克思不仅透彻地阐明了资本主义生产过程是劳动过程和价值增殖过程的统一，深刻地揭露了剩余价值生产的本质，而且还把剩余价值的生产看作是资本主义的绝对规律，从而彻底全面地阐述了剩余价值规律作为资本主义基本经济规律对资本主义社会生产发展的主导作用。马克思还通过运用大量的历史材料全面、系统地揭示了剩余价值规律运动的后果，提出作为资本主义的基本经济规律，剩余价值规律决定着资本主义的矛盾和冲突，决定着资本主义的发展和灭亡。得出了资本主义制度必然灭亡和社会主义制度必然胜利的结论。

二、马克思剩余价值理论的人文底蕴

马克思的剩余价值理论是在劳动价值论的基础上建立起来的，理论的

---

① ［德］马克思.《资本论》（第1卷）[M].北京：人民出版社，1975：831 — 832

本质是在科学地揭示人类劳动的本质和人作为劳动者的本质的基础上，解剖分析资本主义经济制度的本质，其目的是为了彻底揭示资本对劳动的剥削关系，为人的个人价值和社会价值的复归、为人的自由全面发展提供理论依据和实现路径。所以，剩余价值理论作为马克思经济学的核心内容，具有丰富的人文底蕴。

1. 揭示了人的劳动对于资本形成和积累的本源关系，揭露了资产阶级关于人与人之间公平公正说教的虚伪性

马克思对资本主义经济制度的解剖和剩余价值秘密的揭露，是以劳动、价值、货币、资本的逻辑层次展开，揭示了人的活劳动作为价值创造之源和价值增殖之本的基础性作用，说明了人的劳动对于资本的形成、积累、发展壮大的内在的本源关系。

在剩余价值理论中，马克思继续一以贯之地说明没有劳动，就不会有人和社会，没有劳动，资本不过是"不变资本"，即是单纯的货币、机器、厂房、设备而已，深刻揭示出了工人阶级在生产过程中的实际作用和主体地位，进一步科学地揭示了人类劳动的本质和人作为劳动者的本质，揭示了物质要素属人的历史。他指出："工业的历史和工业的已经产生的对象性的存在，是一本打开了的关于人的本质力量的书，是感性地摆在我们面前的人的心理学；对这种心理学人们至今还没有从它同人的本质的联系，而总是仅仅从外在的有用性这种关系来理解。"[①] 众所周知，资本不是自然生成物而是活劳动的产物，土地是被人的劳动改变了的自然，已成为属人世界的有机构成，它们都随着人的实践活动而不断变化。实践活动中它们表现出来的存在性，不能改变或掩盖其固有的历史性。马克思认为，当人们看到并不得不承认，参与任何现实的价值形成和增值过程的资本和土地，的确都具有属人历史性的时候，认可"人的活劳动在价值形成和增殖中起决定作用"的结论，就没有什么逻辑困难了。马克思经济学的劳动主体性思想，从深刻的人文关怀出发，以最大的普遍性和最透彻的社会存在本体为特征，阐述了劳动作为经济学规范分析理论的价值基础与功能。而马克思剩余价值理论中对必要劳动和剩余劳动的区分，对资本积累规律

---

① 《马克思恩格斯全集》（第 42 卷）[M]. 北京：人民出版社，1979：127

的阐释，从根本上揭示出了资本主义生产实质上是剩余价值的生产，是对雇佣工人的剩余劳动的榨取。资本主义生产的特征是扩大再生产，扩大再生产的源泉是资本积累，而资本积累的源泉是剩余价值，剩余价值的源泉也来自工人的活劳动，资本对剩余价值无止境的追求，是靠不断地占有和积累剩余价值来实现的。随着马克思剩余价值理论的完成，资本主义剥削制度的虚假面貌被逐一戳破，呈现出其真实的内容。就像恩格斯在论述马克思剩余价值理论的意义时所说："这样也就证明了，现代资本家，也像奴隶主或剥削徭役劳动的封建主一样，是靠占有他人无酬劳动发财致富的，而所有这些剥削形式彼此不同的地方只在于占有这种无酬劳动的方式有所不同罢了。这样一来，有产阶级胡说现代社会制度盛行公道、正义、权利平等、义务平等和利益普遍和谐这一类虚伪的空话，就失去了最后的立足之地，而现代资产阶级社会就像以前的各种社会一样真相大白：它也是微不足道的并且不断缩减的少数人剥削绝大多数人的庞大机构。"①

马克思在剩余价值理论中还揭示了在资本主义社会，劳动与资本及实体要素的手段与生产目的性之间的颠倒的现实关系，揭示了现实生产过程中资本对劳动统治与劳动对资本的依赖性、不平等性关系的本质，这一切都源自于马克思对资本主义社会劳动人民的深切关怀。人的活劳动是价值的生成或创造之源，也是价值增殖之本，在资本主义社会剩余价值、资本，乃至全部社会财富都是劳动者的活劳动创造出来的，没有劳动者的劳动就没有这一切，这就是资本主义社会劳动人民的重要地位和作用。

2. 剩余价值理论揭示了资本的本质和资本主义制度的反人道属性

从现象上看，资本首先表现为一定数量的货币，而后又表现为厂房、机器、原材料以及各种各样的产品等。但是，这些东西本身并不就是资本。从剩余价值的生产过程可以知道，货币、机器等只有在一定的生产关系下才成为资本，也就是说，只有资本家占有了它们，并用以作为剥削工人的手段，给他带来剩余价值时，才成为资本。马克思说过："黑人就是黑人。只有在一定的关系下，他才成为奴隶。纺织机是纺棉花的机器。只有在一定的关系下，它才成

---

① 《马克思恩格斯选集》（第3卷）[M]. 北京：人民出版社，1995：338

为资本。脱离了这种关系，它也就不是资本了，就像黄金本身并不是货币，沙糖并不是沙糖的价格一样。"①可见，资本从特殊性来看，是能够带来剩余价值的价值，它本质上是资产阶级和无产阶级之间剥削和被剥削的一种生产关系。

资产阶级经济学者，为了替资本主义制度辩护，把生产资料说成是资本，有的甚至更荒谬地宣扬原始人使用的石块和木棒就已经是资本的起源。我们从马克思的剩余价值学说可以知道，资本决不是生产资料这些物本身，它只是体现在某些物上面的一定的生产关系。但是，资本家剥削工人这种生产关系一旦表现在物上面，就给人以假象，好像这些物本身天然就是资本，天然就具有增殖价值的能力，这种虚幻的看法，就是资本拜物教观念。马克思的剩余价值学说，彻底戳穿了这种反映资产阶级利益和资产阶级阶级立场的虚幻观念，为我们正确认识资本的本质提供了理论根据。

剩余价值理论揭露了资本的本质，同时也就揭露了资产阶级的本质。所谓资本家不过是人格化的资本。资本的本性就是资本家的本性。从特殊性方面来看，资本是能够带来剩余价值的价值，资本家就是专门榨取剩余价值的剥削者。不管资本家如何美化自己，在马克思的剩余价值学说面前作为剥削者的面貌立刻会暴露无遗。马克思说，资本家追逐剩余价值的欲望是无止境的，工人"只要还有一块肉、一根筋、一滴血可供榨取，吸血鬼就决不罢休"。②

剩余价值理论揭露了资本的本质和资产阶级的本质，就为揭露整个资本主义制度的本质奠定了基础。马克思指出："资本主义生产——实质上就是剩余价值的生产，就是剩余劳动的吸取。""生产剩余价值或赚钱，是这个生产方式的绝对规律。"③尽量榨取工人的剩余劳动，获得更多的剩余价值，是资本主义生产的唯一动机和直接目的，这一点决定了资本主义生产方式的一切主要方面。剩余价值规律，就是资本主义的基本经济规律。可见，资本主义制度就是一个残酷的人剥削人的制度。但是，这一剥削制度具有不同于其他剥削制度的特点。在奴隶社会和封建社会的剥削制度下，人剥削人是赤裸裸的，而资本主义的剥削制度则蒙上了一层自由、平等的面纱。从表面上看，工人可以自由

---

① 《马克思恩格斯选集》（第 1 卷）[M]. 北京：人民出版社，1995：362
② 《马克思恩格斯全集》（第 23 卷）[M]. 北京：人民出版社，1972：334–335
③ 《马克思恩格斯全集》（第 23 卷）[M]. 北京：人民出版社，1972：295、679

地出卖劳动力,自由地选择雇主,但事实上工人的这种自由不过是被剥削的自由。工人可以暂时摆脱某个资本家,但是却摆脱不了被剥削的阶级地位。从表面上看,工人和资本家之间好像是一种平等的关系,因为劳动力的买卖仍然通行着等价交换的原则,但事实上资本家是在等价交换原则的基础上,无偿地占有了工人大量的剩余劳动,而且,资本家阶级作为一个整体在无止境的剥削整个的工人阶级。马克思的剩余价值理论通过对资本主义社会生产资料所有制和各种社会矛盾的实证研究和规范分析,透过资本主义的伪装,将资本主义制度反人道的属性揭露了出来,为工人阶级维护劳动人民的根本利益、实现自身和全人类的解放,提供了理论依据和思想武器。

3. 揭露了资本主义社会"以物为本"的经济运行机制对人的本质的压抑

马克思剩余价值学说的逻辑起点是劳动,研究的核心是资本主义生产关系和经济运行机制,重点是揭露剩余价值秘密,批判资本主义制度,揭示资本主义产生、发展、灭亡的规律,理论的落脚点是阐释人的解放与发展问题。

马克思的剩余价值理论表明,资本家对剩余价值的追求决定了资本主义社会"以物为本"的经济运行机制,"他狂热地追求价值的增殖,肆无忌惮地迫使人类去为生产而生产,从而去发展社会生产力,去创造生产的物质条件;而只有这样的条件,才能为一个更高级的、以每个人的全面而自由的发展为基本原则的社会形式创造现实基础。资本家只是作为资本的人格化才受到尊敬。资本家是这个社会机构中的一个主动轮。"① 对物的过度追求带来的是资本主义社会的本末颠倒和劳动者的工具化。

在资本主义社会,"资本积累使社会财富同它的增殖能力一同膨胀起来",但这巨大的社会财富被少数人占有,广大的劳动者在进入生产领域和走出生产领域时一样,不拥有任何的生产资料,"就像普罗米修斯被钉在岩石上一样"② 被钉在资本上,这是资本主义积累的一般规律。资本主义的雇佣劳动关系,使商品的所有权规律转化为资本主义的占有规律,资本主义社会巨大的物质财富是在人与物本末倒置的社会机制下创造出来的,所以,物的关系掩盖了人与人的关系和商品的形式,使人产生对物的崇拜和对资本的崇拜。而资本家出于对

---

① 《马克思恩格斯全集》(第 23 卷)[M]. 北京:人民出版社,1972:62
② 《马克思恩格斯全集》(第 23 卷)[M]. 北京:人民出版社,1972:89

剩余价值追求的目的，残酷地剥削和压迫工人，"一些人靠另一些人来满足自己的需求，因而一些人（少数）得到发展的垄断权。而另一些人（多数）经常地为满足最迫切的需要而进行斗争，因而暂时（即在新的革命的生产力产生以前）失去了任何发展的可能。"[①]这个本末倒置的社会不仅剥夺了劳动者发展人的本质的权利，而且，带来了人性的倒退，是"物支配人"，所以，资本主义是对人性的压抑，是以物为本的世界，它在物的价值不断增殖的同时使人的价值不断贬值。正如经典作家所说的："在目前资本阶级社会中，人们就像受某种异己力量支配一样，受自己所创造的经济关系，受自己所生产的生产资料支配。"[②]"人们的关系不是表现为人们在自己劳动中的直接社会关系，而且表现为人们之间物的关系和物之间的社会关系。"[③]

按照马克思的唯物史观的观点，人不应像机器原料一样在经济发展中被贬损，相反应在经济发展中得到发展。人的发展是目的，经济发展仅仅是手段，经济发展作为人发挥主体作用改造自然的结果，最终是要为实现社会和个人的整体发展提供必要的物质基础，人的发展才是经济发展的目的，正如马克思在《资本论》手稿中指出："真正的财富就是所有个人发达的生产力。"[④]又说："人本身是他自己的物质生产的基础，也是他进行的其他各种生产的基础。因此，所有对人的这个生产主体发生影响的情况，都会在或大或小的程度上改变人的各种职能和活动，从而也会改变人作为物质财富、商品的创造者所执行的各种职能和活动。"[⑤]经济发展的实质应该是人的全面发展，社会经济运行和发展的基本方向应该以人为中心，建立"以人为本"的经济运行机制，这个机制运行的必然结果就是人的全面发展和社会的巨大进步。所以，马克思剩余价值论对资本主义的批判，与劳动价值论一样，蕴含着以人为本的深深的人文关怀。

---

① 《马克思恩格斯全集》（第3卷）[M]. 北京：人民出版社，1960：507

② 《马克思恩格斯选集》（第3卷）[M]. 北京：人民出版社，1995：355–356

③ 《马克思恩格斯全集》（第3卷）[M]. 北京：人民出版社，1972：355

④ 《马克思恩格斯全集》（第46卷下）[M]. 北京：人民出版社，1979：222

⑤ ［德］马克思.《剩余价值理论》（第1册）[M]. 中译本，北京：人民出版社，1975：300

4.对资本主义剥削关系本质的揭露和批判蕴含了追求人的解放和发展的人文诉求

资产阶级经济学者为了替资本主义剥削制度辩护，提出了一个所谓"三位一体的公式"，即"资本—利润（企业主收入加上利息），土地—地租，劳动—工资"。就是说，他们认为在资本主义社会里，职能资本家得到的利润和借贷资本家得到的利息，是由自己的资本创造的，大土地所有者得到的地租，是土地创造的，工人得到的工资，则是劳动的价格。这样，资本主义社会三大阶级在生产中各以自己的"贡献"，得到了应有的"报酬"，既然各有所得，也就可以相安无事了。这个所谓"三位一体的公式"，是资本主义社会一种长期被宣言的流行和普遍的资产阶级传统观念，它掩盖了资本主义社会各个剥削集团收入的真正来源，美化了资本主义制度。

这种理论的一个明显问题是，将物的贡献和人的贡献等同起来，没有看到它们之间的本质区别。马克思在剩余价值理论中通过层层剖析，揭露了要素所有者的资本家分割剩余价值的真实内容。就劳动者来说，他所得的收入来自于其劳动力的价值，是其劳动的结果。但对于资本和土地所有者来说，他们之所以在分配中能够得到相当数量的收入，并不是由于他们在生产中付出了劳动（如果将他们的经营等劳动收入归入工资的话），而是由于他们握有资本、土地等这些生产要素的所有权，他们得到的收入是所有权在经济上的实现形式，是凭借生产资料的所有权所获得的收入。

马克思依据自己科学的劳动价值论和剩余价值论，建立了平均利润和生产价格理论，从而彻底揭露了资本主义社会各个剥削集团收入的真正来源。马克思指出资本主义利润的实质就是剩余价值。资本家为了追逐更多的剩余价值，进行着激烈的竞争，而资本主义的分配原则是等量资本要求获得等量利润，于是在竞争的基础上就形成了平均利润率。平均利润率形成后，商品价值就转化为生产价格。

在资本主义社会里，不仅产业资本家要获得平均利润，而且处于流通领域的商业资本家和银行资本家也要获得平均利润。商业资本家获得的商业利润，从表面上看是从购销差价中得到的，实质上则是产业资本家分割给他的一部分剩余价值。银行资本家获得的银行利润，从表面上看是来自存放款利息的差额，实质上则是其他资本家转让给他的一部分剩余价值。此外，还有借贷资本家，这是一种凭借自己手中握有的货币资本专靠吃利息过活的资本家。他所获得的利息并不是他所拥有的货币本身产生的，而是从贷款的资本家那里瓜分来的一部分剩余价值。在资本主义社会里还有一个剥削集团，就是大土地所有者，他以自己的土地所有权而获得地租。但地租决不是土地本身创造的，而是由农业工人的剩余劳动创造的，由租地的农业资本家交给大土地所有者的超过平均利润以上的一部分剩余价值。从这里不难看出，资本主义制度下的各色各样的剥削者，都是靠吸吮工人所创造的剩余价值过活的，工人的血汗就是他们收入的真正来源。他们共同剥削工人阶级，工人阶级共同受资本家阶级的剥削，是整个资产阶级在剥削整个的无产阶级。

马克思通过揭露资本主义剥削关系的实质，批判资本主义制度的不合理性，而他对资本主义批判的目标直接指向人的解放，认为工人阶级要改变受剥削、受奴役的地位获得解放，就必须推翻整个资产阶级，彻底消灭资本主义制度。马克思展望了未来共产主义社会人与人平等、和谐、全面发展的情景，提出了建立个人"自由个性"的理想，是对人生存理想状态的愿景设想，这一设想，无疑是人文精神的深刻演绎，是对人的彻底解放和自由全面发展的阐释和追求。

5. 对资本主义剥削制度的剖析批判阐明了社会发展回归缺失的人文关怀的必然性

马克思认为，在商品经济条件下，劳动者的劳动具有二重性，一方面作为具体劳动，是人的本质力量的具体的物化形态，生产出为他人服务的使用价值；另一方面作为抽象劳动，是人的本质力量的抽象形态，生产出产品的市场交换能力——人与人的市场权力。马克思说："在任何情形下，在商品市场上，只是商品所有者与商品所有者相对立，他们彼此行使的权力只是他们商品的权力。"[①]而该权力表现为通过交换使他人得到商品，自己获得货币，"个人的产品或活动必须先转化为交换价值的形式，转化为货币，并且通过这种物的形式才取得和证明自己的社会权力。"[②]在商品经济条件下，社会权利的实现，要求商品生产者要正确处理自利和他利、谋利性和服务性的关系，将二者有

---

① ［德］马克思.《资本论》（第 1 卷）[M]. 北京：人民出版社 1975：182

② 《马克思恩格斯全集》（第 30 卷）[M]. 北京：人民出版社 1995：107—108

效统一起来。也就是说，商品生产者谋求经济利益的行为要有人文关怀的考虑和引导。

但在资本主义商品经济条件下，资本的本质决定了资本主义商品生产过分突出谋利性而忽略和淡化人文关怀，特别是对劳动者的关注、关怀。劳动者生产出作为市场权力的"剩余价值"，不是由劳动者支配为自己服务的权力，而是被生产资料的拥有者所占有，成为支配与奴役劳动者的权力（社会关系力量），这就是由资本的属性所决定的结果。在马克思看来，资本具有双重历史功能。一方面，强大的资本扩张动力迫使人类社会将剩余劳动转化为资本而不断扩张，形成推动社会生产力的强大动力，使资本主义所创造的生产力比以往一切时代创造的生产力的总和还要多，还要大。另一方面，也产生资本扩张悖论：资本力量尽可能占有与支配工人创造的剩余价值，极大地缩小了消费空间从而形成过剩性经济危机；资本力量必须吸收自然资源才能实现扩张，极大地破坏与缩小资源环境空间从而形成生态危机；资本力量采取各种形式来免费利用"社会劳动的自然力"，使劳动者畸形发展，极大地缩小了人的自由发展的空间而造成人的发展危机。这些危机表明资本的剥削性注定了资本主义社会人文关怀的缺失，也导致资本主义制度将无法持续。

马克思在剩余价值理论中所揭示的资本主义剥削过程表明，资本主义社会人文关怀的缺失，并不单纯是资本家占有剩余价值，而是把劳动者创造的劳动成果不断转化为支配与奴役劳动者的异化力量，资本主义生产过程是不断奴役劳动者的异化过程，"剥削"的本质是剩余价值形成的异化力量对人的统治，因此，消灭资本主义私有制，消灭剥削，就是要求异化劳动复归于人本身，也就是由劳动者所创造的价值向劳动者的复归。"消灭剥削"并不是直接消灭资本、消灭利息、地租等非劳动收益，因为没有剩余价值创造和社会财富的创造，没有经济社会的发展，就谈不上人的发展，而是努力使这些从劳动者身上分离出去的剩余价值形态以公共利益的形式回归于劳动者自身，为实现人的自由全面的发展提供支撑和保障条件；更重要的是要改变资本主义生产方式，为劳动者权益的保障提供制度基础。

马克思把对资本主义社会劳动人民的人文关怀建立在实际地剖析资本主义生产方式矛盾运动的基础上，在经济活动、经济关系的分析中具体化了历史观中的人文精神，不仅揭示了资本主义生产方式的不足，也为反观具有人文关怀精神引导的生产方式提供了参照。人类社会的发展要求异化劳动复归于人本身，就必须要消灭资本主义私有制，消灭剥削，回归社会缺失的人文关怀。

6. 对剩余价值一般性的阐释揭示了剩余价值对于人和社会的积极意义

马克思在《资本论》第三卷中深刻地揭示了剩余价值的二重性问题。正如商品具有使用价值和价值的二重性、生产商品的劳动具有具体劳动和抽象劳动的二重性一样，剩余价值也具有一般性和特殊性的二重性。马克思在《资本论》第三卷第七篇第四十八章"三位一体的公式"中，反复交错剖析剩余价值的特殊性和一般性。他先分析了剩余价值的特殊性，他说："资本——而资本家只是人格化的资本，他在生产过程中只是作为资本的承担者执行职能——会在与它相适应的社会生产过程中，从直接生产者即工人身上榨取一定量的剩余劳动，这种剩余劳动是资本未付等价物而得到的，并且按它的本质来说，总是强制劳动，尽管它看起来非常像是自由协商同意的结果。这种剩余劳动体现为剩余价值，而这个剩余价值存在于剩余产品中。"接着他阐明剩余价值的一般性："一般剩余劳动，作为超过一定的需要量的劳动，必须始终存在。"然后他又继续分析剩余价值的特殊性："只不过它在资本主义制度下，像在奴隶制度等等下一样，具有对抗的形式，并且是以社会上的一部分人完全游手好闲作为补充。"然后他又进一步补充说明剩余价值的一般性："为了对偶然事故提供保险，为了保证必要的、同需要的发展以及人口的增长相适应的累进的扩大再生产（从资本主义观点来说叫作积累），就需要一定量的剩余劳动。"①马克思的这段话明确告诉我们：剩余价值具有社会经济形态（特殊性）和一般劳动程度（一般性）二重性的特点。一方面，马克思把剩余价值看作是特定社会经济形态的范畴，即把剩余价值看作是资本主义特有的经济范畴。马克思以逻辑过程和历史过程相统一的方法，研究了货币到资本的转化，指出劳动力成为商品是货币转化为资本的前提。马克思发现，劳动力作为商品同样具有使用价值和价值二重属性，但是，劳动力商品的价值和使用价值又具有其特殊性。劳动力商品的价值的特殊性在于它包含一个历史的和道德的因素；劳动力商品的使用价值的特殊性在于它是价值的源泉，并且是大于其自身的价值即剩余价值的源

---

① ［德］马克思.《资本论》（第3卷）[M].北京：人民出版社1975：925

泉。不仅如此，劳动力商品价值的特殊性也决定了剩余价值的特殊性。而所谓剩余价值的特殊性，就是指"剩余价值体现为剩余产品或体现为所生产的商品中由无酬劳动物化成的相应部分"。① 即剩余价值的资本属性。而资本的特殊性就是指资本是一定社会生产关系的本质，"资本不是一种物，而是一种以物为媒介的人和人之间的社会关系。""生产资料和生活资料，作为直接生产者的财产，不是资本。它们只有在同时还充当剥削和统治工人的手段的条件下，才成为资本。"② 另一方面，马克思又把剩余价值看作只是具有反映一般劳动程度的经济范畴。他不仅指出了剩余价值产生的条件具有一般性，即"一切剩余价值，不仅相对剩余价值，而且绝对剩余价值，都是以一定的劳动生产率为基础的。"③ 而且还论证了剩余价值质的规定性也具有一般性，他指出："把价值看作只是劳动时间的凝结，只是物化的劳动，这对于认识价值本身具有决定性的意义，同样，把剩余价值看作只是剩余劳动时间的凝结，只是物化的剩余劳动，这对于认识剩余价值也具有决定性的意义。"④ 他还一言以蔽之地阐明了剩余价值的一般性："如果我们把工资和剩余价值，必要劳动和剩余劳动的独特的资本主义性质去掉，那么，剩下的就不再是这几种形式，而只是它们的为一切社会生产方式所共有的基础。"⑤

马克思的剩余价值理论所超越前人之处，除了从特殊性方面不断揭露剩余价值的剥削性而加以反对之外，马克思还致力于从人类劳动和人的价值的研究，从劳动发展史和价值演变史中透视剩余劳动及其所产生的剩余价值对于人和人类社会的意义，阐释了其对人类社会发展以及人的发展的巨大作用。

马克思对剩余价值一般性的阐释表明，剩余价值的生产是促进经济社会发展和人发展的重要物质基础。只有劳动者的剩余劳动创造出剩余价值，才有资本积累的源泉，才有扩大再生产，人与社会的发展才有不断积累的物质条件的支撑，所以，任何社会都需要重视剩余劳动的价值和社会财富

① ［德］马克思.《资本论》(第3卷) [M]. 北京：人民出版社 1975：272
② ［德］马克思.《资本论》(第1卷) [M]. 北京：人民出版社 1975：834、835
③ ［德］马克思.《马克思恩格斯全集》(第26卷Ⅰ) [M]. 北京：人民出版社 1972：22
④ ［德］马克思.《资本论》(第1卷) [M]. 北京：人民出版社 1975：243–244
⑤ ［德］马克思.《资本论》(第3卷) [M]. 北京：人民出版社 1975：990

的创造。

三、马克思剩余价值理论的现实价值

马克思的剩余价值理论，不仅揭示了资本主义生产方式条件下剩余价值生产的运动规律，以及资本主义社会运动发展的规律，而且也包含了社会化大生产条件下市场经济运行的一般规律。对于中国特色社会主义经济理论的完善和社会主义市场经济的发展，都有重要的启示意义和参考价值。

（一）理论价值

1.有助于科学认识社会主义经济条件下的剩余价值范畴

我国学术界有关剩余价值理论的研究和争论，核心在对社会主义市场经济条件下是否存在剩余价值范畴、剩余价值与剥削的关系上。

长期以来，由于受传统教科书的影响，我国理论界侧重于马克思对资本主义制度中剩余价值分析的特殊表述，一直认为剩余价值是资本主义特有的经济范畴，它专用于体现资本家对雇佣工人的剥削关系；而对马克思对剩余价值一般性的理论阐释重视不够。20 世纪 80 年代初，有些经济学家曾提出"社会主义剩余价值"的范畴，但并未被经济学界所普遍认同。当时的主流观点是，社会主义没有"剩余价值"，如果在社会主义条件下使用剩余价值这一范畴，就混淆了社会主义与资本主义的本质区别。直到今天，在社会主义市场经济中剩余劳动时间所创造的价值，还没有一个统一的为人们公认的概念来表示，或曰"公共价值"，或曰"社会价值"。剩余价值这一范畴长期被排除在社会主义经济理论之外。

其实，回避剩余价值概念并不等于从理论上解决了该问题，其关键在于阐明剩余价值是商品经济的一般范畴还是资本主义的特殊范畴，剩余价值在公有制和社会主义市场经济条件下是否存在以及剩余价值在不同商品经济形态中有何特殊表现。实际上，马克思对资本主义制度中剩余价值的分析只是剩余价值的一种特殊表现，而剩余价值的特殊性中又包含着一般性。剩余价值作为一般范畴，它的实质是剩余劳动或剩余产品，而剩余劳动、剩余产品在封建社会、资本主义社会、社会主义社会等多种社会制度中都是存在的。判断一种制度存在不存在剥削，其根本的依据不在于是否存在剩余价值，而根本的依据是生产资料归谁所有、剩余价值归谁占有，即剩余价值所体现的生产关系的特殊性质。

马克思的剩余价值概念，既有特殊，也有一般，传统理论强调的是剩余价值特殊，而否定了剩余价值一般。从马克思的有关论述中，我们也不难发现，剩余价值具有一般规定性。这种一般规定性表现在质和量两个方面。从质的规定性上看，"是剩余劳动时间的凝结，只是物化的剩余劳动"；[①] 而从量的规定性上看，"是超过原预付货币额的增加额"，这种剩余价值一般不仅存在于资本主义私有制经济中，也存在于社会主义公有制经济中。

（1）剩余劳动时间和剩余劳动都不是资本主义经济特有的范畴。[②] 剩余价值只是剩余劳动时间的凝结，只是剩余劳动的物化，从一般性上来说，剩余劳动时间、剩余劳动既存在于资本主义私有制经济中，也存在于社会主义公有制经济中，存在于一切社会形态中，正如马克思所说的那样，"一般剩余劳动，作为超过一定需要量的劳动，必须始终存在。"[③] 这是因为，一方面，劳动分为必要劳动和剩余劳动两个部分，是社会生产力发展的结果和社会进步的表现。社会生产力发展到一定阶段，必然出现剩余劳动和剩余产品。在原始社会早期，由于生产力低下，人们的全部劳动都是必要劳动，不可能有剩余劳动和剩余产品。随着社会生产力的发展，到原始社会中后期就出现了必要劳动和剩余劳动的区分。此后，不论是奴隶社会、封建社会、资本主义社会还是社会主义社会，剩余劳动都是始终存在的。另一方面，劳动分为必要劳动和剩余劳动两个部分，又是社会生产力发展和社会进步的基础和前提。马克思说："在任何社会生产中，总是能够区分出劳动的两个部分，一个部分的产品直接由生产者及其家属用于个人的消费，另一个部分即始终是剩余劳动的那个部分的产

---

① ［德］马克思.《资本论》（第 1 卷）[M]. 北京：人民出版社 1975：244
② 蒋学模.《社会主义经济中的资本范畴和剩余价值范畴》[J]. 经济研究，1994（10）：55
③ ［德］马克思.《资本论》（第 3 卷）[M]. 北京：人民出版社 1975：925

品，总是用于满足一般的社会需要，而不问这种剩余产品怎样分配，也不问谁执行这种社会需要的代表的职能。"① 社会主义社会也不例外。在社会主义经济中，即使在公有制企业里，劳动者的劳动也要分为必要劳动和剩余劳动两个部分，前者是劳动者直接为自己提供的劳动，后者是劳动者为企业、为社会提供的劳动。

（2）剩余劳动物化为剩余价值，是以劳动物化为价值为前提的，而劳动物化为价值不是资本主义特有的经济现象，它是商品经济的产物。只要存在商品经济，即直接以交换为生产目的的经济形式，生产商品所耗费的一般劳动包括剩余劳动，就要物化为价值。区别只在于：在商品经济发展的不同阶段上，由于经济基础不同，剩余劳动的具体表现形式和占有方式必然也就不同。

资本主义商品经济是建立在资本主义私有制和雇佣劳动的基础上的，资本家购买工人的劳动力，是为了实现其资本价值的增殖，资本家生产商品只是实现资本价值增殖的手段。为此，工人的劳动就必须分为两个部分，即必要劳动和剩余劳动，工人劳动所创造的价值也相应地分为劳动力的价值和超过劳动力价值以上的余额，即剩余价值。前者是工人为自己创造的价值，后者是工人无偿地为资本家提供的价值。因此，资本主义商品生产过程表现为劳动过程和价值增殖过程的统一。而且，正是由于工人要为他人，即为资本家提供剩余劳动，才使得这种剩余劳动以剩余价值的形式表现出来。

在社会主义经济中，即使是在公有制企业里，由于商品经济的存在，劳动者生产商品的劳动包括剩余劳动也要表现为价值。企业职工的劳动过程，一方面是加工劳动对象，改变劳动对象的性能和形状以制造出新产品的过程，是生产使用价值的具体劳动过程，同时也是转移生产资料旧价值的过程；另一方面又是抽象劳动的凝结过程，从而是价值创造的过程。被转移的生产资料的旧价值和职工投入的活劳动新创造的价值，共同构成产品的价值。而在新创造的价值中，既包括以工资形式支付给职工的价值，同时也包括超过他们所得工资部分的价值。② 这种劳动过程和价值形成与增殖过程的统一，与资本主义企业

---

①　［德］马克思.《资本论》（第3卷）[M].北京：人民出版社，1975：992-993

②　宋涛.《资本和剩余价值不是资本主义经济和社会主义经济通用的经济范畴》[J].高校理论战线，1995（7）：21

并无两样。区别在于：社会主义公有制企业职工的劳动，是为自己和为自己社会的劳动，他们在劳动过程中创造出的新价值为自己和企业以及社会主义国家所占有。

从以上分析来看，既然社会主义也有剩余劳动，社会主义剩余劳动也要物化为价值，社会主义公有制经济中也有价值增殖，那么，我们就应该承认，剩余价值在社会主义公有制经济中也是存在的。

马克思剩余价值理论是一个完整的科学理论体系，它不仅揭示了资本主义生产方式下剩余价值生产的运动规律，而且从一般性上揭示的剩余价值对于人和社会的积极意义，蕴含了社会化大生产条件下市场经济运行的一般规律，反映出社会主义经济条件下承认剩余价值范畴、重视剩余价值创造的必要性和重要意义。所以，在社会主义市场经济条件下，应该正视剩余价值的存在，并承认现阶段社会主义剩余价值占有和分配的合理性，社会主义经济理论不应该忽视和排斥剩余价值范畴，而应重新认识、深入研究、充分利用剩余价值范畴，全面研究社会主义条件下剩余价值的生产、实现、分配和利用问题，进一步丰富和发展剩余价值理论，并积极吸收一切现代经济学的优秀成果，建立和发展社会主义经济理论，同时在实践上要努力实现剩余价值生产的合理化、最大化，剩余价值分配的最优化，使社会主义经济条件下剩余价值的文明性和进步性充分展现，使之造福于人民、惠及于子孙后代。

2. 有助于从理论上正确认识社会主义初级阶段的剥削问题

马克思通过对资本主义制度剥削性的揭露和批判，揭示了资本主义制度的命运是要被新的制度所取代。资本主义社会中对剩余价值的追求之所以可能，是同生产资料私人占有制分不开的。因为，生产资料私有制是资本主义经济制度的基础，生产资料的私人占有决定了生产资料不可能与劳动者的劳动直接结合，与生产资料私人占有相对的是一部分人丧失了生产资料，丧失了与生产资料进行结合的权利。劳动作为人类生存的本质特征必须通过同生产资料结合才能实现，在资本主义社会是通过雇佣劳动制度和组织方式实现了资本家生产资料与雇佣工人劳动的结合，决定了资本家占有他人劳动的必然性，也决定了资本主义制度中的资本家与工人相互对立的阶级关系，所以，资本家对工人剩余价值的剥削是阶级对立的剥削。作为扬弃了资本主义生产方式的社会主义社会，必须要改变阶级对立状态下的剩余价值生产和分配，而这以先进的社会制度的建立为基础和保障。

　　生产资料所有制形式是经济制度的基础，因为，人类劳动只有通过作用于生产资料才能够发挥作用，生产资料的所有制不同，决定了生产资料与人的劳动的结合方式不同，社会劳动的组织方式也不同。按照经典作家的设想，共产主义社会扬弃生产资料私有制就是改变雇佣劳动为形式组织社会劳动的生产方式。在马克思所设想的共产主义社会里，生产资料不再是无偿占有他人劳动，进而支配他人劳动的手段，而只是生产满足人类需要的使用价值的物质材料。社会生产的动力也不是通过占有物化的劳动力而支配他人的劳动，而只是用于满足人们不断增长的物质和精神方面的需求。这时人们的需要就成为社会发展的主要的动力，而人的需要的丰富则表现出人的本质的丰富。也正是在这个意义上，马克思认为在共产主义社会中"每个人的自由发展是一切人自由发展的条件。"在共产主义社会，生产资料私有制和剥削才能够真正消灭，社会生产才能真正地以人的需要为目的，服务于人的需要的满足。

　　我国现阶段的基本经济制度以生产资料公有制为主体多种所有制共同发展，剥削制度在我国已被消灭，但多种所有制并存的格局决定了还不能消灭剥削现象、剥削关系，在一定范围内仍然存在。马克思认为，资本主义剥削形式在人类社会的一定历史阶段也具有历史正当性，他指出："资本的文明面之一是，它榨取剩余劳动的方式和条件，同以前的奴隶制、农奴制等形式相比，都更有利于生产力的发展，有利于社会关系的发展，有利于更高级的新形态的各种要素的创造。"① 所以，我国社会主义初级阶段为了充分调动社会各方面的积极性，"必须毫不动摇地鼓励、支持和引导非公有制经济发展"。不可否认，私营企业主同广大工人、农民和知识分子一样作为社会主义国家的建设者，通过合法经营，为发展社会主义社会的生产力和提高人民生活水平作出了贡献，但是，辩证地讲，私营企业主尤其是大中型私营企业主的收入，除了相当于高级复杂劳动的薪金收入部分外，还包含有更多的利润（即剩余价值）。这种利润就包含着对他人剩余劳动的占有，包含着剥削。同样，外资经济中也包含着剥削现象。但在我国，工人阶级是生产资料的主人和国家的领导阶级，法律制度

---

① 《马克思恩格斯全集》（第 25 卷）[M]. 北京：人民出版社，1975：926

赋予劳动和劳动者神圣权利，这就从根本上消除了资本与劳动之间阶级对立的社会基础，也就是说社会主义制度已经抽掉了资本主义社会资本统治劳动的历史前提，即资产阶级绝对占有生产资料和工人阶级只能出卖劳动力，整个社会生产过程是一个阶级对另一个阶级剥削剩余价值的过程。在社会主义初级阶段，剥削阶级作为一个完整的阶级已不复存在，这就决定了社会主义初级阶段的剥削，不再表现为阶级剥削，剥削关系表现为不同社会阶层之间、不同社会群体和集团之间，一部分社会成员与另一部分社会成员之间无偿占有对方劳动成果和生产要素收益的剥削。

我国社会主义初级阶段坚持公有制和按劳分配的主体地位，就是要避免剥削的制度化。社会主义初级阶段容许剥削现象和剥削关系存在，是由我国的国情所决定的，把非公有制经济作为促进生产力发展的力量存在，就必然允许剥削关系存在，但社会主义的最终目标是要消灭剥削实现共同富裕。由于阶级和剥削的消灭是以生产力高度发展为基础，所以，社会主义初级阶段不是消灭剥削的结果，而是消灭剥削的过程。

3. 为社会主义市场经济的良性发展提供了重要理论启示

剩余价值论的创立者早在 100 多年前，便旗帜鲜明地提出未来社会的目标是人的全面而自由的发展，并认为真正的财富就是所有个人发达的生产力。经济发展对人类解放和发展的直接作用，就是使人的基本需求不仅仅是物质的，而是变成了内在必然性的要求和对人完满生活的享受，即对个性的全面、丰富和自由的发展的需要。经济发展将改变人们的社会关系，将以人与人的新型关系取代物对人的统治的单纯经济关系。经济发展也将改变人们的消费关系，使得人们对物的关系将不再是利己主义的占有，而是全面丰富的拥有。我国社会主义的发展还不成熟、不完善，但要坚持正确的发展方向和科学社会主义的原则。

在我国社会主义市场经济条件下，公有制经济和非公有制经济共同发展，公平竞争，但私有制经济毕竟是以盈利为主要目的，也不排除一定的消极作用，甚至是违法行为。社会主义市场经济要良性发展，就要把资本力量和剩余价值的生产置于社会主义价值目标与社会主义政治经济制度的引领之下，从而纳入服从社会总体利益的轨道——用社会主义力量来驾驭和导控资本力量，为实现人的全面自由发展目标不断创造条件。所以，我国提出科学发展观，强调用科学发展观统领中国经济发展，沿着社会主义方向，走可持续发展的共同富裕道路，正是坚持和发展马克思主义理论的体现。所以，马克思剩余价值理论为我们摆脱对西方经济学激进理论的迷惑，充分认识资本主义的内在矛盾和问题，在社会主义建设实践中积极有效地跨越资本主义的"卡夫丁峡谷"，并能积极科学地吸收资本主义一切文明成果，不断完善社会主义市场经济体制，促进其良性健康发展提供了重要的理论启示。

（二）实践价值

1. 为社会主义经济条件下价值和财富的创造提供了基本的路径遵循

社会主义的根本任务是克服资本主义制度的缺陷，使被资产阶级剥削的剩余价值回归到劳动者自身，以发展生产力，提高人民生活水平，实现人的自由全面的发展。社会主义国家如何实现这个根本任务不能教条主义理解马克思的理论，要从中领悟重要的理论精髓，体会其宝贵启示。

（1）要转变理念，重视剩余价值的创造。马克思的剩余价值理论揭示出剩余价值其本身是劳动的结晶，是社会实现扩大再生产的基础与条件，对推动社会生产力的发展具有巨大的动力作用。在资本主义条件下，这种劳动结晶被只追求自身货币增殖的社会力量所支配，从而产生了种种不合理现象，包括人的异化和社会的本末颠倒。从一般意义上讲，没有剩余价值的创造和社会财富的创造，没有积累的源泉，就没有扩大再生产，也就没有经济社会持续发展的物质基础，就谈不上人的发展，这对社会主义社会来说也是一样的。在社会主义经济条件下，剩余价值同样是由劳动者的剩余劳动创造的。劳动者必须完成剩余劳动，因为剩余劳动是社会主义积累的源泉，是社会主义扩大再生产的先决条件，是实现全体劳动者整体利益和长远利益的需要。社会主义市场经济条件下，剩余价值的分配中上交国家的利润和税收，坚持取之于民用之于民的原则，劳动者提供的剩余劳动越多，社会继续发展的物质基础就越雄厚。为此，必须调动一切能够促进经济发展的社会力量，包括充分利用好国际和国内两种资源，调动社会成员以各种生产要素参与价值和社会财富的创造，激发社会活力，促进经济又好又快发展，促进人民生活水平持续提高。

（2）要遵循人类社会发展规律，不断调整完善生产关系，促进生产力的发展。资产阶级随社会生产力的日益发展与社会化程度的提高，不断调整生产关系，使之为"更高级的新形态的各种要素的创造"准备了经济社会方面的条件。在资本主义条件下，随着社会生产力的不断发展与社会化程度的日益提高，生产资料的资本主义所有制与生产力发展要求越来越不适应或不相容。为了缓解这一矛盾，资本主义社会在其制度所允许的限度内，作了一些调整。如其所有制形式，起初是将资本家的个人所有制改为合伙制，继而变为股份制，进而又发展为资本主义国家所有制，如此等等。资本主义所有制的这些变化表明，资本主义已经在它所允许的范围内作了某种"扬弃"，而这种"扬弃"在客观上为资本增殖和生产力的发展提供了有利的经济社会条件。马克思指出："资本主义生产极度发展的这个结果，是资本再转化为生产者的财产所必需的过渡点，不过这种财产不再是各个互相分离的生产者的私有财产，而是联合起来的生产者的财产，即直接的社会财产。"① 任何社会的发展，都是生产力和生产关系相互作用的结果。能不能顺应生产力发展的要求自觉变革，往往决定着一个国家或民族的盛衰兴亡。目前我国生产力比较落后的状态还没有发生根本转变，人民日益增长的物质文化需要同落后的社会生产之间的矛盾这一社会主要矛盾仍然存在，经济发展水平仍然较低，整体经济发展质量亟待提高。要解决我国发展面临的一系列突出矛盾和问题，实现经济社会持续健康发展，创造更多的价值和物质财富满足人民的需求，就必须不断推进改革，不断提高改革质量，调整生产关系中不适合生产力发展的部分，推动生产关系同生产力、上层建筑同经济基础相适应。

2. 为我国坚持科学发展，形成有效的动力机制提供了重要的启示

马克思揭示了资本主义制度"创造出的生产力，比过去一切世代创造的全部生产力还要多，还要大"的秘密就在于，资产阶级对剩余价值的狂热追求以及科学技术在实际过程中的自觉运用，极大地推动了社会生产力的发展。马克思指出：资产阶级"狂热地追求价值的增殖，肆无忌惮地去发展社会生产力，去创造生产的物质条件；而只有这样的条件，才能为一个更高级的、以每个人的全面而自由的发展为基本原则的社会形式创造现实基础。"② 资本主义社

---

① 《马克思恩格斯全集》（第 25 卷）[M]. 北京：人民出版社，1975：494
② 《马克思恩格斯全集》（第 23 卷）[M]. 北京：人民出版社，1972：649

会资本增殖的动力机制就在于对剩余价值的追求，虽然这种追求不可避免地带来了一系列社会经济问题。

改革开放后，我国经济迅速发展的事实证明，我们在坚持社会主义基本经济制度的前提下，利用多元市场主体对剩余价值或经济利益的追求，加快了我国的经济发展，促进了社会产品的丰富和人民生活的富裕。在社会主义市场经济条件下对剩余价值或经济利益的追求仍然是促进经济发展的有效利益机制，但劳动者是生产的主体，要把劳动者的劳动积极性、主动性、创造性激发出来，对提高劳动生产率和促进社会生产力的发展发挥重要作用，必须要正确处理企业经营者追求经济利益和维护劳动者权益的关系，为市场经济的发展创造出发展活力和发展动力。

（1）要通过多方面的措施维护好人民群众的利益，激发人民群众参与发展的积极性、主动性。马克思对资本主义剥削关系的揭露表明，在社会生产发展中，同物的作用相比，人的作用更具有决定性。马克思的剩余价值理论也揭示了社会发展的方向和生产力发展的途径，即为了促进生产力的更快发展，必须使劳动者的积极性、主动性、创造性激发出来。在社会主义国家，人民是经济社会发展的主体，发展要靠人民，发展的终极目标也是为了实现好、维护好、发展好最广大人民群众的根本利益。而在市场经济条件下，对价值和财富的追求，激发出了企业作为商品生产经营者的经济利益意识，产生出发展生产的内在动力、生机与活力以及竞争的压力，促使他们改善经营管理，采用先进的科学技术，提高经济效益。所以，从人民利益出发，维护好人民群众的切身利益，在微观领域不断增强人民群众的主体感、责任感，满足他们对尊严感、幸福感的追求，才能激发劳动者的积极性、主动性、创造性，价值和财富的创造才能有坚实的微观基础。

（2）要尊重和保护劳动者权益，逐步形成合理的分配制度。马克思的劳动价值论和剩余价值理论揭示出人的活劳动是价值的生成或创造之源，也是价值的形成、增殖之本，因此，价值的生产和分配应坚持"以劳动者为本"，这就是剩余价值论的终极内核。在社会主义市场经济条件下，在分配制度中必须坚持按劳分配的主体地位，这样，才能为坚持和实现"以人为本""以劳动者为本"提供制度保障。同时，应该借鉴现代资本主义国家劳动者参与剩余价值分配方式，即企业利润分享制、企业价值分享制、企业所有权分享制，让劳动者分享更多的剩余价值；还应加大医疗保健、教育及社会福利等社会保障投入，更好地保护劳动者权益；要进一步整顿和规范分配秩序，重视初始分配的公平，正视弱势群体经济诉求；从我国实际出发，打破经营垄断，对国有垄断部门和行业的收入分配引入竞争机制，加强政府监管和社会监督，强化税收调节；等等。只有以人为本，尊重和保护劳动者权益，让社会剩余价值生产与劳动者的财产性收入的增长一致起来，使全体人民共享改革发展的成果，才能不断激发出发展的内生动力。

党的十六大倡导"尊重劳动，尊重知识，尊重人才，尊重创造"，就是在强调尊重劳动者及其活劳动。因为，知识归根到底是人们活劳动的成果，人才最终是基于其具有高超的活劳动能力，创造说到底也是人们付出活劳动的活动。科学发展观强调"以人为本"，进一步把尊重劳动者及其活劳动升华为治国执政的基本国策。这不仅与唯物史观和劳动价值论剩余价值论"以劳动者为本"的内核相符，而且与我国社会的全面、均衡、可持续的发展必须依靠劳动者的创造性劳动的基本国情相符。劳动价值论和剩余价值论弘扬的人本理念，正在有中国特色的社会主义现代化建设实践中彰显其历史价值。

3. 为我国促进人的全面发展的实现提供了依据和思路

剩余价值来源于剩余劳动，剩余劳动是由马克思相对于必要劳动所提出的劳动概念。人类社会从原始社会进入奴隶社会、封建社会、资本主义社会以来，由于社会生产资料为一部分人所垄断，劳动者不得不在因维持生计而被迫从事的必要劳动之外，还要为生产资料所有者创造财富和价值而从事剩余劳动。因为这样的原因，人们把剩余价值和利润、地租等同起来。然而按照马克思的思想，这些都是剩余价值和剩余劳动在不同社会条件下的特殊表现。马克思在分析"剩余劳动的性质"时指出："只要存在着一些人不劳动（不直接参加使用价值的生产）而生活的社会，那么，很清楚，这个社会的整个上层建筑就把工人的剩余劳动作为生存条件。这些不劳动的人从这种剩余劳动中取得两种东西：首先是生活的物质条件……其次是他们支配的自由时间，不管这一时间是用于闲暇，是用于从事非直接的生产活动（如战争、国家的管理），还是用于发展不追求任何直接实践目的的人的能力和社会的潜力（艺术等等，科学），——这一自由时间都是以劳动群众方面的剩余劳动为前提，也就是说，工人在物质生产中使用的时间必须多于生产他们本身的物质生活所需要的时间。"①而马克思从一般性上谈到剩余劳动的意义时说："事实上是为社会的劳动……这种剩余劳动一方面是社会的自由时间的基础，从而另一方面是整个社会发展和全部文化的物质基础。"②可见，在马克思的观念中，剩余劳动、剩余劳动时间是人类发展的必要基础。从剩余价值的发生、发展和未来趋势及其在人类社会中的作用看，剩余价值的创造在人类进化史上的有重大意义。它不仅显示出人类在自身发展的历史长河中所蕴含的力量，也标志着人类自身自由而全面发展的无限远景。随着合理的社会制度的建立，以及人类社会的不断发展和进步，人类劳动的人文要素、科技水平和综合素质日益提高，历史上的必要劳动和剩余劳动的区分将逐步消解而融为一体，剩余价值将最终回归和服务于劳动者，剩余价值对于人的全面自由发展的重要价值也就会充分彰显出来。

我国虽然仍处在社会主义初级阶段，但坚持科学发展观就必须要坚持以人为本，将促进人的全面发展的工作深入推进。

（1）要重视和实现劳动的价值。伴随市场经济的发展，利益、财富等观念越来越深入人心，越来越多的人努力通过自己的劳动来获得更多的利益与财富。但是，一些漠视劳动和劳动者价值的现象也成为不容忽视的社会问题，如生产领域中劳动者的付出与报酬不成比例现象，交换和分配领域不公正、不合理现象，社会保障方面劳动者权益、工资、劳动安全、社会保险等得不到应有保护的问题，等等。要促进人的发展，必须重新认识劳动本身的价值以及劳动对于人的发展的价值，努力消除各种鄙视劳动的现象，对各种劳动创造价值的作用，要给予充分的肯定。与此相应，要给予各种类型和各种岗位上的劳动者以公平公正的物质和精神的待遇，尤其是对那些处于社会底层的劳动者，让他们有尊严、有价值地生活和工作，努力使他们在社会运行的轨道内正常发展。

（2）要重视劳动者闲暇时间的满足。马克思在他那个时代，已经敏锐地看到了劳动和休闲，抑或劳动发展和自由时间对于人的发展的关系，他作出了如此评价："整个人类的发展，就其超出人的自然存在所直接需要的发展来说，无非是对这种自由时间的运用，并且整个人类发展的前提就是把这种自由时间

① 《马克思恩格斯全集》（第 32 卷）[M]. 北京：人民出版社，1998：213
② 《马克思恩格斯全集》（第 47 卷）[M]. 北京：人民出版社，1979：257

作为必要的基础。"① 所以，拥有必要的自由时间是人能够真正实现全面自由发展的必要条件。马克思认为资本主义社会机器大生产的条件下，社会财富的创造是靠"浓缩劳动时间的办法来实现的，这时，每一分一秒都充满了更多的劳动；劳动强度提高了。由于采用机器，不仅劳动生产率（从而劳动质量）提高了，而且在一定时间内消耗的劳动量也增加了。时间的间隙由于所谓劳动紧凑而缩小了……在同一劳动小时内，劳动能力被更快地消耗掉了"。② 这就是说，机器化大生产提高了工人的劳动强度，增加了劳动量，更快速地消耗了人的体力和智力，但工人没有足够闲暇时间可以恢复或发展自己。只有劳动和休闲完整和谐地结合，才能实现人的全面自由发展。今天，现代科学技术的迅猛发展使劳动时间大大缩小，休闲对于人的发展的价值也更高了。尤其是现代高科技的运用使人的工作时间和地点越来越灵活化、非常规化，生活与工作均时时处于高效率、快节奏、强竞争的状态，这更要求人们有闲暇时间来恢复疲劳的身心，缓解紧张感和压抑感。所以，要体现我国社会主义的优越性，更要重视闲暇的价值，满足劳动者对闲暇的需求。

---

① 《马克思恩格斯全集》（第 32 卷）[M]. 北京：人民出版社，1998：215
② 《马克思恩格斯全集》（第 32 卷）[M]. 北京：人民出版社，1998：381

第五章　马克思异化劳动理论中的人文关怀思想

马克思在《关于费尔巴哈的提纲》中说："哲学家们只是用不同的方式解释世界，而问题在于改变世界。"马克思是在 1840 年至 1841 年间撰写的《博士论文》即《德漠克利特的自然哲学和伊壁坞鲁的自然哲学的差别》里开始使用异化这个概念，一直到《资本论》他都不曾完全放弃这个概念。而《1844年经济学哲学手稿》中，马克思所说的"劳动异化"是马克思从哲学走向政治经济学批判的开始。正是从马克思的异化理论开始，马克思将关注点放在了对世界的改造上。马克思的异化劳动理论是分析资本主义私有制的一把钥匙。这个理论不仅对丁人的自由和解放倾注深切的人文价值关怀，同时也为促进和实现人的全面发展找到了一条现实的途径。马克思的异化理论不是一个凝固的结果，他的重要性和创新在于深入到现实中，深入到劳动领域，使异化理论有了现实的根基。在异化理论方面，马克思实现了从观念层面到现实层面的翻转，体现了科学精神和人文价值的融合。

一、马克思异化劳动理论的形成和发展

马克思批判地吸取和改造前人的理论成果，扬弃了早期的人本主义异化观，创立了科学的异化劳动理论。这一理论旨在批判资本主义社会资本奴役劳动，物统治人等种种弊端，探求扬弃异化和实现人的自由全面发展的具体路径。

（一）马克思对异化问题的初步认识

马克思第一次引入异化概念，是在其《博士论文》中。在这时马克思基本上是依据黑格尔"精神异化论"的思想来揭露和批判神学的。例如他说："上帝存在的证明不外是对本质的人的自我意识的存在的证明。"[1]费尔巴哈在1841 年发表的《基督教的本质》一书中关于"神是人的本质的异化"的思想，对马克思从唯心异化观向唯物异化观的转变起了重大促进作用。但是，真正的转变是从 1842 年马克思参加《莱茵报》工作，着手研究各种实际的社会政治、经济问题开始的。这种研究使马克思发现，人的异化不仅表现在宗教上，更主要的是表现在现实生活中。他强调指出，官僚主义的普鲁士国家体制乃是使人异化的必不可免的条件。国家本应为治理而存在，可是现存的治理不得不为国家而存在，国家本应保护广大人民的利益，可是现存的普鲁士政权却是对人民利益的否定。这种本末颠倒关系的现实存在，使马克思对黑格尔的国家观发生了怀疑。

与普鲁士王国的斗争，使马克思动摇了对黑格尔哲学的信仰。在这个阶段，马克思开始受到费尔巴哈人本主义异化理论的影响，并着手批判黑格尔哲学。在《黑格尔法哲学批判》中马克思指出："政治国家的彼岸存在无非就是要确定它们这些特殊领域的异化。政治制度到现在为止一直是宗教的领域，是人民生活的宗教、是同人民生活现实性的人间存在相对立的人民生活普遍性的上天。政治领域是国家中的唯一国家领域，是这样一种唯一的领域，它的内容同它的形式一样，是类的内容，是真正的普遍物。"[2]在《〈黑格尔法哲学批判〉导言》中，马克思指出："人的自我异化的神圣形象被揭穿以后，揭露非神圣形象中的自我异化就成了为历史服务的哲学的迫切任务。"[3]这些都表明马克思已越来越重视对私有制下的异化现象的研究，把揭露人的本质的自我异化作为自己哲学的紧迫任务。

---

① ［德］马克思.《博士论文》[M]. 贺麟译，北京：人民出版社，1961：94
② 《马克思恩格斯全集》（第 1 卷）[M]. 北京：人民出版社，1960：283
③ 《马克思恩格斯全集》（第 1 卷）[M]. 北京：人民出版社，1960：453

　　退出《莱茵报》后，马克思深入地分析批判了黑格尔的法哲学和国家哲学，使他深深感到宗教异化由社会国家的异化所决定，而社会国家的异化则由市民社会的异化所决定。移居巴黎后，马克思对市民社会异化现象的进一步研究，又使他得出这样结论："对于理论、艺术、历史的蔑视和对于作为自我目的的人的蔑视"，正是"在私有财产和钱的统治下形成的。"[①] 可见，这时候马克思认为私有财产是市民社会异化现象的根源，因此，人类要解放自己，必须消灭私有制。

　　毋庸讳言，这个时期，马克思把异化归因于私有制，无论在论证上还是在提法上都是不充分、不全面的。然而，它却表明马克思此时不仅突破了黑格尔"精神异化论"的束缚，而且同费尔巴哈的"人性异化论"有了本质的差别。在马克思看来，异化不仅表现了人与精神、人与自然相对扰的状态，而且主要是反映了人与人、人与社会相对抗的社会关系，这种对抗性社会关系正来源于财产的私人占有。异化的概念早已存在，但是一直到黑格尔，人们对异化概念的使用都是站在唯心主义的立场上的，马克思第一次对异化现象作了唯物的、科学的说明。

（二）《1844 年经济学哲学手稿》对异化劳动思想的表述

　　马克思在他的《1844 年经济学哲学手稿》（以下简称《1844 年手稿》）中，站在劳动、生产实践这个历史和现实的基点上，对异化劳动和人的异化问题进行了深入的探讨，他试图通过异化的范畴来认识雇佣劳动同资本的关系。《1844 年手稿》是他探讨异化问题的逻辑起点。

　　1. 马克思对异化的定义及相关概念的区分

　　1843 年下半年，马克思转向探讨资本主义的经济关系，着手研究政治经济学。这一研究的成果主要体现在《詹姆斯·穆勒〈政治经济学原理〉一书摘要》中。在此书中，马克思不仅开始了对古典政治经济学的批判，而且也开始表述了他的异化理论。在此书中，他明确区分了异化概念的两种含义。其一，

---

① 《马克思恩格斯全集》（第 1 卷）[M]. 北京：人民出版社，1960：448-449

异化概念是外化、物化、对象化。他说："每个人都把自己的产品看作是自己的、物化的私利，从而把另一个人的产品看作是另一个人的、不以他为转移的、异己的、物化的私利。"① 其二，异化概念就是异己化。他说："人自身异化了以及这个异化的人的社会是一幅描绘他的现实的社会联系，描绘他的真正的类生活的讽刺画……而他本身，即他的创造物的主人，则表现为这个创造物的奴隶。"②

马克思在《1844年手稿》里是"从当前的经济事实出发"③使用异化这个概念，来说明私有财产下的劳动已经变成了异化劳动，以异化劳动学说为核心进行政治经济学批判。

马克思在《1844年手稿》中批判了黑格尔的异化理论，区分了对象化和异化两者的不同。黑格尔曾经用对象化的概念来揭示劳动的本质，但他把劳动仅仅看作是抽象的精神活动，他从客观唯心主义出发，认为自我意识是主体，它外化为客体，这是自我意识的对象化，即自我意识的异化，从而把对象化和异化非历史地等同起来。费尔巴哈也曾经把对象化和异化当作同义词来使用。马克思认为对象化和异化两者不同，对象化是人的劳动的本质特征。人的劳动作为有目的的活动，最本质的东西就是对象化，就是在自然物中实现自己的目的，也就是人通过运用自己的体力和智力的活动把预定的目的对象化、现实化，对象化是人的有目的的对象性活动的实现，是人自身能力的确证。正是由于劳动，由于对象化活动的结果，才形成了人类社会赖以存在和发展的客观物质基础。在该部著作中，马克思把劳动的对象化界定为："劳动的产品就是固定在某个对象中，物化为对象的劳动，这就是劳动的对象化。劳动的实现就是劳动的对象化。"④ 马克思强调作为对象性活动（劳动）的对象化的客体的创造，是作为主体的人通过对象性活动对自然界、外部世界的占有和改造。"没有自然界，没有感性的外部世界，工人什么也不能创造。它是工人的劳动得以实现、工人的劳动在其中活动、工人的劳动从中生产出和借以生产出自己的产

① 《马克思恩格斯全集》（第42卷）[M]. 北京：人民出版社，1979：34
② 《马克思恩格斯全集》（第42卷）[M]. 北京：人民出版社，1979：25
③ 《马克思恩格斯全集》（第42卷）[M]. 北京：人民出版社，1979：91
④ 《马克思恩格斯全集》（第42卷）[M]. 北京：人民出版社，1979：128

品的材料。"①马克思关于对象化的解释揭示了人类通过对象性活动有目的地改造和利用客观世界以满足自己需要的事实，指出了人类生产自己的社会生活、创造自己的历史的对象性活动的特征。

而异化被认为是同雇佣劳动相联系的一种历史性的暂时现象。马克思这样定义异化："劳动所生产的对象，即劳动的产品，作为一种异己的存在物，作为不依赖于生产者的力量，同劳动相对立。""在国民经济学假定的状况中，劳动的这种现实化表现为工人的非现实化，对象化表现为对象的丧失和被对象奴役，占有表现为异化、外化。"②可见，马克思认为，"异化"就是主体在发展过程中由于自身的活动而产生出自己的对立面——客体，而这种客体又成为一种外在的异己的力量反过来反对主体自身。如工人的产品作为劳动对象化、现实化的结果本应属于作为它的生产者即工人，但现实中劳动产品反而与工人对立。

马克思在《1844年手稿》中首次提出异化劳动的概念，用它来概括私有制条件下劳动者同他的劳动产品及劳动本身的关系。他认为，劳动（自由自觉的活动）是人类的本质，但在私有制条件下却发生了异化。劳动异化是指社会关系的物化，即原来是人与人之间的关系，由于物化而变成物和物之间的关系。这种物的关系不仅掩盖了人的关系，而且随着它的发展还反过来成为支配和控制人的行为的因素，于是物化就发展为异化。马克思深入剖析了这一现象的本质，从哲学高度阐发了资本主义社会人的异化现象。异化表现为工人的劳动产品违背了工人的意志而被资本家占有；工人的生产活动是机械的、强迫性的；资本以一种非人的力量统治一切，人作为人的独特本质、人与人的关系发生异化。

在马克思的异化劳动理论中，对象化劳动是劳动的肯定方面，它是人们在对自然界改造和占有的劳动过程中劳动的实现，是人类赖以生存和发展的基础，是永恒的社会现象，是贯穿人类历史始终的劳动的一般特征；异化劳动是劳动的否定方面，因为，劳动者生产出异己的、统治着他的对象，异化劳动是资本主义的特有现象，是具有历史阶段性的社会现象。劳动的对象化是人类力

---

① 《马克思恩格斯全集》（第42卷）[M]. 北京：人民出版社，1979：92
② 《马克思恩格斯全集》（第42卷）[M]. 北京：人民出版社，1979：91-92

量的展示，而异化劳动则是人类社会必须要扬弃的对象。

2. 马克思在《1844 年经济学哲学手稿》中对异化劳动的认识

1844 年，马克思在巴黎集中研究了斯密、李嘉图、萨伊、穆勒等国民经济学家的大量著作，考察了资本主义的经济事实，他敏锐地看到，国民经济学家把私有制看作人类社会财富的天经地义的形式必然导致不可解决的矛盾。国民经济学家一致认为，任何生产部门的劳动都是财富的源泉，这种活动的动因就是人类的本性即个人的利己主义。所以，资本主义私有制的生产方式是最符合人类本性、最合理的生产方式。然而，资本主义社会"当前的经济事实"，却是"工人生产的财富越多，他的产品的力量和数量越大，他就越贫穷。工人创造的商品越多，他就越变成廉价的商品。物的世界的增殖同人的世界的贬值成正比"。[①] 国民经济学家面对这种矛盾的事实不得不一方面说："劳动是人用来增大自然产品的价值的唯一东西""劳动产品完全属于工人"；另一方面又承认，工人得到的只是产品中"最小的、没有就不行的部分"。针对国民经济学家的观点，马克思一针见血地指出："国民经济学从私有财产的事实出发。它没有给我们说明这个事实。它把私有财产在现实中所经历的物质过程，放进一般的、抽象的公式，然后把这些公式当作规律。"[②] 在马克思看来，国民经济学家对资本主义的理解，只是从自然的、非历史性的立场出发，在资本主义社会的限度之内，以私有制为基点来开辟其研究路径，这就决定了国民经济学所研究的经济理论不能从根本上说明资本主义经济关系的本质。马克思已经认识到仅从经验事实出发是无法说明资本主义制度的内在本质，对资本主义本质的认识需要站在更为广阔的社会历史层面上，从经济现实出发去探析背后的规律。

所以，马克思以现实的经济事实为基础，从现实出发对社会经济问题进行研究，通过揭露私有财产引发的经济问题，揭露了资本主义社会异化劳动的实质，分析了异化劳动的具体形式。

（1）劳动产品的异化或物的异化

马克思从考察工人同他的产品的直接关系入手，指出工人所处的矛盾状态就在于工人生产的产品不受自己支配，工人在自己的产品面前不再是主人，

---

① 《马克思恩格斯全集》（第 42 卷）[M]. 北京：人民出版社，1979：90
② 《马克思恩格斯全集》（第 42 卷）[M]. 北京：人民出版社，1979：89

而是受产品支配的奴隶。劳动产品是劳动的结晶，是人的本质的对象化，劳动产品本应属于劳动者，但是"劳动所生产的对象，即劳动的产品，作为一种异己的存在物，作为不依赖于生产者的力量，同劳动相对立"。① 异化劳动表现为"工人同劳动产品这个异己的、统治着他的对象的关系"。② 也就是说，劳动所生产出来的劳动产品成为奴役和统治劳动者的异己力量，劳动者生产的财富越多，他的产品的力量和数量越大，他就越贫穷。劳动者"对对象的占有竟如此表现为异化到这种程度，以致劳动者生产的对象越多，他能够占有的对象便越少，并且越加受自己的产品即资本的统治。"③

（2）劳动者同他自己的活动——劳动异化

劳动的产品之所以会与劳动者相异化，这是劳动者的生产过程与劳动者相异化的结果。"在劳动对象的异化中不过总结了劳动活动本身的异化、外化。"④ 就是说，劳动产品的异化根源于生产活动本身首先异化了。马克思指出，劳动本来是人的本质，是人类特有的创造活动。劳动创造了人，正是劳动生产实践推动人类社会向前发展，也正是在劳动生产实践中，人们一方面改变了自然界，使自然界成为人所能支配的力量；另一方面也改变着自己，人在劳动中肯定自己，自由地发挥自己的智力和体力，劳动是人们满足需要、发挥潜力和争得自由的源泉，是一种自由自觉的活动，是人的自愿的行为。但是马克思发现，在资本主义私有制条件下，劳动却并不如此，劳动成为外在于人的东西，劳动失去了原有的本来含义，变成了压迫工人的异己力量。马克思在《1844年手稿》中指出："劳动对工人说来是外在的东西，也就是说，不属于他的本质的东西；因此，他在自己的劳动中不是肯定自己，而是否定自己；他的劳动不是自愿的劳动，而是被迫的强制劳动，外在的劳动，人在其中使自己外化的劳动，是一种自我牺牲、自我折磨的劳动……动物的东西成为人的东西，而人的东西成为动物的东西。"⑤ 本来，劳动是人的"自由的生命表现"，

① 《马克思恩格斯全集》（第42卷）[M]. 北京：人民出版社，1979：91
② 《马克思恩格斯全集》（第42卷）[M]. 北京：人民出版社，1979：94
③ 《马克思恩格斯全集》（第42卷）[M]. 北京：人民出版社，1979：91
④ 《马克思恩格斯全集》（第42卷）[M]. 北京：人民出版社，1979：93
⑤ 《马克思恩格斯选集》（第1卷）[M]. 北京：人民出版社，1995：44

是"生活的乐趣",是人的本质的表现,但在资本主义私有制条件下,劳动者的劳动成为一种被迫的强制劳动。对劳动者来说,劳动是外在的东西,也就是说,是不属于他的本质的东西;因此,劳动者在自己的劳动中并不肯定自己,而是否定自己,并没感受到快乐,而是感到不幸,劳动成了损害劳动者的身体和心灵的强制性的活动,成了对人的折磨,劳动把人降低成为生产要素、生产工具,变成了物。

（3）人的类本质的异化

马克思认为,人不仅仅是自然存在的个体,而且是自觉的类存在。一个种的类特性在于这个种的生命活动的性质。人作为类存在物和动物是不同的,人通过有意识的生命活动把自己同动物的生命活动直接区别开来。劳动即自由自觉的活动是人的能动的类生活,是人区别于动物的类本质。人在自由自在劳动中,可以创造着属于人类的幸福,人进行着全面的、不受肉体支配下的生产,自由地面对生产的产品,按照人的内在需要的尺度进行生产,按照美的规律、按照自己的类本质构造自己的世界。但异化劳动颠倒了类和个体的关系,"异化劳动导致人的类本质——无论是自然界,还是人的精神的类能力——变成对人来说是异己的本质,变成维持他的个人生存的手段。"[①] 异化劳动"从人那里夺去了他的类生活",同时"把自我活动、自由活动贬低为手段,也就把人的类生活变成维持人的肉体生存的手段",也就是说,异化劳动从人那里夺走了他的现实的类对象性,把自主活动、自由活动贬低为手段。异化劳动剥夺了人的类生活,使人无法通过类生活来实现幸福。人的类本质变成了人的异己的本质,于是造成了人和自己的类本质相异化,人变成了丧失类本质的人。

（4）人同人相异化

马克思与费尔巴哈人本主义的重要区别在于费尔巴哈是从抽象人的角度考虑问题,而马克思却是从社会人的角度来思考人与人之间的关系的,马克思看到了"人的本质是人的真正的社会联系,所以人在积极实现自己本质的过程中创造、生产人的社会联系、社会本质"。[②] 马克思从人的社会性出发,认为人对自身的关系,只有通过人与他人的关系才能得到实现和表现。但是异化劳

---

① 《马克思恩格斯全集》（第42卷）[M]. 北京：人民出版社,1979：24–25
② 《马克思恩格斯全集》（第42卷）[M]. 北京：人民出版社,1979：24

动使这一切完全变了样，马克思在《1844 年手稿》中指出："人同自己的劳动产品、自己的生命活动、自己的类本质相异化这一事实所造成的直接结果就是人同人相异化。当人同自身相对立的时候，他也同他人相对立。"① 在资本主义社会，这种人同人相异化的关系，就是劳动者和雇主即工人和资本家的对立关系。这样，马克思就抓住了阶级对立这个根本问题，正是由于生产资料隶属于他人、不属于自己，工人与资本家之间的关系才变成了阶级对抗的关系。马克思通过对资本主义社会异化劳动的分析，理论上就从批判人的异化上升到寻求人的自由与解放的高度。

在《1844 年手稿》中，马克思从考察工人同他的产品的直接关系入手，指出工人所处的矛盾状态就在于工人的产品不仅不受自己支配，反而被别人占有。通过对劳动过程和它的本质关系的分析，指出"劳动对象的异化不过是劳动行为本身的异化、外化的结果"。马克思认为，在这个基础上，人同自然、人同自己的社会生活以及人同人也必然发生异化。因此，不仅整个社会的矛盾状态在于劳动的异化，而且工人创造的财富之所以采取了私有制的形式，其实质也在于劳动的异化："私有财产，是异化了的、人的生命的物质的感性的表现"。② 私有制并不像国民经济学家所说的，是人类劳动财富唯一的"合理形式"，它只是与异化劳动联系在一起，随着异化劳动的消灭，它必然要被新的形式所取代。最后，马克思对异化劳动与私有制的关系做了完整的表述，他说："诚然，我们从国民经济学得到作为私有财产运动之结果的外化劳动（外化的生命）这一概念。但是，对这一概念的分析表明，与其说私有财产表现为外化劳动的根据和原因，还不如说它是外化劳动的结果……后来，这种关系就变成了相互作用的关系"。③ 这是新结论，是认识上的升华。马克思起初根据资本主义的矛盾现象，指出异化劳动是私有制运动的结果，继而又根据对资本主义经济事实的分析，指出了资本主义私有制实质是外化劳动的结果和产物。但是，马克思并不否认私有制对异化劳动的反作用。在他看来，私有制的存在导致了劳动与劳动条件的分离，使得普遍的异化成为可能；反过来，私有制本身

---

① 《马克思恩格斯全集》（第 42 卷）[M]. 北京：人民出版社，1979：96-97
② 《马克思恩格斯全集》（第 42 卷）[M]. 北京：人民出版社，1979：121
③ 《马克思恩格斯全集》（第 42 卷）[M]. 北京：人民出版社，1979：100

也不过是异化劳动的产物。就是说，资本主义私有制是产生雇佣劳动的原因，而雇佣劳动又再产生着资本主义私有制。所以私有财产的秘密正在于它"一方面是外化劳动的产物，另一方面又是劳动借以外化的手段，是这一外化的实现"。①

从《1844年手稿》对"异化"四个规定的分析来看，"异化"实质上是对私有制社会，特别是资本主义社会的劳动、社会状况的客观描述和事实说明。"异化"的这四个规定，分别反映了私有制社会劳动、社会生活中的四种对抗性事实状态：劳动者创造的劳动产品变成了外在于他的异己力量并与他相对立；劳动活动变成了不自由、不自愿的被动、强制行为，劳动不是作为人的正常需要而存在；个人迷失了其类本质，并与自己的类构成对抗性关系；人和人之间关系的疏远和彼此对立。

3.《1857—1858年经济学手稿》是异化劳动思想的延续和发展

马克思在《1844年经济学哲学手稿》中对异化劳动的分析，在《1857—1858年经济学手稿》中得到延续和发展。在这部著作中，马克思展开了异化劳动的具体表现形式和作用机制的分析。他认为资本主义社会的异化劳动是通过物化的形式，即通过一种物化的社会关系表现出来的。所谓物就是作为人自身的对立物、异化物，是人类自己生产并且与自身脱离的社会关系的物化存在，在资本主义社会它支配和颠倒着人的一切活动；同时，由于人与人之间的社会关系被物所中介，又由于这种中介的一般性和普遍性，所以人的个性存在遭到了否定，就是说，在资本主义社会人只作为生产一般价值的抽象物而存在，作为一种商品而存在。这是一种对人的物化、非人化，是人自己生产的物化关系对人的抽象统治。马克思提出："如果从劳动的角度来考察，那么劳动在生产过程中是这样起作用的：把它在客观条件中的实现同时当作他人的实在从自身中排斥出来，因而把自身变成失去实体的、完全贫穷的劳动能力而同与劳动相异化的、不属于劳动而属于他人的这种实在相对立；劳动不是把它本身的现实性变成自为的存在，而是把它变成单纯为他的存在，因而也是变成单纯的他在，或同自身相对立的他物的存在。"②马克思从几个方面做了具体分析。

---

① 《马克思恩格斯全集》（第42卷）[M].北京：人民出版社，1979：100
② 《马克思恩格斯全集》（第46卷上）[M].北京：人民出版社，1979：450

（1）马克思通过对交换价值和货币的分析，证明了人对物的依赖是对一种社会关系的依赖，是对人与人之间关系的依赖。资本主义社会商品生产的目的是为了交换，是为了取得交换价值或货币，所以，交换价值普遍化了，一切产品和活动都转化为交换价值，以交换价值为媒介形成了人与人之间相互的和全面的依赖，构成了他们的社会联系和社会关系。而"在交换价值形式上，人的社会关系转化为物的社会关系；人的能力转化为物的能力"。[①]马克思说："经济学家们都清楚，货币存在的前提是社会联系的物化；这里指的是货币表现为抵押品，一个人为了从别人那里获得商品，他就必须把这种抵押品留在别人手里。在这种场合，经济学家自己就说，人们信赖的是物（货币），而不是人的自身。但为什么人们信赖物呢？显然，仅仅是因为这种物是人们互相间的物化的关系，是物化的交换价值，而交换价值无非是人与人互相间的生产活动关系。任何别的抵押品本身都可以直接对抵押品持有者有用，而货币只是作为社会的抵押品才对他有用，但货币所以是这种抵押品，只是由于它具有社会的（象征性的）属性；货币所以拥有社会的属性，只是因为各个人让他们自己的社会关系作为物同他们自己相异化。"[②]可见，货币和交换价值就是物，这个物是物化的关系，并且是物化的人与人之间的生产关系。在商品社会，人从属于人与人之间的交换关系，或者说人与人之间的关系就是交换关系，即人与人只通过生产交换价值而彼此关联，在这种以交换价值为媒介的依赖关系下，人们活动的社会性表现为异己的物的东西。

（2）马克思通过对资本主义劳动过程的分析，说明劳动者在生产物的同时也成为物的奴隶，成为自己劳动对象的奴隶。马克思认为，当劳动力进入生产过程，当劳动力实际发挥作用的时候，当劳动实际开始了的时候，劳动已经不属于工人，劳动力的使用权属于购买他的资本家了。这时候不但劳动者加工的材料是他人的材料，所使用的工具是他人的工具，甚至劳动本身也成为他人的东西，所以在实际的生产过程中，也就是在活劳动与物相结合、劳动现实化的过程中，这种劳动不是对象化在为自己所有的产品中而是对象化在为他人所有的产品中。就如马克思所说："劳动的这种变为现实性的过程，也就是丧失

---

① 《马克思恩格斯全集》（第46卷上）[M]. 北京：人民出版社，1979：103-104
② 《马克思恩格斯全集》（第46卷上）[M]. 北京：人民出版社，1979：107

现实性的过程。劳动把自己变成客观的东西，但是它把它的这种客体性变为它自己的非存在，或它的非存在——资本——的存在。"① 这样，当劳动能力从生产过程、劳动过程中出来时并不比它进入过程时更富有，反而更贫穷了，因为他为别人生产了剩余产品、剩余价值，在他身上的价值增殖的可能性已经作为现实性而存在，劳动的产品即实现劳动的客观条件对劳动能力来说，就表现为他人的财富，表现为外在的、独立的价值，而劳动能力则仍然是那个纯粹主体的、被剥夺了实现财富一切手段的劳动的活的可能性，正如马克思所说："劳动作为创造价值或增殖价值的单纯可能性返回自身，因为全部现实财富，现实价值世界以及劳动本身得以变为现实性的条件，都成了同它相对立的独立的存在。"②

（3）马克思通过考察交换价值中的资本的本质，揭示了交换掩盖的一种人对另一种人的劳动占有的真象。在资本主义条件下，货币既能够购买到生产资料，也能买到具有自由之身的工人的活劳动，货币能够把劳动条件和活劳动结合起来，生产出剩余价值，货币变成了资本。从此之后，资本作为人自己的产物反过来成为支配人的物。生产变成资本控制下的生产，劳动者被分割出来，他们作为生产工具、生产资料成为各自独立的生产要素，又被置于市场之中。正是由于这一现实情况，他们必须全部通过资本和市场进行重新结合。而且这种结合是无法逃避的，劳动者的自由是通过资本与客观劳动条件重新结合的自由，但是这种结合对劳动者来说是一种无奈，他们除了出卖劳动力换取生活资料没有别的方式可以维持生存。资本就是作为这种外在的力量和物来统治一切。进一步来说，资本是积累起来的活劳动，所以是人的劳动成果支配了人自己，资本在更大的范围内给予了也支配了这种结合的自由，就是说劳动者个人虽然很容易从一种劳动转到另一种劳动，但是这种偶然意义上的转移在质上是没有差异的一般转移，是同一劳动的不同场所的转换，劳动者仍然从属于资本的命运。工人在资本的统治下形式上好像要比先前更自由些，因为他们的生活条件对他们来说是偶然的，仿佛他们可以拥有自己的选择权。事实上，他们作为失去生产资料的阶级，已经作为整体把自己出卖给了资本家阶级，他们拥

---

① 《马克思恩格斯全集》（第 46 卷上）[M]. 北京：人民出版社，1979：451
② 《马克思恩格斯全集》（第 30 卷）[M]. 北京：人民出版社，1995：446

有的形式上的自由就是可以选择不同的资本家出卖自己的劳动力，但是，他们没有选择不出卖劳动力的自由。为了生存，他们必须要不断出卖劳动力，屈从于物的力量，接受资本家阶级的剥削。

资本的本质就是凭借自己的力量占有活劳动，不断地追求、占有剩余劳动、剩余价值。就是说，资本在把劳动者和劳动的客观条件相分离的过程中，通过购买作为劳动者的工人的劳动能力的支配权而占有工人的活劳动。马克思通过这种分析，就将劳动力市场表面上价值交换主体虚假的平等交换掩盖的不平等占有关系，即一人对另一种人的劳动的占有，完整地表现了出来。

通过对《1857—1858年经济学手稿》中马克思异化劳动思想的分析可以看到，在资本主义社会，人获得了形式上的独立性，却失去了人的整体性的存在，失去了作为人的丰富性，一切都因物的中介而被颠倒了。在资本主义社会，人是依赖物的，人的交往形式就是以物的形式交往的，人无法控制这个物，相反是物控制了人，人成为物的附庸。

4.《资本论》对异化劳动问题的深化和发展

在《资本论》中，马克思并没有抛弃或否定早期《1844年经济学哲学手稿》的异化概念及其基本规定，而是立足于唯物史观，根据新的经济事实和哲学分析，通过从抽象到具体的系统论证，进一步深化和发展了早期的异化劳动思想，形成了剩余价值（剩余劳动）理论，实现了其异化思想的实证化和系统化。

（1）进一步阐释了劳动产品和劳动者相异化的事实

在《资本论》中，马克思进一步分析了劳动产品和劳动者相异化的事实，他指出，在资本主义劳动过程中，"劳动的产品表现为他人的财产，表现为独立地同活劳动相对立的存在方式"；[1]"活劳动的贫穷的主体，同已经创造出来的价值即创造价值的现实条件相比较，形成越来越鲜明的对照。劳动本身越是客体化，作为他人的世界，——作为他人的财产——而同劳动相对立的客观的价值世界就越是增大。"[2]劳动产品与劳动者的这种"异化"，不仅表现为劳动者失去了对劳动产品、劳动成果的支配权，物质财富的增殖和工人的绝对贫困

---

[1] 《马克思恩格斯全集》（第30卷）[M]. 北京：人民出版社，1995：445
[2] 《马克思恩格斯全集》（第30卷）[M]. 北京：人民出版社，1995：447

构成鲜明对照，而且表现为劳动产品、对象世界不以劳动者本身为转移而存在，并与他们构成实质性的对抗关系，即成为资本家借以剥削、奴役劳动者的现实力量、现实手段，也就是说，在资本主义条件下，工人生产出产品，不是作为一般商品制造出来的，而是作为资本生产出来的。用马克思的话说，劳动产品，"不再表现为简单的产品，也不表现为可交换的商品，而是表现为资本，表现为统治、支配活劳动的对象化劳动。"① 不仅如此，马克思还进一步指出，生产资料的资本家所有制就是产品异化的前提、基础。他说："生产条件自身具有与劳动相对立的异化形式，表现为他人的所有权而与劳动相对立，并作为这样的所有权对劳动进行统治。"

在《1844 年经济学哲学手稿》中，劳动产品和劳动者相异化，在理论形态上具有一定的思辨色彩，而在《资本论》中，马克思用资本主义的经济事实作了论证，并进一步揭示了这种异化产生的条件和资本主义生产中的规律性表现，明确得出结论：劳动产品和劳动本身的分离，客观劳动条件和主观劳动力的分离，是资本主义生产过程事实上的基础或起点。

（2）分析了劳动本身和劳动者相异化的多种表现和内在原因

《资本论》根据对资本主义生产方式的全面、历史的考察，进一步揭露了资本主义经济生活中"活劳动和劳动者相异化"的经济事实：工人在进入劳动过程之前，他自己的劳动就同他相异化而为资本家所占有，并入资本中了。也就是说，成为资本的一个现实要素了。资本家用货币购买了工人的劳动力，工人失去了对自己劳动的所有权和支配权，因而，在劳动过程中，工人的劳动不断物化在不属于他自己，而属于资本家的劳动产品中；就工人劳动的基本性质而言，是一种"不依赖于他、不属于他、转过来反对他自身的活动"；② 是一种异己的、被强制的生命活动；劳动过程中主客体是颠倒的，机器设备工具成了主体，工人则成了完全被动的客体；劳动过程的真正目的是为资本家创造剩余价值，因而是工人为生产过程而存在，而不是生产过程为工人而存在；最后，凝固片面的劳动分工，把工人变成畸形物，使其严重片面化、畸形化。与《1844 年经济学哲学手稿》相比较，在《资本论》中马克思从多方面揭示了劳

---

① 《马克思恩格斯全集》（第 30 卷）[M]. 北京：人民出版社 1995：445

② ［德］马克思.《1844 年经济学哲学手稿》[M]. 北京：人民出版社 2000：55-56

动本身和劳动者相异化的情形。

在《资本论》中，马克思还剖析了产生异化劳动的内在原因。马克思认为，在资本主义条件下，由于工人被剥夺了一切生产资料，被迫出卖劳动力，资本家购买到劳动力商品，就拥有了劳动力的使用价值，使资本增殖成为可能。他指出："两种极不相同的商品占有者必须互相对立和发生接触；一方面是货币、生产资料和生活资料的所有者，他们要购买他人的劳动力来增殖自己所占有的价值总额；另一方面是自由劳动者，自己劳动力的出卖者，也就是劳动的出卖者。自由劳动有双重意义：他们本身既不像奴隶、农奴等那样，直接隶属于生产资料之列，也不像自耕农等那样，有生产资料属于他们，相反地，他们脱离生产资料而自由了，同生产资料分离了，失去了生产资料。商品市场的这种两极分化，造成了资本主义生产的基本条件。资本关系以劳动者和劳动实现条件的所有权之间的分离为前提。"[①]马克思剖析了资本增殖的过程，他把资本主义社会的异化劳动称为雇佣劳动，进而又将雇佣劳动分解为必要劳动和剩余劳动。必要劳动是工人用来维持自身生存和发展的劳动，劳动产品被自己享用了，并不具有异化的性质；剩余劳动被资本家所占有，构成了资本，资本又反过来奴役工人，它才是真正的异化劳动。马克思紧紧抓住了资本主义条件下的雇佣劳动范畴，对雇佣劳动的具体解剖和对剩余劳动的本质规定，剖析资本和劳动的生产关系，揭示出资本主义剥削的秘密，也使异化劳动理论又向前推进了一大步。

（3）进一步阐发了关于人同自己的类本质相异化的思想

在《资本论》中，"类""类本质"等概念不复使用。但是，人同自己的类本质相异化的思想仍然是马克思研究论证的内容。在《资本论》中，马克思进一步揭露了资本主义条件下劳动异化的经济事实，具体分析了劳动产品、社会财富、劳动条件、劳动创造的资本、劳动活动本身与工人的异化，说明了造成人的"类本质"丧失，个体与类的对抗、分裂，个人的"孤立化"的深刻经济根源。马克思指出，在资本主义条件下，劳动过程中不仅是商品生产，它实质上是剩余价值的生产。在这种生产中，劳动者的劳动不仅在肉体上，而且

---

① 《马克思恩格斯全集》（第44卷）[M].北京：人民出版社2001：582

在精神上完全隶属于资本。因为"这种生产关系把工人变成资本增殖的直接手段。所以，成为生产工人不是一种幸福，而是一种不幸"。这种不幸，在资本主义大机器生产的条件下，把工人贬低为机器的附属品，并且随着科学作为独立的力量被并入劳动过程而使劳动过程的智力与工人相异化。因此，在资本主义条件下人的"内在本质"得不到正常的发挥，而是被当作谋生的手段同自身相脱离、相对立。

（4）进一步深化了关于人和人相异化的思想

所谓"人和人相异化"，就是指私有制社会中人与人之间的对抗性、分裂性关系。异化劳动所造成的这种人与人之间的"异化"包括两个层次：一是人与人之间社会关系的疏远；二是劳动者与非劳动者（剥削阶级）之间的阶级对抗。尤其是后者，构成了私有制社会中人与人之间社会关系的主导形式。在《资本论》中，马克思通过对资本主义社会人与人社会关系新的科学考察，进一步确认和深化了《1844年经济学哲学手稿》异化观的上述思想。

一方面，他进一步揭露了资本主义社会中人与人之间的社会分裂、彼此关系的疏远以及社会关系对个人而言的异己性、敌对性，认为在资本主义生产中，由于物的异化，权力的异化，最终这种异化将体现为人与人相异化，表现为劳动和资本的阶级关系。"起初仅仅是起点的东西，后来通过过程的单纯连续，即通过简单再生产，就作为资本主义生产本身的结果而不断重新生产出来，并且永久化了。一方面，生产过程不断地把物质财富转化为资本，转化为资本家的价值增殖手段和消费品。另一方面，工人不断地像进入生产过程时那样又走出这个过程：他是财富的人身源泉，但被剥夺了为自己实现这种财富的一切手段。因为在他进入过程以前，他自己的劳动就同他相异化而为资本家所占有，并入资本中，所以在过程中这种劳动不断对象化在为他人所有的产品中。因为生产过程同时就是资本家消费劳动力的过程，所以工人的产品不仅不断地转化为商品，而且也转化为资本，转化为吮吸创造价值的力的价值，转化为购买人身的生活资料，转化为使用生产者的生产资料。"①不仅如此，马克思还通过对资本、利润、利息、地租、工资等异化形式的全面的系统的分

---

① 《马克思恩格斯全集》（第23卷）[M].北京：人民出版社，1972：626

析，彻底揭露了资本主义剥削的真相，揭示资本主义社会中人与人之间的阶级对立。

另一方面，马克思立足于剩余价值的发现和对资本主义剥削秘密的揭露，进一步说明了工人和资本家之间阶级斗争的不可调和性。马克思说："工人本身不断地把客观财富当作资本，当作同他相异己的、统治他和剥削他的权力来生产。而资本家同样不断地把劳动力当作主观的、同它本身对象化在其中和借以实现的资料相分离的、抽象的、只存在于工人身体中的财富源泉来生产，一句话，就是把工人当作雇佣工人来生产。工人的这种不断再生产或永久化是资本主义生产的必不可少的条件。"① 所以，资本主义生产过程是工人为维持肉体生存而服从于资本家发财致富欲望的被动劳动过程；资本家无偿占有工人的剩余劳动、剩余价值；资本家的致富、享乐以工人的片面化、畸形化为前提。工人只有通过社会革命，彻底推翻资产阶级统治，才能争得自身解放。

由上可见，在《资本论》中，马克思从现实社会出发，将异化理论包含的经济内容纳入生产力和生产关系矛盾学说的体系，用生产力和生产关系的矛盾、经济基础和上层建筑的矛盾、阶级之间的矛盾以及一系列经济范畴来说明异化现象，揭示了在人之外、与人相对立、统治和支配人的异己力量产生的根源，并通过剩余价值学说完整地表述了出来。

（5）探讨了异化劳动的扬弃问题

马克思的异化劳动理论的核心是关于人的学说，确切说，是探索人的本质和人的解放的学说。马克思通过对异化劳动的分析，考察了资本主义社会的现实状况，认为一方面大工业极大地推进了人类的历史与文明，但另一方面异化劳动也同时改变了人与劳动的本质关系，造成了人与创造物、人与他人、人与社会以及人与自我之间的反常状态，导致人在处理与自然和社会关系时出现困境，极大地阻碍了人们通过对象化活动实现其本质的全面发展的活动，从而与人性自由而自主的内在需求相互对立。正是由于存在着人的被束缚、被压抑，存在着人的异化，由此便引申出关于异化劳动的扬弃和人的解放的主题。由于人的异化主要是社会关系的不合理带来的，因此，人的解放首先在于改变

---

① 《马克思恩格斯全集》（第23卷）[M]. 北京：人民出版社，1972：627

不合理的现实社会关系，实现人的社会解放。

马克思认为："对私有财产的积极扬弃，作为对人的生命的占有，是对一切异化的积极扬弃。"[①] 在这里马克思给人们指出了消除异化，实现人的自由而全面发展的途径就是对私有制的扬弃。马克思指出："共产主义是私有财产即人的自我异化的积极的扬弃""因而是通过人并且为了人而对人的本质的真正占有""它是人和自然界之间、人和人之间的矛盾的真正解决"。[②] 只有共产主义才能实现"建立在个人自由全面发展和他们共同的社会生产力成为他们的社会财富的这一基础上的自由个性"。[③] 在这里，人的自由而全面发展，一方面表现为社会主体生存、享受和发展的自由；另一方面表现为社会主体各方面能力的自由拓展。人本身能力的发展成为目的，劳动成为第一需要，对物的占有成为手段；人们不再受强迫性分工的约束，人们可以自由地在各个领域活动，以发展自身多方面的能力，在此基础上，人们的科学文化素质、思想道德素质都得到极大的提升。人类达到这一发展状态要经历漫长的历史过程。在这个过程中，人类在实践中不断克服异化，构建人类主体意识，创造丰富的物质、精神文化产品及相应的社会关系，最终实现人类的真正解放。

5.《资本论》对异化劳动问题的理论补充

《资本论》不但继承和发展了《1844 年经济学哲学手稿》异化观的基本思想，还在唯物史观和剩余价值学说的基础上，赋予异化范畴新的规定，填补了早期异化思想的不足，使异化劳动理论趋于完备和系统化，成为马克思唯物史观的重要理论。

（1）劳动力成为商品带来了工人劳动过程本身的异化

在《资本论》中，马克思把劳动力商品作为研究异化理论的切入点，对资本主义生产方式作了全面、历史的考察。马克思认为劳动力成为商品是资本关系形成的关键，劳动力成为商品的直接后果就是，工人的劳动过程本身异化了，最后导致劳动产品异化了，人的类本质异化了，人与人的关系也异化了。从而进一步揭露了资本主义经济生活中异化的经济事实。

---

① ［德］马克思.《1844 年经济学哲学手稿》[M]. 北京：人民出版社 2000：371–372
② 《马克思恩格斯全集》(第 42 卷)[M]. 北京：人民出版社，1979：120
③ 《马克思恩格斯全集》(第 46 卷下) [M]. 北京：人民出版社，1979：104

在资本主义条件下，劳动力成为商品被出卖以后，"原来的货币所有者成为资本家，昂首前行；劳动力所有者成立为他的工人，尾随其后。工人在进入劳动过程之前，他自己的劳动力就同他相异化而为资本家所占有，工人失去了对自己劳动力的所有权和支配权。"[①]工人在资本家的监督下劳动，他的劳动属于资本家。资本家进行监视，使劳动正常进行，使生产资料的使用合乎目的。就工人劳动的基本性质而言，这种劳动表现为一种异己的、被强制的生命活动，在这里，绝没有自由、平等，有的只是资本的无上权威；劳动过程中主客体是颠倒的，生产资料即资本，具有了主体性功能，工人则成了完全被动的客体。工人为资本主义生产为资本家创造剩余价值而存在，而不是生产过程为工人而存在，资本家通过剥夺工人的剩余劳动时间来生产最大化的剩余价值。劳动力商品的使用价值和劳动力所有者相分离，资本家可以在一定时间内使用支配购买到的劳动力，创造出剩余价值，而价值增殖即资本的真正生成也就发生在这一过程中。正如马克思所说："资本家支付劳动力价值或偏离这一价值的劳动力价格，在交换中取得对活劳动力本身的支配权。他对这种劳动力的利用分为两个时期。在一个时期，工人只是生产一个等于他的劳动力价值的价值，因而只生产一个等价物。这样，资本家预付劳动力的价格，得到一个价格相等的产品。这就好像资本家是在市场上购买现成的产品。而在剩余劳动期间，劳动力的利用为资本家创造出无须他付出代价的价值。他无偿地获得了劳动力的这种利用。在这个意义上，剩余劳动可以称为无酬劳动。因此，资本不仅像亚当·斯密所说的那样，是对劳动的支配权。按其实质来说，它是对无酬劳动的支配权。一切剩余价值，不论它后来在利润、利息、地租等哪种特殊形态上结晶起来，实质上都是无酬劳动时间的化身。资本自行增殖的秘密归结为资本对别人的一定数量的无酬劳动的支配权。"[②]可见，劳动力成为商品使货币转化为资本，资本对劳动过程的统治和支配带来了工人劳动过程的异化。

由此可以看到，建立在剩余价值理论基础上的雇佣劳动、剩余劳动范畴是对异化劳动范畴的深化和发展，它更精确地揭示出资本剥削的秘密，更精确地揭示出剩余价值的源泉及其产生的过程。

① ［德］马克思.《资本论》(第 1 卷) [M]. 北京：人民出版社，2004：205
② ［德］马克思.《资本论》(第 1 卷) [M]. 北京：人民出版社，2004：584

（2）劳动创造出来的资本表现为异化的社会权力，劳动异化发展成为全面异化

在资本主义制度下，劳动者创造的社会生活条件日益与劳动者相分离，另一方面却在资本家身上得到人格化的体现，并且作为一种社会权力日益增长。劳动异化的这种新趋势表现为：资本原本是劳动创造的，但它越来越表现为社会权力，这种权力的执行者是资本家，对资本主义社会来说，只要工人的劳动不是资本的需要所要求的，工人便成为多余的了，资本完全统治了活劳动。诚如马克思在《资本论》中所说："资本主义生产不仅是商品生产，它实质上是剩余价值的生产。工人不是为自己生产，而是为资本生产。因此，工人单是进行生产已经不够了。他必须生产剩余价值。只有为资本家生产剩余价值，或者为资本家的资本增殖服务的工人，才是生产工人。"[①] 工人在这样的生产过程中，要服从资本的指挥，因为他们受雇于资本，他们不是为自己劳动，而是为资本家劳动。工人的劳动从属于资本，资本支配着工人的劳动，劳动生产力也表现为资本的生产力。所以，马克思认为，判断生产劳动与非生产劳动要看劳动借以实现的社会生产关系。资本主义生产劳动就是价值增殖进入劳动过程的结果，只有生产剩余价值的劳动才是生产劳动，只有生产剩余价值的工人才是生产工人。可见，在资本主义雇佣劳动条件下所实现的劳动过程和价值增殖过程中，无论是工人的劳动过程、劳动产品，还是工人的社会关系本质以及人与人之间的关系都被异化了。资本表现为异化的、独立化了的社会权力，这种权力作为物，作为资本家通过这种物取得的权力，与社会相对立；资本不仅表现为统治社会的权力，而且在生息资本上表现为自我增殖、自我异化的神物，在生息资本上，资本同劳动的关系消失了，"在这个过程中，资本的形态越来越和它的内在本质相异化，并且越来越与之失去联系。"[②] 因而，在资本主义社会生活中，"普遍的对象化过程，表现为全面的异化"。[③] 所谓"全面异化"，就是说劳动创造了资本，资本却变成对经济生活、政治生活、精神生活进行全面统治的巨大社会权力，反过来对劳动主体进行全面压抑。

---

① 《马克思恩格斯全集》（第 44 卷）[M]. 北京：人民出版社，2001：582
② 《马克思恩格斯全集》（第 26 卷Ⅲ）[M]. 北京：人民出版社，1974：517
③ 《马克思恩格斯全集》（第 30 卷）[M]. 北京：人民出版社，1995：480

（3）资本主义生产过程是劳动再异化的过程

在《资本论》中，马克思从资本积累的角度进一步阐明了资本主义的生产和再生产不仅是产品的再生产，而且也是资本主义生产关系的再生产。马克思认为，生产过程是连续的、不断更新的，起初仅仅是前提的东西在生产后成为生产本身的结果而又随着生产的周而复始成为前提，这就意味着，劳动者与生产资料的分离一旦成为前提，生产过程就只能再生产这种分离，也意味着，工人不断地像进入过程时那样走出过程，工人的产品不仅不断地转化为商品，而且不断地转化为资本。资本不管是工人的生活资料还是劳动工具、原料和辅助材料不过是对象化的劳动。这种对象化劳动，这些存在于劳动能力之外的存在都是劳动自身创造出来的。马克思提出，"作为异己的、外在的权力，并且作为在不以活劳动能力本身为转移的一定条件下消费和利用活劳动能力的权力来同活劳动能力相对立的一切要素，现在表现为活劳动能力自身的产品和结果。"[1] 所以，资本主义生产过程作为再生产来看是劳动再异化的过程，就是说异化劳动的结果通过连续的过程一再被异化，财富同劳动之间、劳动能力同他的物的条件之间一再分离、对立，外在的成为资本再生产过程中的异化劳动，"既表现为劳动能力自身的客体化，又表现为它自身被客体化为一种不仅不以它本身为转移，而且是统治它，即通过它自身的活动来统治它的权力。"[2] 可见，资本是完全建立在雇佣劳动或雇佣工人的异化劳动的基础之上，只有雇佣工人的异化劳动才能把资本生产出来。

（4）资本主义生产方式使"物支配人"的异化现象得到了最充分的体现

在《资本论》中，马克思分析了商品、货币、资本的拜物教，认为作为商品生产的典型形态，资本主义生产方式使商品世界的拜物教性质即"物支配人"的异化现象得到了最充分的体现。

在《1844年经济学哲学手稿》中，马克思对金钱异化、货币崇拜表达了抗议和讽刺，但却缺少理论上的全面概括和科学说明。在《资本论》中，商品拜物教、货币拜物教、资本拜物教已经作为一个范畴系列，得到了全面科学的分析和说明。马克思从劳动过程的历史特点出发，揭示了产生拜物教这种畸形

---

[1]　［德］马克思.《1844年经济学哲学手稿》[M].北京：人民出版社，2000：78

[2]　［德］马克思.《1844年经济学哲学手稿》[M].北京：人民出版社，2000：88-89

社会现象的实践根源和认识根源。商品拜物教的实质和根源，就在于生产商品的劳动所特有的社会性质之中，商品形式呈现了一种颠倒的令人眼花缭乱的假象，使人与人之间的社会关系掩盖上物的外壳，"把人们本身劳动的社会性质反映成劳动产品本身的物的性质，反映成这些物的天然的社会属性"，从而把生产者的私人劳动和社会劳动的关系，"反映成存在于生产者之外的物与物之间的社会关系"；正是"由于这种转换，劳动产品成了商品，成了可感觉而又超感觉的物或社会的物"。① 从而造成了商品的谜一般的神奇力量，造成了类似宗教崇拜的商品拜物教。货币拜物教的根源就是商品拜物教的根源，只不过随着商品转化为货币，人的社会关系裹上了金钱的物质外壳，变得更加眩惑，更加耀眼。随着货币转化为资本，特别是生息资本的形成，货币拜物教随之转化为资本拜物教。生息资本成了最具有神秘性的东西，好像是能够自行增殖的价值，是可以创造货币的货币。在这个形式上，再也看不到它起源于劳动的任何痕迹了，社会关系最终成为物同它自身的关系，拜物教至此彻底完成。

在马克思看来，劳动产品一旦作为商品来生产，就带上拜物教性质，因此拜物教是同商品生产分不开的。只要是在资本主义这种"不是物质财富为工人的发展需要而存在，相反是工人为现有价值的增殖需要而存在的生产方式下，事情也不可能是别的样子。正像人在宗教中受他自己头脑的产物的支配一样，人在资本主义生产中受他自己双手的产物的支配"。②

二、马克思异化劳动理论的人文维度

从马克思异化劳动理论形成和发展过程看，马克思对异化劳动理论的研究是伴随着对资本主义进行批判的整个过程的。马克思看到了资本主义现实中的异化现象，现实中人被奴役、被剥削，本着对人的关注和同情，马克思将目光投入到经济领域，通过异化劳动理论揭示了资本主义条件下人的片面发展和

① 《马克思恩格斯全集》（第44卷）[M]. 北京：人民出版社，2001：89-90
② 《马克思恩格斯全集》（第23卷）[M]. 北京：人民出版社，1979：681

价值贬值的多重表现和内在根源，其关注的核心问题就是人的问题，包括人的处境、人的价值、人的需要、人的解放等。人是马克思异化劳动理论的出发点和归宿，马克思对私有制社会中人的异化生存状态的强烈关注和对消除人的异化、实现人的自由与解放的迫切渴望与追求都显示出他对人的价值的尊重，是对人的最真切、最本质的关怀。

（一）马克思异化劳动理论聚焦于劳动者的现实处境，表达出对社会现实的强烈批判

以往的思想家在批判资本主义的时候，由于没有看清资本主义社会异化的本质，因而往往只是对其表面现象发表道德谴责的观点，比如空想社会主义者们。而马克思从物质资料的生产这一社会存在的基础出发，着眼于现实的人，发现了异化劳动，揭示了私有财产的秘密，从而抓住了批判资本主义的关键所在。

1. 资本主义生产过程对人的异己性使劳动者丧失作为人的价值

资本主义社会取代封建社会，是一个巨大的历史进步。然而，资本主义社会随着社会生产力和物质财富迅速增长的同时，其现实结果是对人的价值和尊严的更加蔑视和否定。马克思得出这个结论源于对资本主义社会劳动人民异化生存状态的关注、关心和对资本主义制度本质的解剖分析。

在马克思看来，资本主义社会是一个全面异化的社会。表现在作为人的本质的劳动，变质了、异化了，劳动成为压迫工人，使工人成为非人的外在的统治力量。工人在活动和劳动过程中没有实现和彰显自己的精神和诉求，劳动过程变成了实现别人思想和本质的一个机械的过程。正是这一点决定了劳动产品的异化、人的类本质的异化、人与人的异化。在这个社会里，所谓的自由不过就是工人们出卖劳动力的自由，实际上，工人重新变成了"奴隶"，依附于资本家。所谓的平等不过是法权概念上的形式平等，事实上由于私有财产的原因，人们的不平等比以往有过之而无不及；而博爱也早已被人与人之间的赤裸裸的金钱关系所取代。在这个社会里，资本家的财富、社会权利在增长，广大的工人阶级只不过是劳动的工具、生产的机器，仅仅有最必要的肉体需要的动物。马克思在《1844年经济学哲学手稿》中指出："工人只有在运用自己的

动物机能——吃、喝、生殖，至多还有居住、修饰等的时候，才觉得自己在自由活动，而在运用人的技能时，觉得自己不过是动物。动物的东西成为人的东西，而人的东西成为动物的东西。"本来，劳动是人的"自由的生命表现"，是"生活的乐趣"，是人的本性的表现，但在资本主义私有制条件下，生产过程的异己性使劳动成了损害劳动者的身体和心灵的强制性的活动，成为对人的折磨。工人和他们创造的财富、价值之间发生了背离，工人创造的价值越大，他的自身的价值就越小，物的世界增值和人的世界的贬值是同时相伴出现的。在资本主义社会，异化劳动把人降低成为动物，使人的价值完全丧失。

2. 资本主义制度使整个人类处在异化生存状态中

马克思对私有制社会中工人的异化生存状态表示了深切同情，同时他还敏锐地指出资产阶级也处在另一极的异化生存状态中。资本主义制度属性导致的是整个人类的沦丧和非人化。这是马克思异化理论人文关怀维度的一个突出显现。

马克思在异化劳动理论中，通过对异化劳动的层层分析，对工人非人化生存状态及其产生的根源作了深入的分析，并最终发现了剩余价值的秘密，在根本上揭示了资本家剥削工人的实质。马克思在《1844 年经济学哲学手稿》中揭示了异化劳动的四个方面，即劳动产品对劳动者的异化；劳动过程对劳动者自我需要的异化；异化劳动所带来的人的类本质的异化及人与人关系的异化。马克思通过阐释异化劳动的多方面的表现，揭示了资本主义专制制度的反人道性质，批判了专制体制对劳动者身心的摧残。这是马克思思考异化劳动的着眼点。同时，马克思通过异化劳动揭露工人的异化生存状态，使工人看到了自己受压迫和剥削的残酷现实和根源，为无产阶级起来反抗、推翻资本主义社会提供了理论依据。因此，马克思异化劳动理论是无产阶级批判资产阶级的有力武器。

在异化劳动理论中，马克思不仅注意到工人阶级处于悲惨的异化生存状态中，而且敏锐地指出资产阶级同样也是处在另一极的异化生存状态中，他在《神圣家族》中明确指出："有产阶级和无产阶级同是人的自我异化。但有产阶级在这种自我异化中感到自己是被满足的和被巩固的，它把这种异化看做自身强大的证明，并在这种异化中获得人的生存的外观。而无产阶级在这种异化中则感到自己是被毁灭的，并在其中看到自己的无力和非人的生存的现实。"① 在马克思看来，虽然有产阶级变得强大、富有，具有生存外观，但他们同样是失去了自由劳动的权利，失去了人的类本性，因而同样也是处于非人的异化生存状态中。两个极端发展的异化，必然导致无产阶级对资产阶级的阶级反抗，并导致共产主义革命。

从马克思对异化劳动及人的异化的批判我们可以清楚地看到，他对人特别是处于社会底层的工人所受到的剥削和生活状况倾注了极大的关注，他对资本主义剥削制度的无情揭露，对这种不合理的社会现象表现出憎恨和愤慨，对工人的生存环境表示了深情的关注，他迫切地希望改变这种状况，这些正是马克思人文关怀精神的具体表现。马克思的伟大之处在于，他的人文关怀不是为了空洞地泛谈人性、人权、博爱等，不是对超现实的抽象人的关怀，而是对现实中受苦受难的工人的关怀。马克思透过劳动异化的表象看到了人的异化的本质，看到了工人与资本家之间的尖锐的对立，也看到了资本主义制度的根本弊端和资本主义灭亡的必然性。

（二）马克思异化劳动理论执著于追寻人类生命的终极意义

马克思在《1844 年经济学哲学手稿》中指出人的类本质是"自由自觉的劳动"，由此可得出人的发展就是人在劳动中全面、自由而充分的发展。然而，资本主义条件下的异化劳动却违背了人的本质。因为异化劳动使人成为生产的手段，而并非是生产的目的。也就是说异化劳动割裂了人作为目的和手段的统一体。因为异化劳动条件下的劳动者"不是自愿的劳动，而是被迫的强制劳动。因而，它不是满足劳动需要，而只是满足劳动需要以外的需要的一种手段"。② 而这种"劳动需要以外的需要"，其实就是作为生产资料占有者的资本家的需要，而资本家的需要仅仅是他们对物质财富的无限追求的需要。所以，资本主义雇佣劳动条件下的工人便沦为资本家赚取更多财富的一种手段，一个工具罢了。也就是说，异化劳动条件下的工人阶级纯粹是一

---

① 《马克思恩格斯全集》（第 2 卷）[M]. 北京：人民出版社，1957：44
② ［德］马克思.《1844 年经济学哲学手稿》[M]. 北京：人民出版社，2000：57

种生产手段，物质财富才是真正的目的。因此，在这里，物质财富的发展是以牺牲人的发展为代价的，它们二者是相互对立的。正因为如此，在异化劳动中沦为生产手段的工人，创造了一个剥削、压迫自己的阶级———资本家，他们与资本家的关系是部分人剥削、压迫另一部分人的社会关系。在这种异化的人与人之间的关系中，人与人之间的交往就不能成为促进人们发展的一种方式了。同时，异化劳动成了劳动者的一种外在的东西，不再是他的本质的东西了。在异化劳动中人根本不可能展现和发展自己的本质力量，人的发展受到了限制。

只有克服异化，人才会变成"真正的人"，就是有完整的人的生命表现的人，也即全面发展的人，在这样的人的身上，人的各种追求表现为内在的必然性、表现为需要。同时，"真正的人"还是独立的人，具有创造性的人。马克思指出，"任何一个存在物只有当它用自己的双脚站立的时候，才认为自己是独立的，而且只有当它依靠自己而存在的时候，它才是用自己的双脚站立的。靠别人恩典为生的人，把自己看成一个从属的存在物。但是，如果我不仅靠别人维持我的生活，而且别人还创造了我的生活，别人还是我的生活的源泉，那么，我就完全靠别人的恩典为生；如果我的生活不是我自己的创造，那么，我的生活就必定在我之外有这样一个根源。所以，创造是一个很难从人民意识中排除的观念。"① 所以，克服异化的实质在于实现人的解放。从更为具体的意义上说，人的解放主要是劳动的解放即劳动者的解放。在异化状态下，劳动者实际上处于非人的状态，很多时候劳动者感觉不到自己是人，而"那些不感到自己是人的人，就像繁殖出来的奴隶或马匹一样，完全成了他们主人的附属品。世袭的主人就是这个社会的一切。这个世界是属于他们的。他们认为这个世界就是它现在这个样子，就是它本身所感触到的那个样子。他们认为自己就是他们所知道的那个样子。他们骑在那些只知道做主人的'忠臣良民，并随时准备效劳'而不知道别的使命的政治动物的脖子上"。② 马克思的异化劳动理论从对劳动者的价值关怀的视角，揭示了资本主义世界对人的压迫即"非人"世界的状况，渴望建立"人"的世界，全面实现人的本质，这一切缘由于马克思对人

---

① 《马克思恩格斯全集》（第42卷）[M]. 北京：人民出版社，1979：129
② 《马克思恩格斯全集》（第1卷）[M]. 北京：人民出版社，1956：409

类生命终极意义的追寻。

（三）消除人的异化、实现人的本质回归是异化劳动理论的思想主旨和实践指向

消除人的异化、实现人的自由全面发展是马克思的理论追求。在他的异化劳动理论中，从《1844 年经济学哲学手稿》到《资本论》，都贯穿着这一思想主旨和理论主题，这种理论追求体现在对消除人的异化、实现人的本质的社会性回归的强烈渴望。

1. 消除人的异化、回归人的本质体现了马克思对人类解放的渴求

在《1844 年经济学哲学手稿》中，马克思明确提出了"外化劳动对人类发展进程的关系问题"，这表明 1844 年的马克思已经从人的现实的生产活动入手来展开对人的解放问题的思考了。他说："社会从私有财产等解放出来、从奴役制解放出来，是通过工人解放这种政治形式来表现的，这并不是因为这里涉及的仅仅是工人的解放，而是因为工人的解放还包含普遍的人的解放；其所以如此，是因为整个的人类奴役制就包含在工人对生产的关系中，而一切奴役关系只不过是这种关系的变形和后果罢了。"①

马克思在《1844 年经济学哲学手稿》中描绘了共产主义图景，提出"共产主义是私有财产即人的自我异化的积极的扬弃，因而是通过人并且为了人而对人的本质的真正占有；因此，它是人向自身、向社会的（即人的）人的复归，这种复归是完全的、自觉的而且保存了以往发展的全部财富的"。②马克思所讲的人的复归是指人从私有制条件下人的异化状态中摆脱出来，消除异化劳动带来的种种影响，使人获得全面自由的发展和彻底的解放。也就是说，资本主义社会把人（包括工人和资本家）变成畸形的、片面的、异化的人，变成了一架生产财富的机器，共产主义就是要把人从畸形的、片面的、异化的状态下恢复成正常的人。马克思说："任何一种解放都是把人的世界和人的关系还给

---

① ［德］马克思.《1844 年经济学哲学手稿》[M]. 北京：人民出版社，2000：62-63
② 《马克思恩格斯全集》（第 42 卷）[M]. 北京：人民出版社，1979：120

人自己。"① 他认为人的解放"是从宣布人本身是人的最高本质这个理论出发的解放"。② 他认为共产主义社会就是无产阶级的大同社会,"工人阶级解放的条件就是要消灭一切阶级"。③ 在《1844年经济学哲学手稿》中马克思甚至作了这样的表述,"共产主义,作为完成了的自然主义,等于人道主义,而作为完成了的人道主义,等于自然主义。"④

马克思即使到了晚年成熟期,在《资本论》中也明确指出共产主义是"以每个人的全面而自由的发展为基本原则的社会形式"。⑤ 马克思认为,在资本主义基础上发展起来的共产主义,生产力高度发达,私有制已失去存在的土壤,每一个社会成员都能够充分地发挥自己的全部力量和才能。马克思设想共产主义社会"是一个联合体,在那里,每个人的自由发展是一切人的自由发展的条件"。⑥ 共产主义社会里人和人的利益关系不是彼此对立的而是互相一致的,到那时,劳动也从一种重负变成生活的第一需要,劳动恢复了本来的面目。在共产主义条件下,人不仅成为自然界的主人,也成为社会的主人,成为自己本身的主人,那时不存在阶级差别,没有人剥削人、人压迫人,人与人之间真正实现了平等,人成为真正意义上的自由的人。

马克思所设想的共产主义蓝图决不是空想社会主义、乌托邦共产主义的翻版,而是根据经济、社会发展的必然规律、按照人的发展需要所作的美好憧憬和科学预测。这种高瞻远瞩的科学预见包含了马克思对资本主义条件下人性受到扭曲的强烈不满和愤慨,包含着马克思对理想化的人的生存状态的殷切盼望。

在写作《1844年经济学哲学手稿》时期,马克思还处于对政治经济学的初步研究阶段,但马克思的思想反映出他已经开始从现实经济关系出发即从"工人对生产的关系"中出发,来阐发人的解放和人的本质的回归问题,立足现有来构想未来应有的理想状态,显示出马克思对人类命运的终极关怀。

---

① 《马克思恩格斯全集》(第1卷)[M]. 北京:人民出版社,1956:443
② 《马克思恩格斯全集》(第1卷)[M]. 北京:人民出版社,1956:467
③ 《马克思恩格斯全集》(第4卷)[M]. 北京:人民出版社,1957:197
④ 《马克思恩格斯全集》(第42卷)[M]. 北京:人民出版社,1979:120
⑤ 《马克思恩格斯全集》(第23卷)[M]. 北京:人民出版社,1972:649
⑥ 《马克思恩格斯全集》(第4卷)[M]. 北京:人民出版社,1957:491

2. 马克思把异化劳动的扬弃看作是由资本主义社会达致未来社会的现实途径

马克思多次强调资本本身就是一个活生生的矛盾，因为就资本自身的机制来说，资本借助异化劳动不断生产和扩张的过程也就是产生否定自身现实条件的过程。正如马克思所说："在资本对雇佣劳动的关系中，劳动即生产活动对它本身的条件和对它本身的产品的关系所表现出来的极端异化形式，是一个必然的过渡点，因此，它已经自在地、但还只是以歪曲的头脚倒置的形式，包含着一切狭隘的生产前提的解体，而且它还创造和建立无条件的生产前提，从而为个人生产力的全面的、普遍的发展创造和建立充分的物质条件。"① 一方面，作为以自身为目的的、利己的价值，资本具有不可遏制的追求普遍性的趋势。在以资本为基础的资本主义生产中，必然要求把资本增殖作为整个社会生产方式延续和发展的前提，因此，扩大流通范围和消费领域、创造世界市场就成为资本的题中应有之意，并"由此产生了资本的伟大的文明作用"。② 另一方面，在资本主义异化劳动的机制下，资本的增殖即资本本身的生命力又遇到了严格的制约，"资本不可遏止地追求的普遍性，在资本本身的性质上遇到了限制，这些限制在资本发展到一定阶段时，会使人们认识到资本本身就是这种趋势的最大限制，因而驱使人们利用资本本身来消灭资本。"③ 可见，把资本推向解体的正是资本自身，资本在发展中既创造了否定自身的条件又提出了否定自身的要求。马克思在资本批判中，通过对劳动异化的经济条件的更加深入的分析，更有力地论述了扬弃资本、实现劳动解放进而实现劳动者的解放的历史必然。

马克思认为，工人的异化劳动只是劳动在一定历史阶段上的产物，而资产阶级私有财产又根源于异化劳动，那么，随着劳动异化的消除，资产阶级私有财产也必然被消灭，而"共产主义是私有财产即人的自我异化的积极扬弃"。④ 人类解放的途径在于扬弃异化，而"马克思把共产主义定义为私有财产

---

① 《马克思恩格斯全集》（第30卷）[M]. 北京：人民出版社，1995：512
② 《马克思恩格斯全集》（第30卷）[M]. 北京：人民出版社，1995：390
③ 《马克思恩格斯全集》（第30卷）[M]. 北京：人民出版社，1995：391
④ 《马克思恩格斯全集》（第42卷）[M]. 北京：人民出版社，1979：120

即人的自我异化的积极扬弃，说明他保留了私有财产和自我异化过程中产生的积极成果。扬弃异化劳动，但并不是扬弃对象化的劳动，被扬弃的是一种劳动方式，而不是劳动本身"。①

3. 马克思把自我异化的积极扬弃看作是理想社会——共产主义的重要特征

从《1844 年经济学哲学手稿》到《资本论》，马克思对异化劳动的批判并不是伦理道德批判而是社会历史批判。马克思认为，在资本主义经济发展中，对象化劳动虽然采取了异化的形式，但人的本质力量、人的劳动的创造性却是实际地展现出来了，因此马克思对异化劳动的态度是客观的、历史的，因为异化劳动的发展同时意味着人的本质力量的发展和进步，意味着为扬弃异化创造条件。他说："我们看到，工业的历史和工业的已经生成的对象性的存在，是一本打开了的关于人的本质力量的书，是感性地摆在我们面前的人的心理学。"②"自然科学却通过工业日益在实践上进入人的生活，改造人的生活，并为人的解放作准备，尽管它不得不直接地使非人化充分发展。"③

马克思曾经批评粗陋的共产主义在没有达到私有财产的水平时就试图超越私有财产，而这只不过是出于贪财欲和忌妒心的绝对平均主义，只不过是私有财产的一种彻底表现而已。而马克思主张的共产主义则是对异化劳动、私有财产的积极扬弃，是建立在以往社会发展的全部成果基础上的。他认为，劳动的自我异化的过程，劳动在形成、推进和加深异化的同时也产生了否定这种异化的现实条件，共产主义社会的实现就是"人和自然之间、人和人之间的矛盾的真正解决"，④共产主义是劳动与劳动对象、劳动主体与客体化的劳动之间的矛盾和异化关系的真正解决。

总之，只有在共产主义条件下，劳动者才能从异化中得到解放。一方面，他们能够摆脱被剥削、被奴役的状态，成为自己劳动和劳动成果的拥有者和支配者，从而使劳动和劳动成果成为他们本质力量的体现；另一方面，他们才能摆脱不自由、受限制的状态，重新成为具有能动性、自主性的劳动主体，从而

---

① 黄楠森，庄福龄.《马克思主义哲学史》（第 1 卷）[M]. 北京：北京出版社，1991：312
② ［德］马克思.《1844 年经济学哲学手稿》[M]. 北京：人民出版社，2000：88
③ ［德］马克思.《1844 年经济学哲学手稿》[M]. 北京：人民出版社，2000：89
④ ［德］马克思.《1844 年经济学哲学手稿》[M]. 北京：人民出版社，2000：81

向"自由自觉"的类本质复归。

三、马克思异化劳动理论人文维度的现实意义

实现人的自由全面发展是马克思全部理论的价值诉求，而异化劳动理论是马克思自身思想变革的重要环节。马克思从现实的、特定历史条件下的人出发，揭示异化劳动导致人的价值贬值、甚至丧失的现实，探讨消除异化和人的解放问题，而对这些问题的研究都体现出马克思异化劳动理论的人文关怀精神。正是从人的全面发展这个价值诉求出发，马克思揭示了人类社会扬弃人的自我异化，实现人的自由全面发展的目标指向和实践路径，而这些内容即使是在当代，也有重要的现实意义。

（一）为反思现代社会人的生存方式提供了重要参考

在现代社会，随着现代化的深入和科学技术的飞速发展以及广泛应用，社会分工范围进一步扩大，商品交换日益频繁，人与人之间的交往日益方便，这些都极大地推动了社会生产力的发展和社会的进步；但同时，现代化过程中异化、物化等消极现象仍然存在，而且有所发展，呈现出事物发展的两个方面。马克思曾清醒地指出了这一点："在我们这个时代，每一种事物都包含有自己的反面，我们看到机器具有减少人类劳动使劳动更有成效的神奇力量，然而却引起了饥饿和过度的疲劳。财富的新源泉，由于某种奇怪的、不可思议的魔力而变成了贫困的源泉。技术的胜利，似乎是以道德的败坏为代价换来的。随着人类愈益控制自然，个人却似乎愈益成为别人的奴隶或自身卑劣行为的奴隶，甚至科学的纯洁光辉仿佛也只能在愚昧无知的黑暗背景上闪耀。我们的一切发现和进步，似乎结果是使物质力量具有智慧的生命，而人的生命则化为愚

钝的物质力量。"①面对现代社会的文明成果和负面的东西，不能盲目乐观，也不可以完全悲观，而应该积极去反思。马克思的异化劳动理论对于我们反思现代社会人的生存方式有重要启示意义。

1. 走新型的现代化道路必须要消除消费异化

在资本主义现代化的过程中，商品对人的统治形式普遍蔓延开来，随之而来的就是"商品意识"成了人们的思维方式，进而入侵人们的日常生活。在商品经济高度发达的当代资本主义社会中，商品形式渗透到社会生活的各个方面，一切东西似乎都可以成为商品被买卖，包括人自身，整个社会进入了"这样一个时期，人们一向认为不能出让的一切东西，这时都变成了交换和买卖的对象，都能出让了。"②人陷入到对商品、货币、资本的全面依赖关系之中，人们为了生存不得不适应这个社会的发展规律，马克思所说的异化在当代资本主义社会有了进一步的发展。

在当代资本主义社会，异化并不仅仅体现在生产领域中使劳动者受奴役，在休闲、消费等日常生活中也深受影响。现代工业社会日常生活异化的一个最重要的表现就是消费的异化，表现在社会上的是在生产出财富的同时，也在日常生活中为人们创造出多方面的需要，消费者们被激发出很强的消费欲望，人们只有通过不停地消费才能满足个人的需求，人们成了生产和消费的机器。而被物质化了的社会使得各种需要只有通过金钱才能被满足，只有不断地追求金钱，才能满足各种生活需要，人变成了钱的支配对象，变成了钱的奴隶，钱也就变成了人贪婪的对象，成了人崇拜的神，正如马克思说"钱是从人异化出来的人的劳动和存在的本质；这个外在本质却统治了人，人却向它膜拜"。③同时，由于对虚假需要的追求使人的发展陷入片面性。人生活的目的就是为了获得更多的财富，满足自己更多的物质享受。对物质的过度追求，使人们的精神世界开始迷茫，对精神追求的意义也显得淡漠。

在马克思看来，人的本质是从事有意义、有创造性的活动。但是在现代社会，被商品意识和消费异化所统治的人们只将他们的目光局限在所拥有的

---

① 《马克思恩格斯全集》（第21卷）[M]. 北京：人民出版社，1965：775
② 《马克思恩格斯全集》（第21卷）[M]. 北京：人民出版社，1958：80
③ 《马克思恩格斯全集》（第1卷）[M]. 北京：人民出版社，1956：448

财富的多寡，消费的多少及档次的高低，人远离了人的本质，变成了赚钱和花钱的机器。异化的消费方式对物质的无休止需求，必然引起对资源的高消耗，加剧资源稀缺，造成环境恶化，影响可持续发展。同时，对物质消费过度追求的生活方式，也误导了消费者的价值判断，背离了人自由全面发展的实践目标，不利于人的自身发展，也不利于人的现代化。要吸取资本主义国家现代化过程中的经验教训，走新型的现代化道路，必须要促进生产方式和消费方式的彻底转变。

2. 正确处理人与人的关系，真正提升社会的发展质量和水平

从唯物史观的角度来看，人是社会存在和发展的主体，社会的发展必须以人为前提。衡量一个社会的发展质量和水平，要以在多大程度上实现人的全面而自由的发展为尺度。

在现代社会，生产力的迅速发展和市场经济范围的进一步扩大，在世界范围内形成了普遍的社会交往和物物交换的关系。这种全面的关系，一方面使得在更宽广的空间范围内人们彼此之间的联系和交往更加密切；另一方面则使人与人之间形成了更加丰富和复杂的政治、经济和文化关系。但在当今复杂的国际国内环境下，在人类相互竞争和排斥的状况下，人和人之间只有通过商品交换建立各种社会关系，而货币则成为人与人之间社会关系的表现形态，成为人们彼此生产需求之间的依赖。这样，人与人之间的关系仍然表现为对物的依赖关系，人与人之间以及人与满足自己各种需要的现实客体之间的正常的关系消失了。人与人之间的关系简化为物与物之间的关系，从而掩盖了现实状态下真实的社会生产关系，也使人的发展陷入异化和片面化，与全面发展的理想有比较大的差距。

面对现实存在的问题，切实坚持以人为本，突出人的主体地位，把社会的公平正义作为处理人与人之间关系的基本准则，采取多种措施，统筹兼顾社会各方面的利益，使全体人民共享发展的成果，在社会生产力发展的基础上不断改善人民生活，维护人的价值和尊严，在尊重人、理解人和关心人的基础上充分满足人的需要，从多方面创造条件，努力把人从非人的存在中解放出来，把人从物与物的关系中解放出来，推进人的全面发展目标和自由发展理想的逐步实现，提升社会主义社会的发展质量和发展水平，凸显社会主义社会的优越性。

（二）为加强社会主义道德建设提供了重要启示

在现代市场经济条件下，人既是目的，又是手段，是目的与手段的统一。人是手段，是因为一个人的利己目的和个人利益，只有在与他人的社会合作中才能真正实现，因而，一个人必须为他人利益的实现作出必要的努力甚至牺牲。这就是说，人与人的合作是以人的利己愿望作为基础的，但在这种合作中，人们彼此之间都是互为目的（利己）与手段（利他）的。马克思曾经指出，在现代社会，"（1）每个人只有作为另一个人的手段才能达到自己的目的；（2）每个人只有作为自我目的（自为的存在）才能成为另一个人的手段（为他的存在）；（3）每个人是手段同时又是目的，而且只有成为手段才能达到自己的目的，只有把自己当作自我目的才能成为手段，也就是说，这个人只有为自己而存在才把自己变成为那个人而存在，而那个人只有为自己而存在才把自己变成这个人而存在——这种相互关联是一个必然的事实。"① 人是目的与手段的统一，在社会主义市场经济条件下，要真正实现二者的统一，就要努力克服道德的异化。为此，就要加强道德建设，通过赞扬和贬斥的舆论宣传，在社会上形成倡导良好道德的社会环境，从外在举止到内在品德方面对公民进行引导，依托舆论造势和心灵渗透，形成道德约束生活化的氛围，使人自觉为自己设立一种价值目标和行为规范，在工作和生活中，克服异化因素的影响，通过自身的改造而完善自身，完善自己与他人、自己与社会的关系，在社会活动中正确处理个人与社会、竞争与协作、经济效益与社会效益等关系，在经济关系中努力将谋利性和服务性、自利和他利统一起来，并作为自己不断坚持的根本原则，以促进形成体现社会主义制度优越性、推动社会主义市场经济健康有序发展的良好道德风尚。

---

① 《马克思恩格斯全集》（第46卷上）[M]. 北京：人民出版社，1979：196

（三）为社会主义初级阶段促进人的全面发展的路径选择提供了理论依据

马克思的异化劳动理论对异化劳动的批判和对共产主义社会克服异化的设想，既具有现实的理性成分又具有崇高的理想因素，他的理论摒弃了理论只是着眼于现实生活而缺乏崇高理想设定的浅薄性，也避免了只寄希望于理想境界而淡忘现实生活中的人的境况的虚无缥缈性，将现实的具体和理想的抽象融合了起来，为从现实出发按照理想层面的目标批判和克服异化问题指引了方向；也为让现实中的人通过日常行为的规范达到崇高的精神境界，同时又让人在崇高理想的指引下积极地生活，力求摆脱异化的生活形态，提供了可行的路径参考。

1. 促进人的全面发展要着眼于劳动者价值的实现

实现人的全面发展既是马克思主义全部理论的价值诉求，也是社会主义发展的实践内容。在社会主义初级阶段，社会生产力发展和社会经济关系的变化，在客观上使个人的生产活动、经济关系、社会生活中的交往关系也随之改变和发展，与资本主义社会有本质不同，但这并不意味着劳动者已经成为全面发展的人。由于生产力水平还不够高，贫富差距比较明显，不合理的分工与私有制经济成分依然存在，所以，在经济、政治、科学技术等领域都存在着一些异化现象，其负面影响不容忽视。

从我国社会主义初级阶段的实际出发，解决人的全面发展问题，必须要着眼于劳动者价值的实现，要使劳动者有尊严地劳动、有尊严地生活，这应该是现实和理想统一的有效选择。这种选择是由劳动者的主体地位决定的。恩格斯指出，无论在何种社会都不能没有生产者阶级，它是各种社会的必要阶级："自从阶级产生以来，从来没有过一个时期社会上可以没有劳动阶级而存在的。这个阶级的名称、社会地位改变了，农奴代替了奴隶，而他自己又被自由工人所代替，所谓自由，是摆脱了奴隶地位的自由，但也是除了他自己的劳动力以外一无所有的自由。但是有一件事是很明显的，无论不从事生产的社会上层发生什么变化，没有一个生产者阶级，社会就不能生存。因此，这个阶级在任何情况下都是必要的。"①

当今的中国处于经济转轨社会转型的战略时期，经济的快速增长以及社会结构的变化使得社会矛盾相对比较突出，在深入落实科学发展观、构建和谐社会的宏观发展理念指导下，在推进工业化、城镇化、信息化、农业现代化的过程中，必须要确立劳动者作为一切发展的主体和受益者在发展中的重要地位，在实际的生产生活中自觉地将"促进人的全面发展"落到实处，尊重和关注人的价值、生命、权利等，积极有效解决民生问题。在当下中国，只有坚持实现人的全面发展的价值追求、不断提高广大劳动群众的生活水平、生命质量和发展层次，才能充分体现中国特色社会主义建设的价值导向，让社会发展的成果通过人的发展加以体现和衡量，使社会生产力的发展、科技的进步、社会形态的变化，最终落脚在促进人的解放和人的全面发展的目标上，显示社会主义在克服异化、促进人的发展方面的优势和优越性。

2. 正确处理人类与自然的关系，尊重自然，保护自然

人的存在和发展离不开自然界，人必须依存于自然界而存在，因为人是一种对象性存在物，如果人类没有自己生命表现的对象，人类就不可能存在。"人只有凭借现实的、感性的对象才能表现自己的生命。"②因为人既是能动的自然存在物，也是受动的存在物，正是由于人的受动性，所以"他的欲望的对象是作为不依赖于他的对象而存在于他之外的；但是，这些对象是他的需要的对象；是表现和确证他的本质力量所不可缺少的、重要的对象"。③马克思所说的这个对象就是自然界。如果没有自然界的存在，那么，人的生命、人的本质就不会有存在的依据。但是，人既是一种受动的存在物，更是一种能动的存在物，人通过自己的实践，通过自己自由自觉的劳动，发挥自己的主体力量，创造物质财富和精神财富，满足人类的需要，确证实现人的本质。作为人类终级追求目标的幸福，绝不会脱离自然界而孤立的存在和实现，因此，作为主体的人类，既被赋予改造自然界的权利，更有保护自然界的义务，人与自然的和谐统一是实现人的本质前提。但是人与自然的和谐统一关系在资本主义的异化劳

---

① 《马克思恩格斯全集》（第 19 卷）[M]. 北京：人民出版社，1963：315
② ［德］马克思.《1844 年经济学哲学手稿》[M]. 北京：人民出版社，2000：106
③ ［德］马克思.《1844 年经济学哲学手稿》[M]. 北京：人民出版社，2000：105

动中被割裂了，反而变得对立起来，因为"异化劳动从人那里夺去了他的生产的对象，也就从人那里夺去了他的类生活，即他的现实的类的对象性，把人对动物所具有的优点变成缺点，因为从人那里夺走了他的无机的身体即自然界。"①异化劳动破坏了人创造幸福的自然前提，无法使人通过实践来改造自然界，从而证明自己，表现自己，实现人的本质和人类幸福的目标。

在我国社会主义初级阶段，生产力的迅速发展也带来了诸多人与自然的矛盾和冲突，这些矛盾和冲突问题处理不好，不但会限制了当代人的发展，更影响到后代人的生存和延续。所以，搞好生态文明建设，坚持绿色发展，积极有效调整人与自然的关系，以便在大自然的"允许"范围内获得当代人和子孙后代"应该"获得的发展条件和基础，努力实现人的全面发展，是我国发展面临的最为艰巨而复杂的历史使命和战略任务。

---

① ［德］马克思.《1844年经济学哲学手稿》[M].北京：人民出版社，2000：58

第六章　马克思经济学中人的发展理论

人的发展问题是马克思学说的出发点和归宿点，也是马克思经济学说中的核心问题。马克思关于人的自由全面发展的学说是在其经济学研究中逐步成熟的。在早期经济学研究中，马克思关于人的发展的思想具有浓厚的社会理想性质。随着科学唯物史观的确立，在《1857—1858经济学手稿》和《1861—1863经济学手稿》及《资本论》中，马克思关于人的发展理论形成系统、走向成熟。经典作家阐述了共产主义社会人的自由全面发展的内容及其赖以实现的必要条件，提出了实现人的自由全面发展和构建人类理想社会形式的现实途径，提出了关于人的自由全面发展的完整的理论。

一、马克思经济学关于人的发展理论的历史轨迹

人的发展思想是马克思关于人的学说的一个重要组成部分。这个学说的创立就其过程而言，经历了孕育、形成、发展到成熟的历史演变。

1. 马克思关于人的发展思想的萌芽

马克思关于人的发展思想，是从关注人的自由和解放开始的。在1843年前，马克思强调的是人的主体地位和能动性，1843年，马克思开始批判黑格尔哲学，关注"市民社会"，认为"政治解放"还不是"人类解放"。这时，马克思人的自由解放思想带有思辨的色彩。

从1843年底起，马克思开始经济学研究，其成果之一是《1844年经济学哲学手稿》，在这部著作中，马克思从最基本的和看得见的"经济事实"，即工人和其劳动产品的"异化"现象入手，指出其根源在于工人的"异化劳动"，

并由此构成手稿的核心范畴和主题。马克思首先从工人的角度入手，"从两个方面考察了实践的人的活动即劳动的异化行为"。①他首先考察了"异化劳动"的结果，即工人的异化状态，指出工人与自己的劳动产品的关系是一种"异化"，劳动产品成为一种与工人相异的外在存在并且与之相对立，"工人的产品越完美，工人自己越畸形"。②在此基础上，马克思指出，"产品不过是活动、生产的总结"，③劳动结果异化状态的根源在于劳动过程本身就是"异化"的：劳动对工人来讲成为一种外在的东西，工人在劳动中不是肯定自己，而是在否定自己，劳动不是自愿的，而成为强制的了；这又进一步表现在工人的劳动不再是他的自主活动，而成为一种他人的活动，这同时表现为工人"自身的丧失"。④

在"异化劳动"的这两个最基本的规定的基础上，马克思推出了"异化"的另外两个规定，即人与人的类本质的异化，以及人与人之间的异化这两种"异化"状态。马克思借用费尔巴哈的概念把人看成是一种"类存在物"，⑤认为人的类特性在于"自由的自觉的活动"，⑥把自由的自觉的活动看成是人的本质力量的体现，人通过劳动来满足自己的需要，并使自己的能力不断发展，从而不断地超越自我，使自己得以完善和全方位地发展自己的个性。但在资本主义私有制条件下，"异化劳动"却把类生活变成一种仅仅维持个人生活的手段，从而使人本身同"类"相异化，也使人与人相异化。"我们本身的产物聚合为一种统治我们、不受我们控制、使我们的愿望不能实现并使我们的打算落空的物质力量，这种力量不依赖于人们的意志和行为反而支配着人们的意志和行为的发展阶段。"⑦

马克思在对异化劳动带来的人的本质的背离和人的片面发展的考察分析

---

①《马克思恩格斯全集》（第42卷）[M]. 北京：人民出版社，1979：94

②《马克思恩格斯全集》（第42卷）[M]. 北京：人民出版社，1979：92

③《马克思恩格斯全集》（第42卷）[M]. 北京：人民出版社，1979：93

④《马克思恩格斯全集》（第42卷）[M]. 北京：人民出版社，1979：94

⑤《马克思恩格斯全集》（第42卷）[M]. 北京：人民出版社，1979：95

⑥《马克思恩格斯全集》（第42卷）[M]. 北京：人民出版社，1979：96

⑦ 中共中央马恩列斯著作编译局.《马克思主义经典著作选读》[M]. 北京：人民出版社，1999：18

中，对消除"异化"实现人类解放的途径及制度设计，提出了自己的理想和目标。他认为，要实现人类的解放，首先就需要工人的解放，因为"工人的解放还包含普遍的人的解放；其所以如此，是因为整个的人类奴役制就包含在工人对生产的关系中，而一切奴役关系只不过是这种关系的变形和后果罢了"。①

在这个时期，尽管尚没有形成"人的全面发展"的完整概念，但却孕育着人的全面发展思想的萌芽，马克思把异化的消除与人的解放的思考和对共产主义革命的思考联系到了一起，把扬弃私有制的社会——共产主义社会与人的全面发展了联系起来，他提出的"人向自身、向社会的人的复归""人以一种全面的方式，也就是说，作为一个完整的人，占有自己的全面的本质""人的一切感觉和特性的彻底解放"等，不仅仅是一种价值判断，而是人的发展由不完整到完整的过程，是一个现实运动的过程，这就把人的解放的力量放在了现实的人自身。

2. 马克思关于人的发展思想的初步形成

在《德意志意识形态》一文中，经典作家明确提出了人的全面发展的概念，确定了人的全面发展的基本要求，并对实现人的全面发展的条件进行了深入的探索和研究。可以说《德意志意识形态》一书的问世，是经典作家对人的全面发展思想给予唯物主义论证的标志，他标志着马克思人的发展理论的基本形成。

（1）在《德意志意识形态》一文中，马克思恩格斯从多个角度对人的发展的内涵进行阐述，明确提出了"个人的全面发展""全面发展的个人"等概念，确定了"个人向完善的个人的发展""任何人的职责、使命、任务就是全面地发展自己的一切能力"等人的发展要求，对人的发展的条件和社会发展的规律进行了深入探讨，形成了比较完整的人的发展的价值取向。以《德意志意识形态》为标志，马克思对人的全面发展问题做出了辩证唯物主义的论证。

（2）把人的全面发展与生产力联系了起来。在《德意志意识形态》中，经典作家从唯物史观出发，对社会分工进行了历史的考察，并以此来研究人的全面发展问题。他们指出："就个人自身来考察个人，个人是受分工支配的，分工使他成为片面的人，使他畸形发展，使他受到限制。"分工造成了人的体

---

① 《马克思恩格斯全集》（第42卷）[M].北京：人民出版社，1979：101

力和智力的片面畸形发展，是异化劳动产生的原因。分工是生产力发展的结果，是同生产力发展状况相联系的。分工同生产关系也有密切的联系，"分工和私有制是两个同义语"。在这里，分工实际上是生产力和生产关系联系的中介，在分工对个人影响的背后，实际上存在着生产力和生产关系对人的影响。马克思、恩格斯通过对分工这一现象的探讨，第一次把人的全面发展与生产力联系起来，这是站在唯物主义历史观的基础上考察人的全面发展问题的，它标志着马克思主义人的全面发展理论的基本形成。

（3）探讨了实现人的全面发展的条件。在《德意志意识形态》中，经典作家在论述共产主义社会的特征时，指出共产主义是对由于分工而产生的人的"异化"的消除。要实现共产主义，消除分工导致的"异化"，"要使这种异化成为一种'不堪忍受的'力量，要成为革命所要反对的力量当然只有在具备了两个实际前提之后才会消灭。就必须让它把人类的大多数变成完全'没有财产的人'，同时这些人又和现存的有钱的有教养的世界相对立，而这两个条件都是以生产力的巨大增长和高度发展为前提的。"[1]生产力的巨大增长和高度发展的重要性在于：首先，"如果没有这种发展，那就只会有贫穷的普遍化；而在极端贫困的情况下，就必须重新开始争取必需品的斗争，也就是说，全部陈腐的东西又要死灰复燃。"[2]其次，"只有随着生产力的这种普遍发展，人们之间的普遍交往才能建立起来；由于普遍的交往，一方面，可以发现在一切民族中同时都存在着'没有财产的'群众这一事实（普遍竞争），而其中每一民族同其他民族的变革都有依存关系，最后，狭隘地域性的个人为"世界历史性的、真正普遍的个人所代替。"[3]由上可见，在经典作家的视野里，实现人的全面发展的重要条件从所有制层面概括就是"私有制的消灭"。而"对高度发达而且普遍发达的生产力的共同占有"是共产主义社会实现人的全面发展的必要条件。

3. 马克思关于人的发展思想的发展

关于人的发展思想初步形成以后，马克思、恩格斯在《共产党宣言》中

---

① 《马克思恩格斯全集》（第3卷）[M]. 北京：人民出版社，1960：39

② 《马克思恩格斯全集》（第3卷）[M]. 北京：人民出版社，1960：39

③ 《马克思恩格斯全集》（第3卷）[M]. 北京：人民出版社，1960：39

对人的全面发展思想进行了更加系统的论述，并使人的全面发展理论得到了进一步发展。

（1）经典作家提出了共产主义联合体的基本特征："代替那存在着阶级和阶级对立的资产阶级旧社会的，将是这样一个联合体，在那里，每个人的自由发展是一切人的自由发展的条件。"在《共产党宣言》中，马克思以唯物主义历史观为武器，对传统观念中对于人的神秘色彩和宗教哲学予以有力驳斥，赋予人以具体化、社会化、实践化的特征。

（2）经典作家不但论证了共产主义代替资本主义是历史的必然，而且从更多方面阐述了实现人的全面发展的条件和途径，包括发展生产力、消灭私有制和旧的分工、发展教育等，这些都为人的全面发展思想进一步完善奠定了坚实的基础。

4. 马克思人的发展理论的成熟

随着马克思政治经济学研究的不断深入，以《1857—1858 经济学手稿》《1861—1863 经济学手稿》和《资本论》为标志，马克思最终完成了科学的人的发展理论。

（1）通过历史的考察，马克思证明全面发展的个人不是自然的产物，而是历史的产物。因为"要使这种个性成为可能，能力的发展就要达到一定的程度和全面性，这正是以建立在交换价值基础上的生产为前提的，这种生产才在产生出个人同自己和同别人的普遍异化的同时，也产生出个人关系和个人能力的普遍性和全面性。"马克思具体分析了资本主义生产、分配、交换、消费的过程，准确地把握了资本主义经济运行的内在规律——剩余价值规律，同时在剩余劳动时间中发现了全面发展的基础与尺度——自由支配时间，指出最大的生产力与财富在于自由支配时间中人的一般能力的充分发展。

（2）以人的发展为线索，把人类社会分为三大历史形态，"人的依赖关系（起初完全是自然发生的），是最初的社会形态""以物的依赖性为基础的人的独立性，是第二大形态""建立在个人全面发展和他们共同的社会生产能力成为他们的社会财富这一基础上的自由个性，是第三个阶段"。马克思从人和社会的关系出发，对人类社会的三大历史形态作出了具体的分析，揭示了在不同历史发展阶段，人的全面发展的状态。他认为，在第一大形态下，"人的生产能力只是在狭窄的范围内和孤立的地点上发展着"，表现为"原始的丰富"。在第二大形态下，"形成普遍的社会物质变换、全面的关系、多方面的需求以及全面的能力的体系。"第三大形态是共产主义社会，其特征是"建立在个人全面发展和他们共同的社会生产能力成为他们的社会财富这一基础上的自由个性。"通过历史的考察，说明人的全面发展的历程和人类社会历史发展一样是一个自然历史过程。

（3）在剩余价值理论的基础上揭示出财富的社会性、劳动的社会性和自由时间等是人的全面发展的根本条件。马克思认为："时间实际上是人的积极存在。它不仅是人的生命的尺度，而且是人的发展的空间"。作为人类发展空间的时间大体上可由必要劳动时间、剩余劳动时间和自由时间构成。自由时间是可以自由支配、直接用于发展个人非直接生存实践目的诸种潜在本质力量的时间。自由时间对于人的全面发展具有重要意义，是人实现全面发展的基础。正是从自由时间的角度，马克思揭示了整个人的全面发展的前提和规律。

（4）将"消灭私有制"作为建立未来美好社会、实现人的全面自由发展的首要任务。马克思认为，资本主义社会"物的依赖关系"的形成，本质上是因为资本主义生产资料私有制造成的。私有制使得人类的社会劳动成为了具有"私人"属性的实践活动，"在商品生产者的社会里，一般的社会生产关系是这样的：生产者把他们的产品当作商品，从而当作价值来看待，而且通过这种物的形式，把他们的私人劳动当作等同的人类劳动来发生相互关系。"[①]马克思认为，社会生产本来是人们通过劳动建立起来的一种社会关系，在生产资料私人占有的经济体制中，这种关系却演变成为了一种冰冷的"物"与"物"的关系。人们本来应该崇拜人类劳动的伟大创造力，最后崇拜的却是人类劳动的创造物——商品。所以，马克思将"消灭私有制"作为建立未来美好社会的首要任务，他说："从这个意义上说，共产党人可以用一句话把自己的理论概括起来：消灭私有制。"[②]

为了避免引起人们的歧义，马克思特别强调，我们所说的"消灭私有制"，是"把资本变为公共的，属于社会全体成员的财产，这并不是把个人财产变为

---

① ［德］马克思.《资本论》（第 1 卷）[M].北京：人民出版社，2004：96
② 《马克思恩格斯选集》（第 1 卷）[M].北京：人民出版社，2012：414

社会财产。这里所改变的只是财产的社会性质"。[①]在马克思看来，只有改变了生产资料私人所有的所有制形式，生产活动才能克服表现形式上的"私人"性质，而获得真正的社会属性，劳动产品也才能够真正成为全人类的社会财富。参与社会生产劳动的人实际上是自由劳动者的互利合作，其中不存在任何因为控制了生产资料而去奴役他人的雇佣劳动。这样的生产活动没有任何剥削和压迫，人们把参加这样的生产劳动视为让自己"获得全面发展其才能的手段"，这样的生产活动不仅能够创造社会物质财富，而且还能够为每一个人实现自我的全面自由发展提供条件。劳动不仅创造了人本身，劳动还为人们发挥自身潜力，施展自身才华提供了机会，从而在根本上促进人的全面发展。尤其重要的是，只有在没有剥削、没有压迫的劳动中，劳动者才能够真正感受到劳动的这一价值。所以，马克思说："共产主义并不剥夺任何人占有社会产品的权力，它只剥夺利用这种占有去奴役他人劳动的权力。"[②]于是，马克思设想了这样一个社会，在这个社会里人们都是没有任何依附关系的自由劳动者，他们自觉、自愿地联合起来，用公共的生产资料进行劳动，为社会创造公共劳动产品。人们之所以愿意这样做，是因为此时的生产劳动已经没有任何剥削和压迫，人们已经将劳动视为自己发挥潜力、培养才能、施展才华的手段，希望在劳动中真正实现自我的全面自由发展。在这样的社会中的社会意识，摆脱了对外界的一切依附性，只有依靠这种自由的意志才能培育起真正健康、健全的道德人格。

《资本论》的完成标志着以剩余价值学说为基础的政治经济学的确立，正是在这个基础上，马克思坚持唯物史观和辩证法，以剩余价值学说为基础，全面揭示了人的发展的科学内涵和历史必然性，标志着马克思关于人的发展理论的成熟。

从马克思人的发展理论的发展过程看，马克思关于人的发展思想经历了一个由探讨抽象的人、个性的人与人的全面发展到分析考察现实的人、实践的人与人的全面发展这样一个从萌芽，到发展至成熟的过程。

---

① 《马克思恩格斯选集》（第 1 卷）[M]. 北京：人民出版社，2012：415
② 《马克思恩格斯选集》（第 1 卷）[M]. 北京：人民出版社，2012：416

二、马克思经济学中人的发展理论的基本内容

针对资本主义的异化现象，马克思提出了他一生所追求的未来社会的理想目标：异化的消除，无产阶级乃至整个人类的解放，每个人的全面而自由的发展。在马克思看来，共产主义社会就是人的全面而自由发展得到最终实现的社会形式。这是马克思人的发展理论的首要的基本的观点。

（一）人的发展的内涵

"发展"是马克思人的发展理论中的核心概念，对"发展"概念的理解正确与否，关系到能不能从根本上把握马克思人的发展理论，特别是它的实现条件。从马克思的有关论述来看，他赋予"发展"的含义主要有两个方面，一是个人的全面发展，二是个人的自由发展。

1. 人的全面发展的内涵

在《资本论》手稿中，马克思指出，"以物的依赖性为基础的人的独立性，是第二大形态，在这种形态下，形成普遍的社会物质变换，全面的关系，多方面的需求以及全面的能力的体系。"[①] 在这里，马克思对人的发展的"全面性"给予四个规定：个人之间形成了普遍的物质变换；全面的关系；需求的全面性；能力的全面性。其中，前三个方面是人的社会关系的全面性，第四方面是人的能力的全面性，概括起来就是"个人关系和个人能力的普遍性和全面性"。[②] 这就是说，人的全面发展包括人的能力的全面发展和人的社会关系的全面发展两个方面。

（1）人的全面发展是人的能力的全面发展

人的能力的全面发展是经典作家关于人的全面发展理论中强调最多的一

---

① 《马克思恩格斯全集》（第46卷上）[M]. 北京：人民出版社，1979：104
② 《马克思恩格斯全集》（第46卷上）[M]. 北京：人民出版社，1979：109

个价值目标。马克思指出："全面发展的个人……也就是用能够适应极其不同的劳动需求并且在交替变换的职能中……使自己先天和后天的各种能力得到自由发展的个人。"①在马克思看来，人的能力包括：自然力、潜力、集体力等。自然力是人的身体中的作为天资而存在的那种能力，如臂、腿、头、手等，是人本身的自然力。潜力是人自身的自然中沉睡着的力量如人的潜能。集体力是由于协作提高了个人生产力而创造的一种生产力。但与人的全面发展相联系，马克思谈得最多的还是人的体力和智力。马克思明确指出："我们把劳动能力理解为人的身体即活动的人体中存在的、每个人生产使用价值时运用的体力和智力的总和。"②而劳动，就是劳动力的使用，就是人的体力和智力的支出，是人的劳动能力即人的本质力量的耗费和发挥；同时也是人的本质力量的形成和发展，劳动的结果是"人的本质力量的公开的展示"。③劳动不仅生产出产品，也生产了人。因此，人的能力的发展，主要是人的脑力和体力的全面发展；人的全面发展就是人的劳动活动和能力发展的全面性和普遍性。

（2）人的全面发展是人的社会关系的全面发展

人的能力的全面发展固然是人的发展的主要内容，但马克思从不把人的发展简单地归结为能力的发展，因为人的能力的形成、发展和表现都离不开人的社会关系。在《资本论》手稿中，马克思多次强调：人总是在一定的社会关系中生存和发展着，个人既是单个的也是处于他们的社会划分和社会联系之中的个人；个人是处于一定的社会关系的个人；社会本身，即处于社会关系中的人本身，作为社会生产过程主体出现的个人，不过是处于相互关系中的个人。而社会关系实际上决定着一个人能够发展到什么程度，因此，实现个人的发展，个人必须积极参与社会生活多种领域，进行普遍的物质交换，在交往中形成丰富而全面的社会关系，简而言之是人的社会关系的全面发展。

个人社会关系的全面发展，不仅要求个人与类之间建立普遍的关系，而且还要求这种关系是一种全面性的关系，即体现人与自然之间关系的生产力和体现人与人之间关系的生产关系。马克思说，"生产力和社会关系——这二者

---

① 《马克思恩格斯论教育》（下卷（修订本））[M]. 北京：人民教育出版社，1986：234
② 《马克思恩格斯全集》（第23卷）[M]. 北京：人民出版社，1972：190
③ 《马克思恩格斯全集》（第42卷）[M]. 北京：人民出版社，1979：128

是社会的个人发展的不同方面"。① 劳动从来就是社会的劳动，人们在劳动中，一方面，要同自然界进行物质交换以满足自身生存和发展需要，它是人的生存和发展的基础。另一方面，劳动一定是在社会关系（其基础是生产关系）中的劳动，因为孤立的一个人在社会之外进行生产是不可思议的。马克思对人的发展的考察，更着重于人与人之间的社会联系和社会关系。他说，"个人的全面性不是想象的全面性，而是他们现实关系和观念关系的全面性。"② 也即在物质关系的基础上进一步发展出的政治法律关系、伦理道德关系、思想文化关系等的总和。

在马克思那里，人的社会关系的全面发展，表现为个人与其他人建立了普遍的关系，而这种关系主要表现为物质交换关系。马克思说："一切生产部门的共同基础是普遍交换本身，是世界市场，因而也是普遍交换所包含的全部活动、交易、需要，等等。"③ 而普遍的需求和供给让生产者和消费者之间发生互动，促使毫不相干的人发生联系。因此，这种普遍的物质交换关系的建立和扩展，使个人活动的空间得到了大大的扩展，把个人真正融入到了类之中，在个人和类之间建立了更加紧密的、普遍的相互依赖关系。

（3）人的全面发展是人的需要的全面发展

需要是人对物质和精神生活条件依赖关系的自觉反应。在马克思看来，人是有生命且具有需要的人，需要是人的本性，是人活动的动力和目的；同时，人的发展与人的需要是相辅相成的，因为，人的需要具有社会性。马克思指出："饥饿总是饥饿，但是用刀叉吃熟肉来解除的饥饿不同于用手、指甲和牙齿来解除的饥饿。"④ 需要的满足程度直接涉及人的本质的实现程度，人的全面发展是以一定的需要的满足为前提的。因此，人的全面发展包括人的所有需要的满足和发展。

（4）人的全面发展是人的个性的全面发展

个性的发展是马克思关于人的全面发展的本质内容。人的个性主要表现

---

① 《马克思恩格斯全集》（第46卷下）[M]. 北京：人民出版社，1980：219
② 《马克思恩格斯全集》（第46卷下）[M]. 北京：人民出版社，1980：36
③ 《马克思恩格斯全集》（第46卷下）[M]. 北京：人民出版社，1980：19-20
④ 《马克思恩格斯全集》（第46卷下）[M]. 北京：人民出版社，1980：29

为兴趣、爱好、性格、心理、气质、行为特点等。马克思认为，人的个性是与"个人的行动或活动"相联系的，是现实的个人在活动中表现出来的特异性。人的行动或活动具有自主性、能动性和创造性，而每个人活动的自主性、能动性和创造性，构成了人的个性的基本内容。马克思认为，个人的发展应该是全面、自由和和谐的。可是，在异化劳动状态下，少数人的发展是以牺牲大多数人的发展为代价的。只有在共产主义社会里，才能做到"每个人的自由发展是一切人自由发展的条件"。所以，在马克思看来，自由个性的充分发展，既是人的全面发展的综合体现和最高目标，也是人的全面发展的最根本的内涵。

2. 人的自由发展的内涵

马克思认为，资本主义雇佣劳动本身，决定了劳动者不是作为主体参与劳动过程的，他们本身只不过是资本的一种特殊存在方式。工人不是为自己而是为资本家，是在资本家支配下劳动，必须服从资本家的权威和意志。在具体劳动过程中，局部劳动压抑工人的多种多样的生产志趣和生产才能，人为地培植工人片面的技巧；简单重复的劳动，夺去身体上和精神上的一切自由活动，使工人的劳动毫无内容；分工的专制性，完全剥夺了人的自由发展的可能性。

马克思在描述人的发展的三种历史形态时，认为人的自由发展即"建立在个人全面发展和他们的共同的生产力成为他们的社会财富这一基础上的自由个性"，[①]这是马克思从人的本质和人的关系的社会发展视角揭示的人类发展的趋向。在他看来，人的自由发展指的是人在不屈从于任何外在目的和压迫的情况下，根据自己的兴趣和爱好，积极主动、自觉自愿地发展自己的体力、个性、智力、品质和其他各方面的能力。它着重强调的是人的发展的一种主观状态或人对自己发展的驾驭。在这里，马克思把人的全面发展作为实现自由个性的一个基本条件，因而是包含在自由个性这个概念之中的。

马克思在《资本论》中明确提出，共产主义是以"每个人的全面自由的发展为基本原则的社会形式"。[②]发展生产力，扬弃劳动的异化和私有制度，消灭剥削，消灭国家，这一切最终都是为了人的自由本性充分而全面的发展。马克思还从劳动时间上对人的自由发展作出了具体规定，他说："个人得到自由

---

① 《马克思恩格斯全集》（第46卷下）[M]. 北京：人民出版社，1980：104
② 《马克思恩格斯全集》（第23卷)[M]. 北京：人民出版社，1972：9

发展，因此并不是为了获得剩余劳动而缩减必要劳动时间，而是直接把社会必要劳动减到最低限度，那时，与此相适应，由于给所有的人腾出了时间和创造手段，个人会在艺术、科学等方面得到发展"[①]"那时，财富的尺度决不再是劳动时间，而是可以自由支配的时间"[②]"节约劳动时间等于增加自由时间，即增加使个人得到充分发展的时间，而个人的充分发展又作为最大的生产力反作用于劳动生产力"。[③] 马克思认为，到了这种理想社会，在物质生产的劳动时间内，人的劳动不再是谋生的手段，而是生活的第一需要。而在自由时间内，个人可以根据自己的爱好和特长进行各种精神性的自由活动，如科学活动、艺术活动、社交活动、娱乐活动、工艺活动，满足人的发展的需要，充分发展人的创造能力和自由个性。

经典作家常常把"人的全面发展"和"人的自由发展"并提，但这并不表明他们把这两者看成同一范畴。人的自由发展和全面发展是互为前提、互为条件、相互促进的。人通过全面发展来表现出人的发展的普遍性、一般性，通过自由发展来表现出人的发展的内在差异性。只有个人普遍得到全面发展，人类才能真正获得驾驭自然界和人类社会的自由，成为自由发展的人；同理，也只有充分具备自由发展的条件，才可能实现个人的全面发展。

需要指出的是，人的全面而自由的发展并不意味着每个人都具有相同的才能或能力等，也不是说每个人的发展程度都是一样的，更不是说每个人都按相同的模式发展，而是具有创造性和自由个性的发展。同整个社会发展比较起来，具体个人的发展是有限的。在有限的生命中，由于每个人的兴趣和爱好的不同，人的全面而自由的发展必然呈现出多样性。正是这种多样性构成了整个社会全面发展的多样性。

（二）人的全面自由发展的条件

经典作家认为要使人全面而自由地发展，必须具备一定的历史条件，而人

---

① 《马克思恩格斯全集》（第 46 卷下）[M]. 北京：人民出版社，1980：218
② 《马克思恩格斯全集》（第 46 卷下）[M]. 北京：人民出版社，1980：222
③ 《马克思恩格斯全集》（第 46 卷下）[M]. 北京：人民出版社，1980：107

自身又必须发挥主观能动性去创造这些条件才能实现。

个人能力的形成和发展依赖于劳动，个人关系的普遍性和全面性的形成以及自由个性的发展依赖于劳动所产生的生产力和生产关系及其发展。因此，劳动、生产力、生产关系等既是制约人的发展的基本因素，也是实现人的全面自由发展的条件。

1. 生产力的发展是实现人的全面自由发展的根本条件

马克思强调，生产力标志人和自然之间的现实关系，是人类改造自然使其适应人和社会需要的客观物质力量。它是人的存在的物质前提，也是实现人的全面自由发展和社会发展的最终决定力量。

人的发展首先表现为人的活动和能力的发展，生产活动是人的最重要的实践活动。在人的实践活动中，最重要的是物质生产活动。组织生产活动，发展社会生产力，不仅可能保证一切社会成员有富足的和一天比一天充裕的物质生活，而且还可能保证他们的体力和智力获得充分的自由发展和运用。

（1）生产力的发展推动人的天性和能力的发展

马克思认为，使用价值的多样性决定着"生产者人的高度发展，决定他的生产能力的全面发展"。[①] 为了实现人的发展，必须发展生产力。在马克思看来，物质生产虽然是人和人类历史的起点，但并不是人和人类社会存在的目的；比它更重要的，是人在物质生产中不断发展着的力量，是人的自我创造性和升华。正是基于这一点，马克思又深刻指出："发展生产力也就是发展人类的天性的这种财富目的本身。"[②] 为了发展生产力，人们必须分工协作。马克思认为，单个劳动者的力量的机械总和，与许多人手同时完成同一不可分割的操作所发挥的社会力量有本质的差别。这里的问题不仅是通过协作提高了个人生产力，而且是创造了一种生产力，这种生产力本身必然是集体力。因为，劳动者在有计划地同别人的共同工作中，摆脱了他的个人局限，并发挥出他的潜在能力，从而提高了生产力。

---

① ［德］马克思.《剩余价值理论》（第3册）[M].郭大力译，北京：人民日报出版社，2010：54

② ［德］马克思.《剩余价值理论》（第2册）[M].郭大力译，北京：人民日报出版社，2010：124

（2）人的发展也表现为人的社会关系的发展

生产力是交往关系、生产关系以及全部社会关系的基础，正是生产力的发展变化引起了交往关系、生产关系从而全部社会关系的变化。人的发展还包括人的个性发展，生产力是"自由个性"的现实基础。马克思说自由个性是建立在个人全面发展和他们共同的社会生产能力成为他们的社会财富这一基础之上的。由于生产力的发展是个过程，人的个性发展也只能是个过程。

（3）生产力的发展提供自由时间，给人的自由全面发展提供时间保障

马克思指出："时间实际上是人的积极存在，它不仅是人的生命的尺度，而且是人的发展的空间。"[1]这里的时间是自由时间。它不是被直接生产劳动所吸收的时间，而是用于娱乐和休息的时间。一方面，自由时间是全面发展个人的时间。自由时间为个人发展充分的生产力创造广阔余地，个人会在艺术、科学等方面得到发展，个性也得到自由发展。另一方面，自由时间还是全社会发展的时间。马克思进一步指出："整个人类发展的前提就是把这种自由时间的运用作为必要的基础。"[2]从整个社会来说，创造可以自由支配的时间，也就是创造发展科学、艺术教育等的时间。而且，自由时间与生产力成正比。生产力越发达，劳动时间越短，自由时间越多。随着生产力的发展，所有的人都将有自由时间，都将有可供自己发展的时间。但是，必须指出，由于自由时间的分配和使用同时还取决于社会的性质，所以，自由时间对人的发展的作用要受到社会的制约。在资本主义社会，自由时间"靠工人超出维持他们本身的生存所需要的劳动时间而延长的劳动时间产生。同一方的自由时间相对应的是另一方的被奴役的时间"。[3]

（4）生产力的发展扩大人们的社会交往，为人的发展提供可能

经典作家认为，人的全面发展包括人的能力的全面发展和人的社会关系的全面发展。生产力的发展会扩大人们的社会交往，丰富人们的社会联系，进而促进人的发展。因为，人的关系的全面性和普遍性依赖于交往的发展，而交往的发展依赖于生产力发展所提供的物质基础。诚如马克思所言："生产力或

---

[1]《马克思恩格斯全集》（第47卷）[M].北京：人民出版社，1979：532

[2]《马克思恩格斯全集》（第47卷）[M].北京：人民出版社，1979：221

[3]《马克思恩格斯全集》（第47卷）[M].北京：人民出版社，1979：216–217

一般财富从趋势和可能性来看的普遍发展成了基础，同样，交往的普遍性，从而世界市场成了基础。这种基础是个人全面发展的可能性。"①

共产主义社会是人的全面自由发展的最终实现，而共产主义社会是以生产力的高度发展为基础的。马克思指出，在共同占有和共同控制生产资料的基础上联合起来的个人，"不是任意的事情，它以物质和精神条件的发展为前提"。②因此，只有发展社会生产力，创造生产的物质条件，才能为一个更高级的、以每个人的全面而自由的发展为基本原则的社会形式创造现实基础，才能建立这样一种制度，在这种社会制度下，物质财富极大丰富，人的发展所需要的条件已经具备，能够使每个社会成员自由地发展和发挥他的全部力量和才能。

2. 生产资料的社会占有是实现人的全面自由的发展的社会保障

马克思针对资本主义社会劳动的异化、人的片面畸形发展指出，克服异化劳动和人的片面畸形发展，必须消灭私有制，建立生产资料社会占有的社会"联合体"。在《德意志意识形态》中经典作家提出，资本主义社会现存的交往形式和生产力是全面的，而全面的生产力和交往形式在私有制的统治下，使阶级对立达到了极点，因而现代的个人必须消灭私有制，实行个人在现代生产力和世界交往的基础上的联合。"这种联合把个人的自由发展和运动的条件置于他们的控制之下"，③使个人获得全面发展其才能的条件和手段。

对于私有制社会与人的发展的关系的考察，马克思把重点放在他所处的资本主义社会。因为，较之以前的私有制，在资本主义社会劳动者个人的发展并不与人类财富的积累成正比。这些积累起来的财富主要不是用于促进劳动者的发展，反而成为奴役劳动者、束缚劳动者发展的手段。马克思认为资本主义私有制把私有制对人的发展的作用推到了两个相反的极端。

一方面，资本主义私有制对剩余价值的无限度的追求，不仅是资本家剥削工人的内驱力，而且是资本发展生产力的内动力，从而较以前的私有制极大地推动了人的发展。马克思认为，在前资本主义社会中，由于生产的直接目的是使用价值，因而对剩余劳动的追求是有限的，由此决定了社会只能以缓慢的

---

① 《马克思恩格斯全集》（第 46 卷下）[M]. 北京：人民出版社，1980：36
② 《马克思恩格斯全集》（第 46 卷下）[M]. 北京：人民出版社，1980：105
③ 《马克思恩格斯全集》（第 3 卷）[M]. 北京：人民出版社，1956：84-85

速度发展。与此相适应，人的发展也是缓慢的。而"资本的文明面之一是，它榨取剩余劳动的方式和条件，同以前的奴隶制、农奴制等形式相比，都更有利于生产力的发展，有利于社会关系的发展，有利于更高级的新社会形态的各种要素的创造。"① 这种"更有利"的方式在于，资本主义生产是商品生产，资本运行的直接目的是价值和价值增殖，因而资本对剩余价值的追求表现出无限的趋势。这使资本采取一切手段去提高劳动生产率，创造更多的物质财富，也促使人的劳动能力不断增强。另一方面，资本主义私有制毕竟是私有制，因而它又极端地限制人的发展，它只是把人当作创造剩余价值的手段，作为资本增殖的一个条件，有限制地发展其某一局部的才能。马克思指出："私有制使我们变得如此愚蠢而片面，以至一个对象只有当它为我们拥有的时候，被我们直接占有，被我们吃、喝、穿、住等的时候，总之，在它被我们使用的时候，才是我们的。"② 于是，马克思提出，扬弃私有财产，建立新的社会制度，使社会制度和社会关系真正属于人自己，才能成为促进人生存发展的条件，才能超越劳动异化，实现人的全面而自由的发展。

3. 消灭旧式分工是实现人的全面自由发展不可缺少的前提条件

马克思认为，资本主义不仅把私有制发展到顶峰，而且为了提高劳动生产率，榨取相对剩余价值，它还把旧式分工即在生产机构内部把人固定于某一工种的分工发展到了顶峰。这不仅加重了资本家对工人的剥削，而且限制了人的发展。

马克思指出，人的残缺和分工是同时并进的，这个分离过程在简单协作中开始，在工场手工业中得到发展，在大工业中完成。在简单协作中，资本家在单个工人面前代表社会劳动统一体的意志，而工场手工业使工人畸形发展，变成局部工人，大工业则把科学作为一种独立的生产能力与劳动分离开来，并迫使它为资本服务。分工产生了资本统治劳动的新条件，因此，"一方面，它表现为社会经济形成过程中的历史进步性和必要的发展因素，另一方面它又是文明的、精巧的剥削手段。"③ 在资本主义条件下，分工使个人的发展片面化、

---

① 《马克思恩格斯全集》（第 25 卷）[M]. 北京：人民出版社，1975：925
② 《马克思恩格斯全集》（第 42 卷）[M]. 北京：人民出版社，1979：124
③ ［德］马克思.《资本论》（第 1 卷）[M]. 北京：人民出版社，2004：403

畸形化。由于劳动者个人终生固定在狭小的范围内，从事单调无味的繁重劳动，无暇参加其他社会劳动，因而使个人的知识、技能、技巧具有极大的片面性，个人的发展是畸形的，他的劳动力变成了终身从事局部职能的器官，他把自己的整个身体变成这种操作的自动的片面的器官。这种片面性在资本主义社会工场手工业时期发展到极端。马克思痛斥：工场手工业把人变成畸形物，它压抑工人的多种多样的生产志趣和生产才能，人为地培植工人片面的技巧，在实际上生产出局部工人的技艺，甚至可以说"工场手工业靠牺牲整个劳动能力使非常片面的专长发展成技艺，同时它又使没有任何发展成为特长"。① 而到了机器大工业阶段，"机器不是使工人摆脱劳动，而是使工人的劳动毫无内容""使工人自己从小就转化为局部机器的一部分"，其局部技巧"作为微不足道的附属品而消失了"。② 结果，工人成了可有可无的机器附属品，完全依赖于资本家才能生存。

资本主义私有制及附着于其下的旧式分工，是压在无产阶级身上的枷锁，在本质上也是反人性的。只有在生产力高度发展和消灭私有制的前提下，消灭这种旧式分工，消灭城乡差别、工农差别、脑力劳动与体力劳动的差别，在社会生产中实行自觉的和自由的劳动分工，能够自愿交换工种、共同享受大家创造出来的福利，全体社会成员才能得到全面而自由地发展。

4. 工作日的缩短是人的全面自由发展的重要条件

在马克思看来，工作日之内的劳动，不管是必要劳动还是剩余劳动，都是必要性和外在目的规定要做的劳动；只有工作日之外的闲暇时间，人们才能随自己的兴趣和心愿，自由地发挥自己的各种才能。大工业的本性决定了劳动的变换、职能的更替和工人的全面流动性，要求工人尽可能多方面的发展。因此，人的全面发展是社会化生产普遍规律的要求。而人的自由发展，则是"自由人联合体"的更高的内在要求。

这里的自由有双重含义，既包括在人与人关系上对阶级剥削和压迫的摆脱；也包括在人与自然关系上对外部客观规律的认识和把握。正如恩格斯指出的，只有到了共产主义社会，人们才第一次能够谈到真正的人的自由，"人终

① ［德］马克思.《资本论》（第 1 卷）[M].北京：人民出版社，2004：406
② ［德］马克思.《资本论》（第 1 卷）[M].北京：人民出版社，2004：487

于成为自己的社会结合的主人，从而成为自然界的主人，成为自身的主人——自由的人。"① 自由的人过着同已被认识的自然规律和谐一致的生活，他们联合起来共同生产，合理地调节着他们与自然的物质变换。由于社会必要劳动时间的无限缩小，自由支配时间相应地占据了主导地位。"作为目的本身的人类能力的发展，真正的自由王国，就开始了。"② 在经典作家看来，工作日的缩短，是实现以人类能力的发展作为目的本身的共产主义自由王国的根本条件。自由时间愈充裕，个人从事自主活动和获得全面发展的空间就愈广阔，从而也愈显现出人类社会前所未有的进步性。

5. 发展与生产劳动相结合的教育，是促进人的全面自由发展的重要方法

马克思在深刻揭露和抨击资本主义旧式分工对人的发展带来危害的同时，不但对未来社会适应社会化大生产普遍规律，促进人的全面自由发展提出了希望和要求，而且通过对资本主义现实的分析，强调了教育促进人的"多方面发展"的现实可能性，为未来社会促进人的全面自由发展找到了方法和手段。

1819 年，英国政府颁布了一部局部有利于工人的《工厂法》，这部法律规定了有关工厂内部劳动时间、劳动纪律、劳动保护、工资福利等内容，特别是规定了实施义务教育的条款。尽管《工厂法》对工人的让步是十分有限的，但马克思从中敏锐地看到了"未来教育的幼芽"，找到了造就全面发展的人的方法，他明确指出："未来教育对所有已满一定年龄的儿童来说，就是生产劳动同智育和体育相结合，它不仅是提高社会生产的一种方法，而且是造就全面发展的人的唯一方法。"③ 为此，他高度评价资本主义社会已有的职业技术教育。认为综合技术学校、农业学校和职业学校，都是大工业基础上自然发展起来的旧制度变革的要素。在这种学校里，工人的子女受到一些有关工艺学和各种生产工具的实际操作的教育。但当时还只是把初等教育同工厂劳动相结合，是从资本家那里争取来的最初的微小让步，他认为这是远远不够的。他在《资本论》中写道："如果说，工厂法作为从资本家那里争取来的最初的微小进步，只是把初等教育同工厂劳动结合起来，那么毫无疑问，工人阶级在不可避免地夺取政

---

① 《马克思恩格斯全集》（第 3 卷）[M]. 北京：人民出版社，1956：760
② 《马克思恩格斯全集》（第 25 卷）[M]. 北京：人民出版社，1974：927
③ ［德］马克思 .《资本论》（第 1 卷）[M]. 北京：人民出版社，2004.：556

权之后，将使理论的和实践的工艺教育在工人学校中占据应有的位置。"①

恩格斯在《共产主义原理》一文中也指出："教育可使年轻人很快就能够熟悉整个生产系统，它可使他们根据社会的需要或他们自己的爱好，轮流从一个生产部门转到另一个生产部门。因此，教育就会使他们摆脱这种分工造成的片面性。"② 所以，在经典作家看来，作为解放自身的一种战略，无产阶级必须争取受教育的权利，通过生产劳动与教育相结合造就全面发展的新人。

6. 建立科学合理的生产组织是实现人的全面自由发展不可缺少的条件

马克思在解剖分析资本主义生产过程中认识到了劳动过程的相对独立性，仅有所有制的变革远远不够，因为资本主义劳动的组织是专制式的，带有各种"奴役的锁链和它们的目前的阶级性质"，因此还"需要一种新的生产组织"。③马克思认为，工人运动的人道目标是把土地和其他生产资料变为公共的财产，国家的财产。这样，劳动和资本之间的关系才能彻底改变，集体劳动的优越性才能得到广泛利用，一切生产部门（包括农业）才能用最合理的方式组织起来。"生产资料的全国性的集中将成为由自由平等的生产者的各联合体所构成的社会的全国性的基础，这些生产者将按照共同的合理的计划进行社会劳动。"④马克思的这些观点反映和承载着未来社会所追求的人文关怀，即在最适合于劳动者的人类本性的条件下来进行生产。而从直接的层面上看，就是实现劳动组织和劳动管理的自由、平等、民主和人道化，劳动过程工人自治；与此同时，劳动者在恢复拥有生产技能的基础上不断提升和全面发展，拥有多方面的技能，技术革新与之同步而非离异。经典作家的这些思想在今天也有重要的现实意义。

（三）人的发展的历史阶段

在人的发展问题上，经典作家认为全面发展的个人不是自然的产物，而是历史的产物。也就是说，人的全面自由发展是一个历史过程，要经历一系列

---

① ［德］马克思 .《资本论》（第 1 卷）[M]. 北京：人民出版社，2004. : 556
② 《马克思恩格斯选集》（第 1 卷）[M]. 北京：人民出版社，1995 : 223
③ 《马克思恩格斯选集》（第 3 卷）[M]. 北京：人民出版社，1995 : 99
④ 《马克思恩格斯选集》（第 3 卷）[M]. 北京：人民出版社，1995 : 130

发展阶段才能实现。对此，马克思在《资本论》手稿进行了具体分析，认为这个历史过程要经历三个阶段。

1. 第一阶段："人的依赖关系"

"人的依赖关系（起初完全是自然发生的），是最初的社会形态"，是人的发展的第一阶段。在马克思看来，在个人尚未成熟的最初的社会形态下，人处在"人的依赖关系"中。所谓"人的依赖关系"是指个人在自然状态下的血缘伦理、人身依附以及政治上的统治与服从关系。它不能被抽象地、笼统地理解为"人对人的依赖"阶段。从横的方面看，在这一阶段上个人处在自然状态下，"人的依赖关系"不仅包含"人对人的依赖"，而且包含个人与自然的狭隘关系。从纵的方面看，就"人对人的依赖"而言，它也在发展着，最初是一种以血亲关系联结起来的关系；随着人与自然关系的发展，这种血亲关系逐步解体，取而代之的是以人支配人为特征的人身依附关系；与生产力的进一步发展相伴随，那种剥削阶级对被剥削阶级的全面占有，逐步地转化为剥削阶级占有生产资料和不完全占有生产者。

这种人的依赖关系从两个方面制约着个人的发展。在生产单位内部，它使个人缺乏独立性，人们只是作为具有某种社会规定性的个人出现，因而是"一定的狭隘人群的附属物"。[①]而在社会生产单位之间，人们则很少联系或没有联系。这种封闭性决定着人们同自然界进行物质变换只能在狭窄的范围内和孤立的地点上进行，表现出强烈的地域性。与此相适应，个人或群体的生产能力也只能是在狭窄的范围内和孤立的地点上发展，"无论个人还是社会，都不能想象会有自由而充分的发展。"因此，马克思认为，"留恋那种原始的丰富是可笑的，相信必须停留在那种完全空虚之中，也是可笑的。"[②]

2. 第二阶段："以物的依赖性为基础的人的独立性"

"以物的依赖性为基础的人的独立性，是第二大形态"，是人的发展的第二阶段。

在第二形态中；生产力水平有了一定的提高，自然发生的或专制统治下的个人之间的统治和服从关系已不是社会的基础，人已经具有一定的独立自主

---

① 《马克思恩格斯全集》（第 46 卷上）[M]. 北京：人民出版社，1979：110
② 《马克思恩格斯全集》（第 46 卷上）[M]. 北京：人民出版社，1979：109

性。商品经济取代自然经济占主体地位，商品生产和商品交换普遍化，而以交换价值和货币为媒介的商品交换使毫不相干的个人之间形成全面依赖关系，每个人的生产，依赖于其他一切人的生产；同样，他的产品转化为他人的生活资料，也要依赖于其他一切人的消费，这种相互依赖，表现在不断交换的必要性上。在这个阶段，人与人之间的社会关系在交换价值上表现为物和物的社会关系，变得更加神秘。

物的依赖关系对个人的发展有促进作用。首先，物的依赖关系打破了人的依赖关系对个人的制约性，确立了个人作为社会个人的独立性。这就为个性的成长、个人才能的发挥和发展提供了较大的余地。正如马克思指出的，在商品生产和商品交换过程中，"每个人为另一个人服务，目的是为自己服务；每个人都把另一个人当作自己的手段互相利用。""每个人是手段同时又是目的，而且只有成为手段才能达到自己的目的，只有把自己当作自我目的才能成为手段。"①就是说，在资本主义社会，商品经济的普遍化使任何人都不可能只凭借自身的力量获得满足，人们不仅要把自己作为目的，还要把自己作为手段，作为自己本身的手段，也作为他人、社会的手段，在满足他人、社会需要的过程中满足自己的需要。而人与人之间互为目的，互为手段，其结果不仅会带动自身的发展，提升自己，也有利于实现主体的自由。其次，物的依赖关系打破了人的依赖关系下个人交往的封闭性、狭窄性和地域性乃至民族性，带来了社会成员之间的相互依赖和多方面社会关系的发展。而普遍的社会物质变换、全面的关系、多方面的需求和全面的能力体系，正是马克思一再强调的自由个性。

物的依赖关系对人的发展又显示出其历史局限性。按照马克思的观点，个人的全面自由发展，既以个人关系和个人能力的普遍性和全面性为基础，又以联合起来的个人共同控制和支配他们的社会关系为标志。而物的依赖关系的历史局限性恰恰在于，在这种状态下，人们还不能控制和支配自己的社会关系；在个人创造出他们自己的社会联系以前不可能把它置于自己支配之下。

3. 第三阶段："自由个性"发展阶段

"建立在个人全面发展和他们共同的社会生产能力成为他们的社会财富这

---

① 《马克思恩格斯全集》（第46卷上）[M]. 北京：人民出版社，1979：196

一基础上的自由个性，是第三个阶段。"

基于对第一、第二两大社会形态中个人发展的考察，马克思揭示了第三大社会形态——未来共产主义社会中个人全面发展的趋向：建立在个人全面发展和他们共同的社会生产能力成为他们的社会财富这一基础上的自由个性。

马克思认为，在这一形态中，人类真正摆脱了人的依赖关系和物的依赖关系的制约，而成为自主性的存在，人的劳动表现为自由自觉的活动，个人在生产过程中也生产出个人关系和个人能力的全面性和普遍性，这是人的解放和历史的真正完成。处于这一历史阶段的人，既不是那种单纯人的依赖关系，也不是以物的依赖性为中介的社会关系的片面性，而是扬弃了以上两种片面性的真正全面性的个人。自由个性的实现就是共产主义社会的到来。马克思指出，"共产主义社会是以每个人的全面而自由的发展为基本原则的社会形式，是作为目的本身的人类能力的发展的真正的自由王国。在那里，生产力极大发展，自觉的分工取代自发的旧的分工，社会共同占有生产资料和劳动产品，物质生产劳动的主体、人们的社会结合方式及活动过程都处在人的有意识有计划的控制之下，人们同他们的劳动和劳动产品的社会关系，无论在生产上还是在分配上，都是简单明了的"，[①]个人"作为共同体的共同成员使共同体从属于自己"。[②]

共产主义取代资本主义，成为资本主义之后的更高阶段，其使命就在于把物的独立性变成人的独立性，把孤立的、片面的、空虚的人变成全面联系的、丰富的、自由的人。个人作为个人且根据自己意愿充分自由地表现和发挥其主体性和创造能力，自由地创造和展示自己的本质与独特性，自由地实现自己的个人生活和社会生活。

同时，共产主义并不意味着人的发展的终点。人是实践的存在物，实践是开放的、生成的，正是实践的特点、本质内容和实践的内在矛盾运动使人"不是力求停留在某种已经变成的东西上，而是处在变易的绝对运动之中"，从而使人的全面发展呈现为一个在实践中不断生成的过程和一种无限开放的状态，永远也不会达到所谓"完美"的终点。共产主义的实现只是人的全面发展

---

① 《马克思恩格斯全集》（第46卷上）[M]. 北京：人民出版社，1979：96
② 《马克思恩格斯全集》（第46卷下）[M]. 北京：人民出版社，1980：470

的"开始"。到了共产主义，"作为目的本身的人类能力的发展，真正的自由王国，就开始了。"

马克思提出的三形态理论侧重从人的发展与生产力发展相统一的角度来审视社会历史进程，更突出了人的发展程度在衡量和评价经济社会发展中的价值意义。

马克思关于人的发展思想表明，人的全面而自由发展，依次经过"人的依赖关系""物的依赖关系"，最后达到"自由个性"，是一个历史过程。其中后一阶段以前一阶段为基础和前提，前一阶段为后一阶段的发展提供条件。人的全面而自由发展是人的发展的最高目标，这个目标的实现意味着全人类的彻底解放。

三、马克思经济学中人的发展思想的历史贡献

100多年前，马克思始终把对经济的研究，对人的全面发展的研究，作为他创立的经济学的主要关注对象和主要核心之一，在经济学研究中一步一步深入，对人的自由全面发展的概念、内容做了科学系统的界定和科学的论述，提出了关于人的自由全面发展的完整的理论。这正是马克思经济学超越资产阶级经济学，始终有着强大魅力的主要原因所在。

作为经济学理论的最终完成，在《资本论》中，马克思创立了科学的劳动价值论，并在此基础上创立了剩余价值学说，从而为科学的人的发展理论的完成提供了直接的理论基础，在此基础上，马克思以资本主义为基点，通过对资本主义生产方式的现实考察，深入分析人的发展的含义、作用以及人的发展的实现条件，通过对资本主义生产方式的历史性考察，全面论证人的发展和社会发展的关系以及人的发展的历史过程，使其人的发展理论最终形成系统并走向成熟。

（一）是经济学视域下第一次对人类发展问题的系统完整的研究

马克思始终把政治经济学作为理解人与自然、人与人以及人与社会关系

的学科，对人的关注和关怀是贯穿马克思经济学发展全过程的内在主线。马克思经济学是关切人的全面自由发展的经济学，着重分析人们在经济活动中的地位与作用，研究人在创造物质财富的同时不断发展自身的问题，是以在特定社会历史条件下对人及其相互关系的研究而确立的理论。马克思经济学中关于人的发展思想是对人类发展问题的第一次经济学意义的系统完整的研究，最集中体现了马克思经济学人文关怀精神。

西方经济学以"经济人假设"奠定了个人主义的方法论基础，在经济学研究中，高举个人利益至上的旗帜，张扬人的自利性，缺乏对全人类未来发展的深层的人文关怀；其利用资源稀缺、成本——收益、理性选择和追求自身利益最大化等分析范式来解释现实活动中的人，经济发展对金钱、商品的崇拜和对人的价值的漠视，使得西方经济学变成了约定主义的物本经济学。西方经济学家面对人们"见物不见人"的责难，虽然对"经济人假设"进行了完善，强化了人的自主意识，关注对人的研究，但西方学者泥古执今，整体的理论体系还是"物主人辅"。说到底，西方经济学是物本经济学，是以追求利润最大化为中心的理论，人被归结为资本和利润的人格化载体，人围绕着物而定位，并展开经济活动。

从古典经济学脱胎而来的马克思经济学，虽然仍秉持以人为研究对象的学术风范，且将人的价值研究包容在构建独立、宏大的理论体系的核心位置。但是，马克思经济学关于人的研究，已经完全扬弃了古典经济学基于抽象人性的"人本"研究范式，在唯物史观的指导下创立和使用了整体主义分析方法、逻辑与历史相统一的分析方法，把人看成社会关系的总和，坚持人的全面自由发展的发展理念，对人的发展问题的研究，摒弃简单、抽象、片面的人性描述，将人的发展放在客观的社会生产发展和社会关系中来考察，从客观经济关系深入到人与人的关系的分析，从而上升到人的解放和全面自由发展层面；而回到特定的社会历史环境中，马克思经济学注重人本价值，坚持人的发展本位，把人全面克服异化、彻底解放、全面自由的发展作为价值目标，主张社会发展最终要建立自由人联合体，社会物质财富的不断累积和丰富要服务于实现人的发展目标，社会财富的生产只是手段而非目标，更不是目的。这些与西方主流经济学以物为本、物人倒置的设定有根本不同。马克思经济学也同样高度关注"个人自由"，始终认为，"在资产阶级社会里，资本具有独立和个性，而活动着的个人却没有独立和个性"。① 只有在取代了资产阶级社会的自由人联合体那里，"每个人的自由发展是一切人自由发展的条件"。② 可见马克思主义经济学不像西方经济学那样只是讨论空泛、抽象的普适性个人自由，而是将个人自由、个人的需要和发展价值放在特定的社会关系中去看待。所以，与西方经济学相比，马克思经济学以人的发展为导向，对人的发展问题做了系统完整深刻的研究，表现在：

（1）对人的发展的内涵从现实个人具体的能力和具体的社会关系方面进行了全面的阐述，认为人的发展有"全面发展"和"自由发展"两个方面，把对人的发展本身的理解推向现实和科学。

（2）对人的全面自由发展的实现条件进行全面系统的研究。通过对资本主义私有制条件下人的发展状况的现实分析，揭示消灭私有制的必然性以及未来社会实现人的全面自由发展的可能性；科学阐明了生产力发展和自主性劳动对人的发展的意义，马克思把劳动作为人的全面自由发展的历史起点，研究阐述了劳动对个人能力、社会关系发展、自由个性发展的促进作用；科学区分了社会内部的分工和生产组织内部的分工，找到人的片面发展的分工根源，为实现人的全面自由发展指明了途径；科学阐明教育与人的发展的关系，为培养全面自由发展的人指出了正确方法。

（3）全面考察人的发展的历史过程，提出人的发展的三个阶段理论。在《资本论》中，马克思明确指出全面发展的个人不是自然的产物而是历史的产物；接着阐明人的发展过程与社会的发展过程是统一的，要经历三个阶段：前资本主义社会的"人的依赖关系"、资本主义社会的"物的依赖关系"、共产主义社会的"自由个性"；马克思认为，只有第二阶段才能为自由个性的发展创造条件，只有资本主义的生产条件才能为把每一个人的全面自由发展作为自己的根本原则的高级社会形态打下现实的基础。这充分证明，人的全面自由发展不再是空想社会主义笔下的海市蜃楼，而是整个人类社会发展的必然结果。

（4）阐明了人的发展的作用。马克思指出，物质生产力的发展取决于物质生产对于个人的完整发展的关系，因为人的发展对物质生产力有巨大的促进

① 《马克思恩格斯选集》（第1卷）[M]. 北京：人民出版社，1972：266
② 《马克思恩格斯选集》（第1卷）[M]. 北京：人民出版社，1972：273

作用，并在一定条件下、一定时期内是物质生产力能否进一步发展的决定性条件；真正的财富是所有个人的发达的生产力，是人的创造天赋的发挥；从客观趋势来说，生产发展本身要求造就全面发展的人。这就把人的发展与唯物史观关于生产力是社会发展的最终决定力量的原理统一起来了。

由上可见，马克思经济学对人的发展问题的研究，既包含对人的全面自由发展的终极关怀，也有对资本主义制度下人在经济过程中被异化的现实关注；既考察人在经济活动中的工具性，也关注人在经济活动中的目的性，内容丰富而完整，充满了辩证性、社会性和历史性，也充满了人文关怀的光辉。

（二）是马克思经济学人文关怀精神最集中的体现，凸显了对西方经济学的超越

西方主流经济学沿着亚当·斯密的研究路径似乎也未离开对人的研究视角，但是，是从人的自利动机和行为出发研究经济现象，他们把人只是作为生产财富的要素而存在。所以在研究的方向上仍然是"重物"而"轻人"。约翰·穆勒抽象了人的概念，认为经济学研究的人就是抽象掉自利性以外一切属性的"经济人"。这种对人性自利的过度标榜和张扬也充分体现在亚当·斯密对"经济人"的定义中，"每个人都在力图应用他的资本，来使其生产的产品能得到最大的价值。一般地说，他并不企图增进公共之福利，也不知道他所增进的公共福利为多少。他所追求的仅仅是他个人的安乐，仅仅是他个人的利益。"[①]所以，西方经济学将人的行为和动机看成是完全出于理性和自利的驱动，而经济现象则是这种理性和自利的行为、动机下的结果，就进而认为人的理性和自利的追求可以使得经济进步，社会发展，财富增加，但这是在一定的经济环境和条件的约束下提出来的，是把资本主义制度当作自然合理的制度为前提提出来的，因而其解释力相当有限。而马克思主义经济学对现实的解释力就在于它的人文价值——对人的自由而全面发展的追求。面对资本主义社会的现实问题，马克思批判人的异化，对人失去他自身表达强烈的不满和反抗，这

---

① ［英］亚当·斯密.国富论.（下册）[M].上海：上海三联书店，2000：246

种不满和反抗是反对西方工业化过程中人失去人性而变成机器的现象，充满着对人的信念和人的生命的关怀；马克思经济学的核心问题是现实的人的存在问题，他主要关心的是使"人"作为人存在、发展，得到解放；马克思的目标，是使人从经济需要的压迫下解放出来，在精神上恢复完整的人性，使人的个性得到解放，与他人及自然处于统一而和谐的关系中。所以，马克思经济学的生命力也正体现在它对人类的终极关怀上超越了西方经济学，这种超越集中表现在以下几个方面。

（1）对于人的发展基础的超越。西方经济学也提到了个人的自由发展，目的却是为了维护旧式分工，维护资本主义制度的天然合理，所以个人的发展被当作是一个既定的前提，只不过是为了论证旧的分工、私有财产制度和资本主义制度的合理存在；而马克思主义经济学恰恰相反，它强调资本主义制度只是历史性的暂时存在，终究会被更先进的制度所替代，因此人的全面自由的发展必须首要打破旧分工的束缚，建立新式分工。

（2）对人的发展目的的超越。西方经济学认为，人获得发展的目的是追求利益最大化，因而是满足个人私欲的手段，始终无法逃脱功利主义的范畴；而马克思主义经济学则认为，追求利益、发展市场经济都仅仅是手段，随着经济的发展，生产产品的社会必要劳动时间的减少，自由时间增加，人类有更多的时间投入精神活动、追求自我价值的实现，为实现人的全面发展提供条件，所以人的自由而全面发展才是根本目的。

（3）对个人主体地位认识上的超越。西方经济学偏重研究如何配置资源，目的是使资本增值，充满了资本拜物教气息，其主要强调资本创造价值，劳动者的智慧仅仅是为了进行其价值创造，在经济活动中并不占有主体的地位；而马克思经济学以人为研究对象，坚持人的主体地位，经济学研究追求和服务于实现人的解放和全面自由的发展。由此可见，马克思经济学立场鲜明地执著于终极的价值判断，追求人的解放，并将每个人的自由发展视为未来理想社会的基本原则和特征，肯定人的智慧、才能在价值创造中的重要地位，强调要尊重人，尤其是要尊重人的需要、人的创造能力、人的个性、人的社会关系和人的发展。

通过对比可以看出，西方经济学对功利目标的片面追求，必然拉大经济学与现实中的"人"的距离，使经济学难以对现实问题作出积极回应。着眼于人类全面自由发展的终极关怀目标，直面资本主义发展过程中日益凸现的人类生存质量、环境保护问题以及面对人生幸福感问题的考量，必须要反思西方主流经济学研究的缺失和不足，而不是盲目去尊崇和运用。反之，也让人们能够更深刻的感受马克思经济学的科学性和人文性，马克思经济学从现实的人出发，研究人的经济活动的目的性、人与社会的关系等，对于"现实的人"的关注和"人的自由而全面发展"的终极关怀是马克思经济学人文关怀精神的最深刻的内涵，而关于人的发展的思想，就是其经济学中人文关怀精神最集中的体现，契合了人类追求幸福的永恒主题，所以，在当代仍有重要的现实价值。

四、马克思经济学中人的发展思想的现实意义

马克思经济学以追求人的全面自由发展为价值目标，这不仅是马克思经济学价值关怀超越西方经济学的地方，也体现了马克思经济学以人为本的现实导向。这种现实导向，表现为对人的现实生存和人的未来发展的深切关注。

当代中国特色社会主义发展的现实，把人的全面发展问题摆在了相当重要的地位上。虽不可企求从马克思的理论中直接找到解决发展中遇到的困境的现成答案，但从其理论的精神实质出发，可以看到，虽历经 100 多年的风雨，马克思经济学关于人的全面自由发展的理论在当代仍具有不可替代的现实意义。

（一）为中国特色社会主义政治经济学的发展提供了方法论启示

经济学作为研究人类经济活动的理论，不是客观而独立的，而是包含了研究者或人类的认知及理想；而且，经济学研究的根本目的在于提高对人类社会和经济活动的认知以及实践的能力，促进社会的进步和人类自身的发展。正因如此，经济学的研究既不能仅仅停留在分析数字之间关系的层次上，也不能仅仅限于对现状的实证解释，更不能把存在视为合理的；相反，经济学研究要解释经济现象的本质，揭示经济事物之间联系的内在机理和发展规律，注重经

济学理论的实践功能。中国特色社会主义政治经济学的发展也不例外。

1. 西方经济学不能为中国特色社会主义政治经济学的发展提供方法论支持

西方经济学从资源的稀缺性出发，以资源配置和财富的获取与占有为核心研究问题，是物本经济学，功利主义经济学。它推动了对市场经济规律的研究，但却存在着不可克服的缺陷，如经济学价值观的倒转。由于经济活动的重要性在人们对物质利益的追求中被无止境地放大，导致经济活动中以人为本的价值矢量被倒转，主体被客体所湮没，目的被手段所代换。人逐渐变成了经济活动的工具，物质财富的生产和聚敛成为人所竞相追逐的目的。经济发展与人的发展、人的福利与快乐的价值主旨日渐远离，甚至两相悖逆。经济活动由人是主体的价值实现过程，异化为人被当作客体和工具手段受到支配和驱使的过程。结果人的发展和人的本质实现问题淡出了经济学的视野。而且，受功利主义和实用哲学的支配，现代西方经济学过度陷入对个人现世经济生活和利益的关注和实证解释，对以人为本的经济生活的规范研究，即经济生活的伦理价值研究被忽略，对人类未来命运终极关怀的思考甚为欠缺，经济学的研究窒息了人文精神，陷入了研究方法论的贫困。面对困境，西方一些经济学者开始进行反思和对经济学的完善，包括运用数学工具和经验数据，加入制度、伦理的考量，重视对人的研究。但是西方经济学所奉行的历史唯心论的世界观和经济个人主义方法论，使其研究的人与现实生活中的人相距甚远，使得研究本身失去了应有的理论价值和实践意义。

随着经济全球化的发展，原本是企业借助大众传媒手段而传播的消费主义、享乐主义、物质主义等意识形态，作为西方发达国家消费生活中的主流价值观，也传播、渗透到了世界各个国家。随着这种生活方式对环境和能源的负面影响日益凸显，要求改变消费主义、享乐主义生活方式，提倡对自然生态人文关怀的呼声日益高涨。现在，不仅是哲学、社会学等人文科学领域在思考如何把人文关怀重新带回我们的社会生活，经济学也在思考如何在社会发展的基础上重新恢复经济学的人文精神。所以，正视这种缺陷并努力把经济学建立在更加坚实的基础之上，是经济学理论创新的现实途径。由此看来，西方经济学不能为中国特色社会主义政治经济学的建构和发展提供方法论支持。

2. 马克思经济学的研究方法是特色社会主义政治经济学研究的最好范式

要使中国特色社会主义政治经济学健康发展,并充满生机与活力,中国经济学的研究应贴近经济学的本质。

从经济学的本质来看,离开人和人的经济活动,经济学只能是对经济现象的简单描述,对经济实践会产生理论误导,从而导致一系列的经济问题和社会问题的产生。马克思经济学是经济学中宏扬人文精神和把科学精神与人文精神有机结合的典范,集中体现在马克思经济学关于人的发展理论中,因而马克思经济学(主要指它的研究方法)是中国特色社会主义政治经济学研究的最好范式。中国特色社会主义政治经济学研究方向和方法应该"回到马克思",即回到马克思在经济学研究中重视人的价值和人的发展研究,重视政治、文化等人文因素同经济的互动,重视制度分析的研究方法和研究方向,重视对人的终极关怀的研究理念。中国特色社会主义政治经济学研究,必须从马克思经济学中汲取丰富的营养,马克思经济学的方法和思路,应该是中国经济学研究范式的灵魂。

要使中国特色社会主义政治经济学发展、创新,在经济学研究中要重视经济学的人文性,从对人类的终极关怀角度,来考察、研究经济问题,包括人与人、人与社会、人与自然的关系问题,资源配置、经济运行、经济行为、经济发展问题,等等。在经济学研究中通过突出人的主体性,来发现人的问题,解决人的问题,从人文角度在更高境界上审视人类的经济活动,包括过去、现在和未来,这有利于真正理解和解决人的解放和人的全面发展问题。同时,经济理论要科学,要有理论的说服力,要对现实问题作出回应,就要不断发展和创新,就不能避开现实问题。要发展中国特色社会主义政治经济学,应该以现实问题为导向,创新理论思维,重视对人的研究,为此,就要摒弃以往那种固守经典理论,脱离社会现实的教条做法,在马克思经济学的指导下,对经济社会领域中出现的新问题、新特征做出合理的解释,提出新观点、新见解。如果这样,中国特色社会主义政治经济学研究就能抓住这门学科的根本,推动这门学科的发展,并为推动中国的经济建设和社会进步作出积极的贡献。

（二）对我国在现代化进程中正确把握社会发展的目标和价值取向提供了指引

马克思把人的全面自由发展确立为社会发展的价值目标，并提出了人与自然界和谐共生、经济与社会协调发展的重要思想。这对于我们今天在现代化进程中正确把握社会发展的目标和价值取向，具有重要的启迪意义。

马克思、恩格斯深切地关注人的发展、全人类的前途和命运，把人的全面而自由发展、全人类的解放，作为自己毕生研究的主题和为之奋斗的最高目标，作为衡量社会发展的最高价值标准。他们在对资本主义社会的揭露、批判和对未来理想社会的描绘中，提出了这一重要思想，认为代替资本主义社会的未来理想社会，不仅是生产力高度发达，社会物质财富极大丰富，而且还应该是消灭了阶级剥削、阶级压迫，人人自由平等，每个人都得到全面而自由发展，实现全人类的彻底解放。在《共产党宣言》中，他们从人的全面而自由发展的高度揭示了共产主义社会形态的本质，认为在共产主义社会，"通过社会生产，不仅可能保证一切社会成员有富足的和一天比一天充裕的物质生活，而且还可能保证他们的体力和智力获得充分的自由的发展和运用。"[①]

马克思把人的全面而自由发展确立为社会发展的价值目标，是基于对人类社会发展问题的理性思考和对人类社会历史发展趋势的科学把握。在马克思看来，人类具有共同的利益。"这种共同的利益不是仅仅作为一种'普遍的东西'存在于观念之中，而且首先是作为彼此分工的个人之间的相互依存关系存在于现实之中。"[②]然而，在迫使人们奴隶般地服从分工、在私有制条件下，每个人的个人利益（私人利益）与这种（所有互相交往的人们的）共同利益存在着尖锐的矛盾，致使这种共同利益以国家的姿态而采取一种虚幻的共同体的形式出现。但是，随着生产力的发展，人们之间的普遍交往建立起来，特别是随着大工业的发展，历史加快向世界历史转变，世界各国、各民族之间的交往与合作日益紧密，经济趋于一体化，人类的共同利益要求也就表现得日益强烈和

---

① 《马克思恩格斯全集》（第4卷）[M]. 北京：人民出版社，1958：244
② 《马克思恩格斯全集》（第3卷）[M]. 北京：人民出版社，1956：37

突出。到了共产主义阶段，才能从根本上克服因资本主义私有制而出现的异化现象，人类的共同利益才能真正实现，即每个人都得到全面而自由的发展，全人类彻底解放。

人的全面而自由发展的思想，集中体现了马克思发展理论的科学的价值取向。它一方面突出了人的价值，另一方面又强调了实现人的价值的物质条件。马克思十分清醒地认识到，只有大力发展生产力，创造出极其丰富的社会物质财富，才能为"以每个人的全面而自由的发展为基本原则的社会形式创造现实基础"。[①]马克思、恩格斯深刻地认识到，这样一个理想的社会发展目标的实现，需要经过一系列对人与自然、人与人、经济与社会关系的彻底改造，是一个漫长的历史过程。因为它有赖于人们对自然规律和社会发展规律的认识、把握和自觉利用，而这需要经历不断探索、逐步积累的过程。正如马克思所说："如果我们需要经过几千年的劳动才稍微学会估计我们生产行动的比较远的自然影响，那么我们想学会预见这些行动的比较远的社会影响就困难得多了。"[②]马克思的这一重要思想对于我们今天选择确立现代化的发展模式和发展战略具有重要的启迪意义——现代化建设必须把人民的利益作为出发点和落脚点。我们发展经济、推动社会文明进步的目的，就是为了满足人民的物质和精神文化生活各方面的需要，就是为了全面提高人的综合素质，提高人民的生活水平和质量。同时，各国、各民族都要自觉把本国、本民族现代化的进程融入世界文明进步的潮流，促进人类共同利益的实现。既要从本国国情出发，又要站在世界历史和"人类发展"的高度来审视本国现代化的道路、模式以及发展战略。

马克思、恩格斯还从哲学的高度论述了人与自然界的关系，认为人与自然界的关系表现为自然界对人的制约和人对自然界的能动性的辩证统一。马克思一方面肯定人与自然界存在同一性，指出自然界是人类生存和进化的前提，"人本身是自然界的产物，是在他们的环境中并且和这个环境一起发展起来的。"[③]另一方面又指出人与自然界之间存在着矛盾，人类为满足自身生存和

---

① 《马克思恩格斯全集》（第23卷）[M].北京：人民出版社，1972：649

② 《马克思恩格斯全集》（第20卷）[M].北京：人民出版社，1973：520

③ 《马克思恩格斯全集》（第20卷）[M].北京：人民出版社，1973：38-39

发展的需要，通过有目的、有意识的实践活动去向大自然索取，会产生人类需求欲望的满足与自然界承受能力之间的矛盾。人能够也应该成为自然界的主人，即通过发现、认识、掌握自然规律，能动地改造自然环境，使人的生活条件和需求欲望的满足同已被认识的自然规律相协调。人类不能不顾、甚至违背自然规律去为所欲为，需要正确、自觉处理与自然之间的关系。恩格斯曾提醒人们：“特别从本世纪（19 世纪）自然科学大踏步前进以来，我们就愈来愈能够认识到，因而也学会支配至少是我们最普通的生产行为所引起的比较远的自然影响。”①

在这一认识基础上，马克思、恩格斯设想，在未来理想的社会里，“社会化的人，联合起来的生产者，将合理地调节他们和自然之间的物质变换，把它置于他们的共同控制之下，而不让它作为盲目的力量来统治自己；靠消耗最小的力量，在最无愧于和最适合于他们的人类本性的条件下来进行这种物质变换”，②以达到“人和自然界之间、人和人之间的矛盾的真正解决”，③实现人与自然界的和谐共生。

马克思、恩格斯关于未来理想社会将是每个人的全面而自由发展、人与自然界和谐共生的思想，实际上蕴含了经济和社会协调发展的思想。因为，人的全面自由发展，有赖于整个社会的经济和社会的协调发展，只有在生产力不断发展和高度发达的基础上实现了经济和社会的全面协调发展，才有可能实现每个人的全面而自由的发展。

马克思关于人与自然界和谐共生、经济与社会协调发展这一社会整体发展观，与当代社会的可持续发展思想具有相通性，可视为可持续发展观的重要思想来源和理论基础之一。这一整体发展观，尤其是关于实现社会发展目标是一个长期的历史过程的思想，对于我们今天正确把握社会发展的目标、发展战略和现代化的进程及其对策，很有启发和帮助。每个人的全面而自由的发展，人与自然界和谐共生，经济与社会协调发展，是现代社会发展和现代化的目标和价值取向。要推进现代化建设就要把这三者当做永恒追求的主题。但是，实

---

① 《马克思恩格斯全集》（第 20 卷）[M]. 北京：人民出版社，1973：519

② 《马克思恩格斯全集》（第 25 卷）[M]. 北京：人民出版社，1974：926–927

③ 《马克思恩格斯全集》（第 42 卷）[M]. 北京：人民出版社，1979：120

现现代化是一个历史性的进程，要经过若干发展阶段；在不同的发展阶段，现代化建设有不同的阶段性目标和主要任务。

对于处于社会主义初级阶段的我国来说对这一点要有十分清醒的认识。我们在推进现代化的进程中，一定要深入研究现代化的规律，正确把握现代化进程各个发展阶段的目标和任务，采取与之相适应的对策和措施，从不同发展阶段的实际出发，在人与自然、发展经济与推动社会文明进步之间把握好尺度和分寸，自觉地把发展经济与保护环境、维护生态平衡、合理开发使用土地等重要资源有机统一起来，努力实现经济与社会的全面协调发展和可持续发展。

（三）为社会主义初级阶段科学合理解决人的发展问题提供了理论依据

按照马克思主义的观点，共产主义社会是人的全面自由发展的社会。社会主义社会作为共产主义社会的第一阶段，应努力促进人的全面自由发展，这也是社会主义社会区别于一切私有制社会的根本标志之一。但在这一点上，人们的看法并不完全一致。有人认为，既然马克思认为人的全面发展的真正实现只能在共产主义社会，那么在现实社会中人的片面发展就是必然存在的现象，不必为此焦虑。由于这种认识上的误区，在实际生活中就出现了背离人的全面发展目标的各种现象，人们对此熟视无睹。其中最为典型的，就是在市场经济下所谓"经济人"的出现。"经济人"的活动以追求功利为目的，为了达到目的甚至可以不择手段。从人的发展的全面性来看，"经济人"当然是片面发展的人。"经济人"的商品意识一旦泛化到社会生活的方方面面，就会导致人的精神家园的失落。在当前，这种失落体现在有不少的人由于追逐实利，以一种实用主义的眼光看待周围的人和世界，并在其工作、生活中践行。这些人只关注眼前的物质利益，忽视对人本身精神世界的追求和满足，最终对人生的意义表示怀疑，对人生价值的理解发生错位，对人的全面发展的未来失去信心。面对这些问题，需要政治、经济、文化、社会各方面都要发展，保证人民真正当家作主，使人民物质生活幸福，精神生活愉快，不断提升人的人文精神素养，促进人的全面自由发展，使人民切实行使自己的权利，体现社会主义社会的优越性。

但是，人的全面发展，不是意味着可以超越历史、现实的条件，从而游离于社会和群体之外，进而随心所欲的行动。马克思和恩格斯在论述处于社会需要的一定阶段上的个人应该如何发展时，曾经提出："一个人的发展取决于和他直接或间接进行交往的其他一切人的发展；彼此发生关系的个人的世世代代是相互联系的，后代的肉体的存在是由他们的前代决定的，后代继承着前代积累起来的生产力和交往形式，这就决定了他们这一代的相互关系。总之，我们可以看到，发展不断地进行着，单个人的历史决不能脱离他以前的或同时代的个人的历史，而是由这种历史决定的。"[1]这就是说，个人的全面自由发展要受到生产力水平和交往程度的限制，人的发展不可能是孤立的行为，必须与社会的发展结合在一起。人要在特定的历史和现实条件下，在所形成的制度范围之内发展自己，历史发展是一个新陈代谢不断进步的过程，个人的全面自由的发展也是一个由初级向高级阶段前进的过程，生产力发展水平及其制度选择和设置对于确保人的全面自由发展很重要。这就要求我们必须立足于现实，在发展经济和实现社会全面进步的过程中促进人的全面发展。

（1）我国仍处于社会主义初级阶段，要防止在人的全面发展问题上曾经有过的理想主义倾向。这种倾向在人的全面发展问题上持一种非历史、非现实的态度，把它看做是一个一蹴而就的产物。如在社会主义建设的探索之初，与对社会主义发展阶段的过高估计相一致，把人的全面发展视作可以立即实现的东西，结果不仅没有使人达到全面的发展，反而使人倒退到失去个性的单色调水平。

（2）在社会主义初级阶段要正确处理好生产力发展与人的发展的关系。在社会主义市场经济条件下，人们之所以追求功利主义，人之所以对"物"有一种依赖性，根源在于体现"物"的社会物质产品还不够极大地丰富，导致人们在对物质产品的不平衡占有中物化出支配人的种种关系，而这只有靠发展生产力，提高人们的收入水平，提高人们的满足程度来解决。在这方面，许多人又存在一种误解，认为发展生产力，发展经济就一定要以牺牲人的发展为代价。实际上，生产力作为人们在改造自然的过程中所显示出来的种种力量，它

---

① 《马克思恩格斯全集》（第3卷）[M]. 北京：人民出版社，1979：515

实质上是人的本质力量的外化，生产力的发展与人的本质力量、人的全面发展是一致的。人的全面发展是历史的产物，归根到底是社会生产力的产物。如果生产力与人的发展出现了背离的情况，那么问题肯定出在发展生产力的方式上，而不在于强调生产力的发展这个根本问题上。尤其是在我们国家，发展生产力，发展经济，促进经济、社会与人的协调一致的发展，是最现实而紧迫的任务。如果不从这样的实际出发，马克思关于人的全面发展的理想目标就会流于空谈。

（3）在社会主义初级阶段，要注重通过完善制度促进人的发展。我国仍处于社会主义初级阶段，社会主义的价值追求和原则决定了要自觉促进人的全面自由发展。所以，选择设置合理的制度是保障现阶段人的发展的重要条件。马克思指出："制度只不过是个人之间迄今所存在的交往的产物"，[①] 而且是必然产物："在生产、交换和消费发展的一定阶段上，就会有相应的社会制度、相应的家庭、等级或阶级组织。"[②] 制度选择和制度创新的方向，会引导人的行为方向，改变人的偏好和影响人的选择，激发或制约着人的能力的发挥。同时制度也规范着人们的社会交往关系，在同一社会制度下，人们在特定的环境中活动，每个人在社会关系中的地位不同，社会交往的实践也不同；制度能提供给人们相对稳定状态的社会关系，为人们的社会交往提供了良好的秩序，使人的社会交往具有可预见性。

目前我国的各项根本制度的建立和不断完善，极大地促进了社会生产力的发展，实现了社会关系的根本性变革，使个人本身的价值和尊严获得了政治经济文化制度的保障，为个人的发展营造了良好的氛围和环境。当然，在社会主义初级阶段，个人通向全面自由发展的制约因素依然存在。由于受传统文化中重集体轻个人的思想倾向影响，制度体现的内在价值理念比较多的是坚持社会至上，在一定程度上缺少了个体认同。从社会主义初级阶段的实际出发，以经济建设为中心，大力发展生产力是我国改革开放后制度建设和制度创新一直坚持的一种向度，在制度设计中没有充分考虑人的发展尺度，难以把生产力发展和人的发展有效统一起来。在经历了30多年的快速发展后，我国经济实力

---

① 《马克思恩格斯全集》（第 3 卷）[M]. 北京：人民出版社，1979：79

② 《马克思恩格斯全集》（第 4 卷）[M]. 北京：人民出版社，1979：532

已经大大增强，促进人全面发展的条件在不断创造，所以，在新的发展时期，应该以马克思人的发展思想为指导，在制度建设和创新中，将生产力标准、人的标准结合起来，以是否有利于促进人与自然、人与社会和个人自身的和谐发展作为制度建设、创新的出发点和落脚点，把人的标准作为制度是否合理、先进与否的衡量尺度，促进生产力发展、人的发展的统一，最终促进人的全面、自由、和谐的发展。这应该是马克思人的发展思想在我国社会主义初级阶段的现实指向，也是其理论应用的具体体现。

后 记

　　研读马克思的著作总是让人深深感受到其经济学理论蕴含的人文情愫，饱含着对人的生存状况的关注，对人的权利与符合人性的生活条件的肯定，对人的尊严、解放与自由的执著追求，洋溢着深厚的人文关怀。马克思的这种理论追求与人类的价值追求相一致，这也是马克思主义理论具有强大生命力的基础所在。

　　作为高校社会科学理论工作者的职责，要求在教学研究工作中，要研究经典作家的理论，全面完整的解读和阐释马克思经济学基本理论及其所包含的精神实质，指导学生能够全面准确地认识马克思经济学理论，加深对马克思经济学科学性和人文性相统一特点的认识和理解，把握其理论精髓，坚定对马克思主义的信仰，掌握和学会运用马克思主义理论的立场、观点、方法分析问题、思考问题、解决问题的能力。同时，面对各种形形色色的反马克思主义和歪曲、修正马克思主义的错误思潮，也需要不断提高自己的理论水平，在教学工作中更好地帮助学生提高对各种错误思潮和假马克思主义的辨别力和批判力。正是受这种责任所激励，多年来对马克思经济学形成发展的历史及其具体理论中的人文关怀精神进行研究，本书则是研究马克思经济学问题的一个小结。

　　马克思经济学是从"现实的人"或"从事实际活动的人"出发，在对生产关系的研究中探讨社会经济问题，揭示了经济发展规律。所以，人的问题始终是马克思经济学高度关注的主题，人文关怀精神是贯穿马克思经济学理论体系的一条主线。当今时代，经济学研究呼唤人文精神的回归。马克思经济学中所贯穿着的人文关怀精神，不仅继续昭示着马克思经济学的现实价值，也预示着马克思经济学的研究、发展有新的拓展空间。马克思经济学博大精深，本研究成果只是很少的一部分。今后，仍需要继续学习研究挖掘马克思经济学的人文关怀精神，不仅是为了提高自己的理论水平，也是作为一个社会科学理论工作者应该尽的一份社会责任。

多年的研究工作和本书的出版工作得到了兰州理工大学马克思主义学院的大力支持与帮助，马克思主义学院教师吴宗铖、王国斌等都对本书的编写工作提出了宝贵意见。在此，对于给予帮助的所有的人，怀着深深的感激之情，一并表示衷心感谢。同时，感谢光明日报出版社，感谢本书责任编辑范继义老师，范老师是一个非常富有编辑经验和高度负责的老师，正是他的辛勤劳动和细致缜密的工作，减少了本书的不少讹误，在此表示衷心感谢。在本书写作过程中，参考了学术界的大量研究成果，并在书末择要列出。在此，谨向各位专家、学者表示诚挚的谢意。

由于作者水平有限，对一些问题的把握、理解以及分析等存在诸多不足，在许多问题的研究上有待进一步深入和完善，恳请各位同行提出宝贵意见。

王海霞

2016.7.28

参考文献

一、专著

[1] 陈惠雄.人本经济学原理 [M].上海：上海财经大学出版社，1999.

[2] 逄锦聚.马克思劳动价值论的继承与发展 [M].北京：经济科学出版社，2005

[3] 吴易风.马克思主义经济学和新自由主义经济学 [M].北京：中国经济出版社，2006

[4] 陈征.劳动和劳动价值论的运用与发展 [M].北京：高等教育出版社,2005

[5] 顾海良.马克思经济思想的当代视野 [M].北京：经济科学出版社，2005

[6] 汪丁丁.经济学思想史讲义 [M].上海：世纪出版集团，上海人民出版社，2008.

[7] 韩庆祥.马克思人学思想研究 [M].郑州：河南人民出版社，1996

[8] 杨志.论资本二重性：兼论我国公有资本的本质 [M].北京：经济科学出版社，2002

[9] 郑志国.劳动价值论坚持和发展研究 [M].北京：人民出版社，2002

[10] 李鹏程.马克思早期思想探源——《1844 年经济学哲学手稿》导论 [M].人民出版社，2008

[11] 孙承叔.真正的马克思——《资本论》三大手稿的意义 [M].北京：人民出版社，2009

[12] 蔡英田.从异化史观到唯物史观 [M].吉林大学出版社，1993

[13] 曹亚雄.马克思的劳动观的历史嬗变 [M].北京：中国社会科学出版社，2008

[14] 夏之放.异化的扬弃——《844 年经济学哲学手稿》的当代阐释 [M].广州：花城出版社，2000

[15]［奥］哈耶克.致命的自负 [M].北京：中国社会科学出版社，2000

[16]［美］马尔库塞.现代文明与人的困境：马尔库塞文集 [M].上海：上海三联书店，1989

[17]［日］山本二三丸.人本经济学——经济学应有的科学状态 [M].北京：东方出版社，1995

[18]［印度］阿马蒂亚·森.伦理学与经济学 [M].北京：商务印书馆，2003

二、期刊文章

[19] 宋涛.资本和剩余价值不是资本主义经济和社会主义经济通用的经济范畴 [J].高校理论战线，1995（7）

[20] 蒋学模.社会主义经济中的资本范畴和剩余价值范畴 [J].经济研究，1994（10）

[21] 朱成全.经济学：科学精神与人文精神的统一 [J].自然辩证法研究，2004（9）

[22] 许崇正.人的全面发展理论：马克思经济学对西方经济学的超越 [J].经济学动态，2001（12）

[23] 邓晓芒.异化劳动及其根源 [J].中国社会科学，1983（3）

[24] 李志.马克思异化理论中的"人" [J].哲学研究，2007（1）

[25] 杨春学.利他主义经济学的追求 [J].经济研究，2001（4）

[26] 朱富强.经济学研究的两大基本内容及其对知识结构的要求：对日益狭隘化的现代主流经济学之反思 [J].当代财经，2009（7）

[27] 马德普.正确理解马克思的人的全面自由发展思想 [J].社会主义研究，1997（6）

[28] 屈炳祥.马克思关于资本文明的科学诠释及当代启示 [J].当代经济研究，2014（3）

[29] 李楠.马克思剩余价值理论与当代社会 [J].马克思主义研究，2003（2）

[30] 冯继康.马克思剩余价值生产理论的逻辑内涵及现代价值 [J].科学社会主义，2003（4）

[31] 余陶生.剩余价值理论及其在当代的发展 [J].武汉大学学报（社科版，2001（4）

[32] 王应涛.对剩余价值理论的思考 [J].江汉论坛，2001（11）